本书特别献给我的双胞胎女儿，亦致敬所有幼教工作者！

OBSERVATION AND ASSESSMENT OF CHILDREN'S DEVELOPMENT

觉醒情感：学前儿童情感教育实践叩问

幼儿成长观察与评价

李亚娟 著

郭良菁 丛书主编

- "十三五"国家重点图书出版物出版规划项目
- 南京市基础教育优秀成果培育重点项目
- "走进儿童心灵世界：幼儿园情感教育实践行动"的阶段性成果

南京师范大学出版社

图书在版编目(CIP)数据

觉醒情感:学前儿童情感教育实践叩问/李亚娟著
.—南京:南京师范大学出版社,2020.12
(幼儿成长观察与评价/郭良菁主编)
ISBN 978-7-5651-4725-8

Ⅰ.①觉… Ⅱ.①李… Ⅲ.①学前教育—情感教育—研究 Ⅳ.①G61

中国版本图书馆 CIP 数据核字(2020)第 183992 号

丛 书 名	幼儿成长观察与评价
书 名	觉醒情感:学前儿童情感教育实践叩问
丛书主编	郭良菁
作 者	李亚娟
策划编辑	吴曼丽 王 艳
责任编辑	吴曼丽
出版发行	南京师范大学出版社
地 址	江苏省南京市玄武区后宰门西村 9 号(邮编:210016)
电 话	(025)83598919(总编办) 83598412(营销部) 83598312(邮购部)
网 址	http://press.njnu.edu.cn
电子信箱	nspzbb@njnu.edu.cn
照 排	南京凯建文化发展有限公司
印 刷	启东市人民印刷有限公司
开 本	710 毫米×1000 毫米 1/16
印 张	20.5
字 数	261 千
版 次	2020 年 12 月第 1 版 2020 年 12 月第 1 次印刷
书 号	ISBN 978-7-5651-4725-8
定 价	58.00 元
出 版 人	张志刚

南京师大版图书若有印装问题请与销售商调换
版权所有 侵犯必究

总序：理解寻常行为的成长意义

陪伴和参与一个人的成长是一件神奇美妙的事，但生命体的成长需要很长的时间跨度才能被看到，明显的成长不可能在一天内发生，需要经年累月的实践点滴积累。与孩子朝夕相处的教育者如何能清晰地辨别出成长的蛛丝马迹呢？如何确认自己费尽心力给孩子提供的成长环境、对孩子成长方向的引导是适宜的，从而对事业产生源源不断的意义感呢？怎样形成眼光，透视孩子寻常表现背后的成长轨迹，使看似平常的每日熠熠生辉？

谈及"评价"，有些人经常会与做优劣、高低、好坏等简单化的评判或贴标签联系起来，因而也不乏"教师不要太多地评价儿童"这样的观点。需要澄清的是，本套丛书中对"评价"一词的使用，着眼于教师通过儿童外在表现去推断其内部的所感所思、遭遇的困难和解困的直觉智慧，发现他们探索周遭世界的成长力量及取得的点滴进展。进行这种评价的目的，是发现儿童相对于过去的成长，思考教师自己适合以什么方式发挥作用，协助儿童继续成长。

本套丛书聚焦的就是教师出于上述目的在教育的情境中进行的观察和评价，不是专职儿童心理学或发展心理学研究者在特定课题背景下对儿童的观察评价，也不是教育统计与决策部门为获取教育质量监测数据而针对特定发展指标对儿童的集中测查与评价。

近年来，有关儿童观察评价的译著日益增多，还有不少师范院校编写了儿童观察评价的教材，但总体而言，对于教师观察评价儿童的研究仍处于起步阶段。著书者需要提供给教师的,不只是观察评价工作的"操作"步骤,更需要深入地研究教师做这件事的动机,教师忙碌地做诸多的评价工作是不是真的反映了他们对于儿童成长的关切?需要研究作为教师认知过程一部分的"评价"实际经历着怎样的过程,为什么教师会这样解释幼儿的表现,他们头脑中实际的推理判断过程是如何运作的?需要研究怎样的教育生态能真正使教师的观察评价成为他们的内在需求和成就感的源泉?总之,我们需要对教师的观察评价进行更多虚心的研究,不能只是雄心勃勃地增添一套套"可操作"的评价工具,"让"和"教"老师们完成评价工作,否则容易背离观察评价的初衷。

丛书的作者们与其他同行一样,希望对这方面的研究工作有一点真正的贡献,希望这套书能以作者自己的反思激发更多人的反思,帮助教师梳理自己和他人以各不相同的形态进行的儿童观察评价,反思自己正在做的评价和切身的感受,发现自己的价值观怎样影响着自己对儿童的观察和评价,察觉到自己与作为成长主体的儿童的疏离,在反思的基础上重新建构自己对儿童成长的理解,重新建构对观察评价工作的理解,重新建构对每日寻常工作的意义的理解。避免仅仅盲目地模仿别人观察评价工作的形式外壳,对为什么那样做、所产生的实际结果缺乏深入认识。教师要做的,不是操作一台评价机器,而是感知一个个有生命力的孩子。

本套丛书的目标读者不只是教师,同时还希望给决定教师工作框架的决策者一些提示,发现在幼教机构惯常的工作规范中导致教师与真实儿童疏离的那些因素,致力于重组一个更有利于教师密切关注儿童、认真思考他们表现的意味的大环境,而不是以工作加码的方式提观察评价的要求。教师进行教育工作不能被构想成机械的"操作",他们需要持续地、缜密地思考眼前正在成长中的人,然后再决定自己如何做是真正对儿童的成长有益的,幼教机构所设定的工作框架应该确保教师进行这样思考的时间不被挤占。

以上是丛书编写者的梦想,能在多大程度上借由若干书籍的编写实现这个梦想,期待读者给出反馈意见。

南京师范大学出版社王艳和张泽芳两位编辑从 2016 年倡议策划到后来接力棒式的推动支持,最终才使这套丛书得以面世。

南京师范大学教育科学学院　郭良菁

序：关注儿童情感与心灵，奠基完满生命与人格

情感是人发展的生命本体之基膜。维持人发展的那些具有内质性的条件，包括情感定势、价值倾向、人格品性、行为习性等，无不是个体在成长过程中通过与外界不断情感交互、应答而积累的特殊情感质料与形式。人在发展过程中，正向、积极的情绪情感状态持存是有意义学习的基础条件，也在人的健康习性养成、道德价值观内化以及人格涵养等各个方面发挥着弥散性的效用。关注儿童情感与心灵，培养完满生命与人格是情感教育的价值追求，创造完满的生命是我们的教育信念。我的学生李亚娟，近二十年来秉持儿童立场，饱有儿童情感教育研究旨趣，一边陪伴她的双胞胎女儿成长，一边默默研究与探索儿童情感教育。如今，很高兴看到她基于长期的情感观察与实践研究，撰写了《觉醒情感：学前儿童情感教育实践叩问》一书。

该著作着重阐释以下几个方面的内容：

第一，提出了学前儿童情感教育学命题。她着重从学前儿童情感教育的基本观点与实践追求谈起，明确新时代背景下坚守人文主义教育观，即教育应指向儿童的情感世界，面向儿童、关怀儿童，聚焦儿童成长过程中重要、典型与关键的事件，多重理解儿童情感学习过程，关注、尊重、理解儿童的情感体验与反思。在教育实践过程中，她把握教育关系的情感核心特征，追求非判断性、发展性、教育性、形成性及反思性理解，注重培养教育者情感教育机智，如情感觉察力、理解力、直觉力、掌控力等，进而明确教育者

的情感素养修炼，并使其不断通过修养自我，学会情感调适与控制等问题。

第二，揭示了学前儿童情感发展与教育的逻辑。她立足于儿童情感发展基础，探析学前儿童的情感世界"秘密"，描绘了学前儿童情感世界的丰富与美妙，并揭示学前儿童情感世界与儿童文化的合逻辑，即学前儿童爱想象、好模仿、爱游戏、喜欢冒险、喜欢被称赞、爱创造、喜欢被肯定等；通过与成人眼中的情感世界进行比较，揭示了成人世界与儿童世界发生冲突的必然性；通过走进儿童的心理与精神世界，呈现新时代学前儿童情感发展变化的内在与外在属性；通过家庭与幼儿园教育场景的真实再现，揭示学前儿童成长与教育过程中，儿童情感品质的至关重要性，及教育者的真实情感卷入的至关重要性；通过对学前儿童情绪情感与行为相互影响的关系的论述，阐释学前儿童情感教育的逻辑，让教育者对日常教育行为进行自主性反思，实现经验判断与理性思考的整合。

第三，明确了幼儿园教师情感教育专业化。她基于十余年的幼儿园实践观察研究，提醒教师需要情感教育价值认同。她专门从"专业化""时代化""一体化""行动化"四维论述了新时代幼儿园教师情感教育专业化。她针对教师专业发展的困惑与挑战，特别围绕幼儿园教师的教育爱，做了情感教育智慧的分析与描述。教师情感教育专业化，能促进广大幼儿园教师思考如何拥有情感教育价值与技能，成为一名高情商教师，并让教师通过生命情感的参与，建立起自己作为教育人安身立命的价值与情感，幸福地在生活中完成教育，在教育中幸福生活。

第四，厘清了幼儿园情感教育课程建构与实施的行动指南。她系统论述了幼儿园如何依据学前儿童情绪情感发生、发展特征与规律进行情感教育课程建构与实施，阐释与列举了幼儿园情感教育课程实践行动范例，分析了幼儿园情感教育课程建构与实施原理，并倡导幼儿园进行情感教育课程文化构筑等。这种基于学前儿童情感发展规律与学前教育规律，基于幼儿园课程实践进行的实证化探索,将为幼儿园建构与实施情感教育课程提供实践反思性框架,这将有利于幼儿园从情感教育视角审视与提升幼儿园课程品质,通过情感教育课程系统支持与指导学前儿童情感发展,让儿童与教师、家长等相关教育者共同实现情感的发展和生命的成长。

第五,明晰了家园共育视野下情感教育行动。她结合十几年养育双胞胎女儿的经验,以研究者的身份,呈现了学前儿童情感发展的观察、记录与解释方式,为教师提供了情感教育指导建议与策略,展现了研究者在教育现场与一线教师进行情感教育实践研究的状态。她注重依托观察、问卷调查、案例研究、生命叙事等研究方法,提高教师的情感教育效能与水平,帮助幼儿园与家庭协同思考如何进行情感教育,实现家园合作共育。她通过家庭情感教育现状调查,揭示了家庭教育过程中存在的情感忽视、情感认知、情感关系、情感语言、情感表达等问题,明确了"童心母爱"的家庭情感教育核心价值观,阐释了家庭情感教育的"三大行动""八大时空"与家长情感素养的"三项修炼",为家长提出了具体而明确的家庭情感教育建议与行动方式。

综上,她注重通过理论与实践研究联通、对话的方式,让儿童情感教育研究在幼儿园、家庭时空中具有充分的解释力、引领力、影响力。儿童情感教育研究在路上,愿亚娟能够继续秉承情感教育研究初心,牢记儿童情感教育理论与实践研究的自我选择,幸福、快乐地行走与成长。

朱小蔓

北京师范大学教授、博士生导师,中国陶行知研究会会长,

俄罗斯教育科学院外籍院士

2020年1月

前 言

儿童健康成长需要健康、系统的情感教育支持与指导。我十分珍视与享受儿童情感教育研究求索之路的芬芳。

——著者

作为教育科学研究工作者,我相信朝着正确的方向持续努力,其余一切可以交给时间。伴随着生命成长,我不断在诸种情境中,通过多角色体验、体察、反思情感与生命,以及教育者与受教育者之间的关系,体悟儿童情感教育研究对个体生命成长的重大价值。

1999年,我开始了学前教育学专业的学习,也在机缘巧合下进入学前儿童情感教育学领域。而今,我已经进入不惑之年,拥有健康、和谐、幸福的四口之家,我的双胞胎女儿已经读小学六年级。经过20年的理论学习与实践探索,我对学前儿童情感教育有了系统性思考。

回想当年,我还是一个内向、稚嫩、叛逆的女孩,遇事容易冲动,自我情绪管理与情感调适能力较弱。十几年来,经历与孩子一起成长的过程,我深深地体悟到情感教育研究已成为我成长的精神力量与无价资本。我的家庭生活中充满着欢声笑语,孩子们经常面带微笑,对集体事务感兴趣并付诸行动,能够与爸爸妈妈共同营造温馨、信任、认同的家庭情感环境。她们拥有积极的自我概念,积极的同伴关系,并能持续地对学习与劳动感兴趣,热爱自己的家,热爱自己的班级与学校。我深感情感教育的重大价值——对儿童与成人的持续成长有重要意义。因此,我将在学前儿童情感发展与教育研究的道路上勇往直前。

2003年至2006年,我师从国内美学大师滕守尧教授和南京师范大学边霞教授,专门对艺术欣赏过程中学前儿童情感体验进行质性研究。多年来的生活经历让我坚信无论是儿童还是成人,拥有良好的情感品质、情感能力和情感素养,是保证其享受艺术化生存方式的重要因素,是构筑充满爱、和谐、接纳、温馨的儿童世界与成人世界关系的精神与价值基础。

2006年至2009年,我师从国内情感教育研究大师、教育家朱小蔓教授,专门围绕儿童诚实与诚实教育做研究,尝试捕捉儿童道德成长过程中情感对其行为的影响是如何发生的。我内心明白,生命—情感—道德教育研究将成为我一生的事业与追求,因为对情感、生命、道德的追求正是教育的追求,更是我们每个人生命成长过程中对卓越与幸福的追求。

2009年至今,我又十分幸运地能够从事基础教育研究工作,有机会对广大幼儿园、中小学等进行深入了解。此时,从儿童发展的角度整体思考情感教育、道德教育成为我研究的基本指导思想,用情感教育这一具有哲学基础、心理学深意、人类学文化的视域审视学校教育实践,成了我关注的焦点。研究情感教育使我快乐,我喜欢自己每天在阅读、思考、演讲过程中,雀跃、兴奋得如孩子一样的状态。时间匆匆而过,我产生了对持续探析儿童情感世界奥秘的兴趣,萌发了进一步描绘儿童丰富与美妙的情感世界的冲动,认识到了成人世界与儿童世界发生情感冲突的必然性。我努力探索与阐释儿童情感与行为之间的密切关系,鼓起勇气指出当下学校、家庭等教育场域中忽视儿童情绪情感的现实,极力从一体化的情感教育视角反观幼儿园如何依据学前儿童情绪情感发生、发展特征及规律,以及如何在立德树人背景下,基于育儿目标进行情感教育的课程思考。我尝试围绕学前儿童情感学习经验的发生、发展、扩充、生成等进行情感教育课程建构与实施。

朱小蔓教授的情感教育思想系统促使我萌生构筑新时代学前儿童情感教育学的行动。这本《觉醒情感:学前儿童情感教育实践叩问》与《觉醒情感:学校德育课程原点》是姊妹篇著作,是我对自己多年情感教育理论学习的一份小小成果总结,也是我走进儿童情感教育研究实践场域20年的心血汇聚。我尝试对学前儿童情感教育学、学前儿童情感教育课程论、学前儿童家庭情感教育、学前儿童情感观察评价与教育、幼儿园教师的情感教育专业化等进行主题性、系统性、整体性思考。

作为专业从事儿童发展与情感教育的研究者,我亦有责任与义务提醒家长与教师:要实现我们美好的教育初衷,达成我们所追求的教育幸福目标,必须做好情感教育,共同进行情感教育学习、情感教育效能训练与情感素养提升,做一名高情商的父母与教师,努力建立起自己作为教育人安身立命的价值与情感,幸福地在生活中完成教育,在教育中幸福生活。觉醒情感,让一线幼儿园教师能够更科学、更专业地进行儿童情感观察,在教育过程中更有"人情味";让理论研究者们共同思考学前儿童情感教育实践的解释力、引领力、影响力。愿自己在情感教育研究的生命旅程中,理解儿童,充满情感,幸福前行,不忘初心。

觉醒情感让我们在学习、思考与践行情感教育过程中,能够悦纳自己,学会与自我、他人及周围世界和谐共处,充满安全感、归属感、认同感、责任感、尊严感与价值感地生活。觉醒情感促使我们为了收获情感教育的美好,而在家庭与幼儿园教育实践生活中上下求索,相信自己能够成为学前教育历史上的变革者、创造者,而不仅仅是人类宏大叙事的讲述者和表演者。我们扪心自问,家庭教育与幼儿园教育的目的到底是什么?是培养社会主义接班人?是帮助儿童在学龄前阶段就能够体会到自我价值实现,积极参与家庭与班级事务,获得童年的幸福?是感受儿童时光的美好?如果学前教育是为儿童追求幸福、走向幸福奠基,那么,觉醒情感就是教育的应有之义。

作为专门从事儿童情感教育研究的教育科研工作者,我发现,无论在理论研究还是实践探索中,都有不少教育学、心理学方面的著作为我们提供基础和借鉴。但是,在当下教育背景下,如何做好新时代学前儿童情感教育,培养情绪不暴躁的幼儿;如何结合当下学前儿童发展情绪情感发展现状与变化趋势,结合家庭、幼儿园、班级及其公共生活场域,进行学前儿童情感课程思考;如何从学前儿童、教育者及其相关重要他人的情感能力与素养的角度阐释学前儿童情感教育的机制与策略;如何解决家庭教育与幼儿园教育实践中面临的诸种情感教育问题,这些著作却少有提及。

在近十年的心理咨询、婚姻与家庭咨询志愿服务工作中,我也深刻体会到因为情感忽视、情感教育价值没被充分认同而导致家庭与学校教育效能较低,甚至发生诸种家庭教育悲剧等。对教育问题产生的原因进行分析,我发现情感作为一种看不见的影响力,深藏在每一个儿童与成人内心最深处,有的被表达,有的被隐藏,有的被关注,有的被忽视。其实,情感这种力量一直存在,无论是积极情感,还是消极情感,都在提示我们,每个人都有情感需求。特别是在儿童早期,如何满足其情感需求,觉察其情绪情感变化,系统支持与指导其情感发展,使其拥有情感能力,建立积极的自我概念等,需要在新时代儿童情感教育探索中进行清晰梳理与呈现,需要在家庭与幼儿园教育中给予明确关注与重视。

我们希望每个儿童都能够拥有美好的现在与未来,希望在家庭与幼儿园中,看到儿童快乐生活、热情游戏。但是,在现实生活面前,我们有时也会身陷囹圄,太多"现实镣铐"扰乱着我们的教育情感与梦想,很多种力量在拉扯着我们,让我们屈服于太多东西……尽管如此,我还是会大胆地说:"父母、幼儿园教师可以通过情感教育,让孩子、自己变得更合适、更美好!"

本书尝试为学前儿童情感教育理论和实践架起一座桥梁。在近20年的情感教育研究中，我尝试结合自己的多维角色经验(父母、教师、心理咨询师和教育科研工作者)，依据3—6岁儿童情感发展规律，为幼儿园情感教育课程的建构与实施，为幼教工作者能够觉醒情感支持3—6岁儿童情感发展，寻找幼儿园与家庭情感教育机制与策略等做了一系列努力。因此，也请您把自己当作是情感教育的亲历者、创新者，能够展示一种更好的情感教育方式，来满足自己的子女、班级中的幼儿的情感教育需求。这里有您在家庭中自我情感觉察，在幼儿园中进行情感教育的勇气，更有您对学前儿童情感教育的本质理解，我们必将会为新时代家庭与幼儿园情感教育做出历史性的贡献。

本书的显著特征如下：

＊本书专门为家长、幼儿教育理论与实践研究工作者、一线幼儿园带班教师而撰写。

＊本书让读者卷入学前儿童与成人的真实情感世界之中，并反观自己的情感世界，以及自己眼中学前儿童的情感世界。

＊本书用教育案例、生命叙事的方法探索、描绘学前儿童情感发展与教育的基本逻辑。

＊本书主要是从情感教育视域探究家庭、幼儿园情感教育的系统建构与实施，支持不同类型教育者拥有情感教育智慧，使教师和家长拥有情感教育机智，引导、支持学前儿童情感发展、道德发展与人格的完善。

本书的主要意图与思想观点：

一、立足于建构学前儿童情感教育学，探讨幼儿情感发展与教育的基本问题

学前儿童发展受遗传、环境等多种因素影响。本书特别针对3—6岁

儿童情感发展这一基本问题进行连续性、发展性、针对性与系统性思考,特别阐释情感与行为、情感与道德之间的内在关系。全书旨在为家长和一线教育工作者回溯自己的教育场景、反思情感教育存在的问题、觉醒情感教育价值提供思路,并引导教育工作者如何依据学前儿童情感发展基本趋势开展情感教育。家庭与幼儿园需要立场一致、协同共育,让教育指向学前儿童的情感世界,聚焦学前儿童成长过程中的重要的、典型性的、关键的事件,多重理解学前儿童的情感学习、情感发展过程。在教育实践过程中,我们要追求非判断性、发展性、教育性、形成性及反思性理解对学前儿童认知经验、社会情感、道德选择与道德行动的重要影响,进而达成对情感教育机智的描述,如情感觉察力、情感理解力、情感直觉力、情感掌控力等。

二、立足于幼儿园课程实践改进,探索幼儿园情感教育课程与文化构筑

幼儿园情感教育课程到底如何结合办园目标、育儿培养目标进行建构与实施?如何从整体上关注 3—6 岁儿童的情感认知、情感体验、情感表征?如何从方向、时间、空间、载体等方面进行系统思考?针对这些问题,本书首先思考了幼儿园课程对于情感教育的启蒙价值,肯定了幼儿园情感教育课程对幼儿的情感认知、技能、行为与社会性发展的意义,明确了幼儿园课程设计与实施的情感教育依据。其次用理论与实践结合的方式厘清了幼儿园情感教育课程建构与实施原理,阐释了幼儿园情感教育课程文化构筑与儿童幸福的关系,明确了幼儿园情感教育课程文化反思性框架与文化元素特点。而后,又以"关怀幼儿情感体验与自我成长"幼儿园情感课程文化为例,系统阐释了幼儿园情感教育崇尚的关注学前儿童情感体验与自我成长的基本观点,对学习者和教师、幼儿园情感教育课程内容和情境、课程规划和课程评价、课程实践的困难与诸种批评进行描述分析,勾勒了幼儿园情感教育课程文化构筑的基本信念、思路与具体实践方法。

三、立足于关注幼儿情感与心灵发展的教育者情感教育专业化行动

1. 家长即课程

家长是学前儿童的第一任教师,家长需要通过自身的情感教育价值觉醒,明确学前儿童家庭情感教育理念,即每个儿童都是独立的个体,都是父母最珍贵的宝贝,都需要在充满爱的家庭中成长,都需要情感教育。每个家庭都需要与儿童一起进行情感学习,在学习中不断强化情感教育意识。本书明确了学前儿童家庭情感教育三大行动:一是学前儿童家庭情感教育意识与情感关系建立行动,包括基于学前儿童安全感与归属感的亲密依恋关系建立行动、基于学前儿童认同感与自尊感的亲切责任关系建立行动、基于学前儿童尊严感与价值感的亲和情感关系建立行动;二是学前儿童发展与成长的家庭情感环境营造行动,包括情感体验的时空、情感理解的时空、情感表达的时空、情感升华的时空、情感渲染的时空、情感互动的时空、情感释放的时空及情感流动的时空;三是学前儿童情感品格涵养的家庭情感教育仪式传承与创新行动,包括基于家庭归属感的情感约定仪式、基于家庭幸福感的情感庆祝仪式、基于家庭时代感的情感表达仪式。明确了学前儿童家长情感教育素养的"三项修炼",即家长读懂幼儿情感需求素养修炼、家长情感沟通素养修炼、家长情感调适与控制素养修炼。

2. 教师即课程

教师作为课程的主要实施者,需要基于学前儿童情感发展的基本规律,在一日生活中提高自身的情感觉察能力、移情能力、情感表达能力、情感调适与管理能力,成为一名高情商的教师。本书围绕幼儿园教师情感教育专业化进行主题探讨,通过幼儿园情感教育专业化、时代化、一体化、行动化几个维度探讨了 21 世纪幼儿园教师的情感素养价值、面临的问题与挑战、情感教育专业化路径与教育智慧。从师范生、在职教师一体化情感教育角度,明确教育关系、教育环境、教育对话、教育情绪、教育机智五个方

面的情感教育智慧,特别提出幼儿园教师情感教育行动应注重基于幼儿情感建立的情感教育意识提升,基于幼儿情感表达指导的语言修养提升,基于幼儿情感体验的情感环境创设的加强,基于幼儿情感发育的生命成长叙事的应用,基于幼儿情感冲突的专业判断的提升。

四、立足于幼儿身心和谐健康成长,探索如何做好幼儿情感发展评估与教育指导

对幼儿的情感发展进行观察、记录与解释,最终指向仍然是期待教育者能够充满情感地看待每一个幼儿,借助科学的研究方法让自己的情感教育与指导落实在行动中,落实到一日活动各教育环节与细节中。幼儿教师能基于学前儿童情感发展规律探索多元的课程评估方式,关注与促进学前儿童情感发展,实现幼儿的身心和谐、人格完满发展。情感不容易被看见,家长、幼儿园教师应明晰情感发展评估的具体指标,学会对学前儿童进行情感观察与评估,分析学前儿童情感发展与变化的基本趋势与特点,对家庭、幼儿园情感教育策略进行整体思考。本书论述了学前儿童情感发展的观察、记录和分析,着重论述了幼儿园教师如何对学前儿童自尊、积极情感与消极情感进行观察、记录与分析。教师应明确一日活动中,如何关注幼儿情感发展的核心内容——自尊,如何关注幼儿的积极情感与消极情感,并提出观察内容与教育支持策略,同时,本书也渗透了教师自身情感教育修养提升的问题。

本书特别致谢如下:

本书的出版得到了许多专家、学者、教师、校长的热情帮助与指导,他们对本书的学术思想、实践素材、教育故事、教育创意与智慧等方面做出了很多贡献。

特别感谢我的导师朱小蔓教授,感谢她引领我走上儿童情感与道德教育研究的学术舞台。十几年来她对我的研究项目进行了悉心的帮助与指导,让我一直能够饱含情感教育研究的热情,她给了我足够的支持与鼓励,鞭策我不忘初心,带着学术研究旨趣从事基础教育科学研究工作,做好情感教育理论与实践研究的专业传承。

特别感谢和我一同进行情感教育研究与实践的幼儿园同行。感谢每所幼儿园领导给予我的实践指导,为我提供情感教育课程研究的实践素材,以及在本书写作过程中提供的无条件支持与帮助,更要感谢书中这些有故事的学前儿童与教师。

特别感谢我的家人。感谢我的双胞胎女儿,她们陪我走过这十几年的研究历程,她们的生活趣事与成长的烦恼构筑了儿童情感教育的整体形象。本书中提到的绝大多数观点与方法都来自我在教养她们的过程中对一些真实事件的处理与反思。她们是我研究儿童情感教育的最大资本,给予了我情感教育研究的灵感与启发。也很感谢我的先生在我准备资料、研究、写作过程中,给予我的无私帮助与耐心支持,让我感受到留守书斋、追寻梦想的幸福。

目录

- 总序：理解寻常行为的成长意义/001
- 序：关注儿童情感与心灵，奠基完满生命与人格/001
- 前　言/001

- 第一章　觉醒情感与新时代学前儿童情感教育学/001

  第一节　学前儿童教育为何要觉醒情感/004
  第二节　学前儿童情感教育学的理念指归/012
  第三节　学前儿童情感教育学的实践聚焦/019
  本章小结/030

- 第二章　学前儿童情感世界理解与情感教育逻辑/031

  第一节　学前儿童情感发展的基本理论简介/032
  第二节　学前儿童情感发展的基本特征与问题/042
  第三节　学前儿童情感发展的内容阐释/049
  第四节　学前儿童情感教育的基本逻辑/055
  本章小结/071

- 第三章　幼儿园情感教育课程行动/072

  第一节　幼儿园课程的情感启蒙教育价值之思/073

第二节　幼儿园情感教育课程建构之思/081

第三节　幼儿园情感教育课程实践行动范例/095

第四节　幼儿园情感教育课程建构与实施的原理分析/122

第五节　幼儿园情感教育课程文化构筑与儿童幸福/130

本章小结/154

● **第四章　学前儿童的情感发展与行为观察、记录和解释**/155

第一节　学前儿童自尊的观察、记录与解释/159

第二节　学前儿童积极情感的观察、记录与解释/168

第三节　学前儿童消极情感及行为的观察、记录与解释/175

本章小结/182

● **第五章　21世纪幼儿园教师情感教育专业化与情感教育智慧**/183

第一节　专业化：21世纪幼儿园教师情感素养提升的价值透视/184

第二节　时代化：21世纪幼儿园教师情感教育问题与挑战/190

第三节　一体化：21世纪幼儿园教师情感教育专业化路径/193

第四节　行动化：21世纪幼儿园教师情感教育智慧/202

本章小结/241

● **第六章　学前儿童家庭情感教育行动与家长情感素养修炼**/242

第一节　学前儿童家庭情感教育的核心价值理念/243

第二节　学前儿童家庭情感教育现状与挑战/247

第三节　学前儿童家庭情感教育行动/254

第四节　学前儿童家长情感教育素养的"三项修炼"/271

本章小结/284

- **结语：重申情感觉醒，建构学前儿童情感教育学**/286
- **参考文献**/288
- **附录：关于家庭情感教育的调查问卷**/298

第一章　觉醒情感与新时代学前儿童情感教育学

> 人类本性中对情感力量的忽视是十分短视的……过去的经历告诉我们，一旦要形成某些决议和采取某种行动时，感情因素会起到与思维同样重要甚至是更重要的作用……当情感偏离正常的轨道时，智能就会毫无作为。
>
> ——［美］戈尔曼

谈觉醒情感与建构新时代学前儿童情感教育学，不是想象，更不会没有意义，只是特别重申学前教育需要关注学前儿童的情感需要和经验，让情感教育成为学前儿童行为、技能、人格中的有效组成部分，助力学前儿童健康成长。

《现代汉语词典》对"情感"的解释为：人对外界刺激肯定或否定的心理反应，如喜欢、愤怒、悲伤、恐惧、爱慕、厌恶等。《辞海》对"情感"的解释为：个体心理结构中的重要组成部分，也是生命的重要表征之一。情感与人的社会性需要相关，是人类特有的高级而且复杂的体验，具有表达的稳定性和深刻性，如道德感、美感、荣誉感等。但在生活中，情感的产生会伴随情绪反应，通过具体的情绪才能表达出来，情绪变化又受情感控制。因此，情感是人对客观事物是否符合自己心理需要而产生的内心体验和情绪反应，是相对稳定的心理结构，它的外在表现形式是情绪。

情感在人类伦理和个体精神大厦中，是最深沉、最稳定、最核心的特质和支柱,它是个体经验中最亲切的感受和最深刻的体验。情感在教育思想史发展的过程中,一直是教育思想者、研究者、实践者们不断讨论的内容。"哲学从人的主体论角度,认为情感在人生欲求系统中,是生命之光、动力之源;心理学从内在机制论角度,认为情感是人的需要和态度、感受和体验;教育学则从培养论角度,认为情感发展需要教育,教育需要情感,崭新的情感教育体系需要建构,内在规律需要探索,操作过程需要设计,被人忽略的层面需要重见天日,让它重放光彩,再现其独特魅力,使潜能得到充分的发挥,使人生更加完满、更为美好。"①从中外教育思想史传承、演进与发展看,在教育过程中,教育研究者们强调认识情感因素与人的认知活动和精神发展的关系,强调让学生在习得知识技能的过程中,逐渐养成完整的人格,涵养完满生活,培养健康情感。例如:捷克教育家夸美纽斯主张教学能使教师和学生全都得到最大快乐;英国教育家斯宾塞提出"快乐原则",意识到情感对教学的影响;美国教育家布鲁纳也十分强调情感对学习的内驱作用;美国罗杰斯为代表的人本主义教育家强调学习者的情感因素在学习活动中的重要性;苏联教育家赞可夫在其《教学与发展》中明确指出学生的情绪状态与学习活动之间的密切关系;苏霍姆林斯基强调情感对学生的全面发展的重要作用,并卓有成效地运用在教育实践中;美国耶鲁大学心理学家彼得·塞拉维和琼·梅耶创立了情感智慧的学说,确认了"人的情感质量与其才能发挥的重要关系"②,等等。这些关于情感教育的思想论述为我从历史维度思考情感教育提供了参考。我国情感教育研究开创者朱小蔓教授在其《情感教育论纲》《情感德育论》《关注儿童心灵的教育》等著作中明确了情感与道德的关系,并基于学校道德教育实践等凝练出了情感教育实践模式。上海师范大学卢家楣教授在其《情感教学心理学》《以情

---

① 朱小蔓,梅仲荪.儿童情感发展与教育[M].南京:江苏教育出版社,1998:104.
② 刘晓伟.情感教育塑造更完整的人生[M].上海:华东师范大学出版社,2007:3.

优教——理论与实证研究》等论著中,从心理学角度透视教学活动中的情感现象,并着重从知情交融的教学背景上揭示情感的独特作用、意义,探索其调控途径、方法。[①] 我国广大一线教师在日常教育工作中的很多经验与智慧都是情感教育目标、内容、方法等的具体体现。

随着国家政治、经济、文化与社会的发展,以及哲学、心理学、教育学研究、课程与教学改革的发展,人的主体性日益凸显。与人的情感高度相关的精神信念、性情、人格,甚至包括想象力、审美、思维、道德、创造等,在教育上得到实质性体现,即"通过学习活动使儿童经验在向成人经验的转化过程中建构认知结构、人格品质并通过进行着的情感体验,这意味着学生在学习活动中可以建构生命的意义和价值"[②]。而且在教学活动中,"作为充满情感、活力、个性的生命体,师生从各自的角度体验着充满思想、情感、智慧的生活,并加以内在的理解、感悟,赋予知识以个性化的意义,在这样的课堂生活中,知识的学习不再仅仅属于认知范畴,它已扩展到情感、人格等领域,在这种教学生活中,学科知识增长的过程同时也是情感的体验、人格的健全与提升的过程"[③]。因此,以提升人的情感质量为核心内容的情感教育理念,是高度关注人性的教育本质回归。

同时,"重视个体生命,特别是个体生命在其整体和谐发展基础之上的精神性生命成长,是当代教育最重要的本质使命。精神性是人的本质。人之为人,就在于人不仅是一种客观存在,而且还是一种精神存在。关怀精神比关注外表更为重要。只有从精神上进行关怀,才有可能发生教育,才不会产生虚假的教育结果"[④]。关注儿童精神培育与人的性情、人格养成,必然是当下教育的重要指向,即愈加关注人的感受、体验、态度、价值观,强

---

① 卢家楣.情感教学心理学[M].上海:上海教育出版社,2000:21.
② 申仁洪,黄甫全.合作活动学习论[J].教育研究,2004(10):62.
③ 陈旭远,孟丽波.生命化教学的理论构建与实践样态[J].教育研究,2004(4).
④ 谭维智.精神关怀:教育本质的回归[J].当代教育科学,2003(13).

调生命成长与精神价值教育,致力于为学前儿童拥有良好的性情、性格做准备;从学龄前开始培养儿童拥有良好的情感品质,让学前儿童从生命早期就能够感受幸福,并逐步拥有持续幸福生活的能力,同时,激发教育者的反思性、情境性教育智慧。

随着社会的发展与进步,人们对情感的关注越来越多。新时代背景下,觉醒情感的提出是对教育主体本质思考的回归。觉醒情感可以实现人生命、自我、灵魂觉醒的统一,也是新时代教育关注学前儿童生命成长,在儿童早期建立其积极的自我价值概念、培育其精神与道德的必然之路。在立德树人背景下,作为关注教育实践的青年教育研究者,作为一位母亲,我有责任去关心如何发展学前儿童良好的情感品质与情感能力,有义务去思考、研究与建构符合中国文化的学前儿童情感教育学。通过实证化研究追问当下学前教育情感缺失、情感忽视的现实问题,研究思考学前儿童的情感教育机制与方法,建构与实施学前儿童情感教育学,是当下每位学前教育研究者要关注的重大教育课题。

第一节　学前儿童教育为何要觉醒情感

人生应该完成生命、自我、灵魂三个本质的觉醒。

——周国平

学前儿童教育觉醒情感是对当下学前教育本质问题的思考与追问。"教育是形成有意义的人的实践,是对人的价值的发现、挖掘、形成、提升和规定。提高人的主体性是教育的最高价值追求和终极意义关怀。认识和形成教育本质就是认识和形成人的价值。追问教育是什么、应该是什么和可能是什么的实质是追问人是什么、应该是什么和可能是什么,我们需要什么人。"①进行这样的时代追问,其核心必然要涉及作为人的生命重要表征的情感领域。因此,探究家庭与幼儿园如何关注学前儿童情感,反思当下学前教育忽视情感教育的问题,回应学前儿童情感教育的挑战,实属必要。

情感教育与学前儿童的德育、智育、体育、美育及劳动教育是内在统一的。正如苏联教育家苏霍姆林斯基所言:"人的很多不道德行为根源就在于他们在情感和道德方面非常无知,而这种无知又是与他们的精神世界的普遍贫乏紧密地联系在一起的。"②他倡导学校需要"极其庄严地向少年揭示这样一个思想:人高于一切,我们社会中的一切都是为了人的幸福。如果对这一真理的认识不伴随着高尚的情感修养,那么旨在培养人的自尊的宏伟思想就不可能取得预期的结果"③。因此,教育者必须了解学前儿童真实的情感世界,才有可能走进学前儿童,才能寻找到适宜的教育方法,也才可能谈得上教育的智慧。

更为关键的是,情感自身的价值也非常高,具体包括审美性、道德性、保健性、知识性和实践性等多个方面。为何人的情感具有这么高的价值呢?根本原因在于"借助情感体验、情感想象、情感判断和情感模拟等内在方式,主体不但能够将对象身上的真善美特征吸收、转化为自身的品格,而且还能将自己新生成的美感、道德感、理智感、知觉灵感和动力感投射到内心及外在对象上面,由此得以实现由内而外的诸种情感价值。进而言之,人的道德感形成和道德意识养成、美感向爱心善意转化并浸染出的道德操守的审美风韵、理智感的生成及理性思维的廓出、直觉灵感的厚积薄发并辐射契通天地人心等内在活动,均依托情感意向对表象世界和符号天地的

---

① 郝文武.从本体存在到本质生成的教育建构论[J].教育研究,2004(2).
② [苏]苏霍姆林斯基.育人三部曲[M].毕淑芝,等译.北京:人民教育出版社,1998:557.
③ [苏]苏霍姆林斯基.育人三部曲[M].毕淑芝,等译.北京:人民教育出版社,1998:557.

升华整合,借此体现它对感性、知性力量的统摄强化过程"[①]。情感价值至关重要,觉醒情感不仅仅是实现情感价值认同,更要走进学前儿童真实的情感世界,尝试了解学前儿童如何借助于感性化的物象、体象和符号表象来映射和表征自己的情感态度、心境、动机、理想和价值的,或者说,他们的行为是如何体现出其情感记忆、情感想象、情感评价与情感意识的。请与我一起走进学前儿童的情感世界:

情境一 挥舞的拳头

乔乔是中(3)班非常"霸道"的孩子。他的霸道很快就在班级和家长群中"声名远扬"。乔乔性格暴躁,喜欢用拳头来结束与同伴之间的冲突,经常出现攻击性行为。很多小朋友来不及反应就已经尝到了乔乔拳头的"滋味"。这样,班级里也就没有小朋友愿意和他一起玩了……

5岁的乔乔为什么会用拳头解决问题,他的内心情感世界发生了什么?

情境二 不合群的冷漠

大班要毕业的小林,平时沉默寡言、性格怪异、脾气暴躁,在班上是很不合群的孩子,几乎没有小朋友愿意和他玩。他对其他人和外界的事物漠不关心、对老师和同伴的主动关心也反应冷漠。

6岁男孩小林为什么会情感冷漠?他的内心情感世界发生了什么?

我们每一位教育者在日常生活中,都会遇到这样的案例与故事。近年来,教师们已非常注重教育策略的思考,他们努力带着"教育者如何思考""如何恰当行动""如何处理自己的感受""如何与儿童交流沟通"等问题进行思考,但仍然会忽略儿童视角、忽视儿童的真实生活世界、忽略儿童的体

---

① 丁峻.情感演化论[M].北京:科学出版社,2010:333.

验与情感世界。教师往往因过度关注如何处理儿童的行为问题,而忽视儿童情感表征的概括性、模糊性、虚拟性、层级性等特点,也容易忽略"儿童对成人的各种影响"。

以上两个情境都是教育者们经常遇见的,仔细思考我们就会发现,这些情境中隐藏着学前儿童与成人情感世界彼此的妙不可言,师幼、幼幼之间发生的情感冲突与关键事件构筑了彼此成长的情境,在这些情境中儿童获得了情感能力,提升了情感品质,师幼之间的影响即是一种教育学的影响。"这种影响是情境性的(situational)、实践性的(practical)、规范性的(normative)、相关性的(relational)和自我反思性的(self-reflective)"①,一般来说,这些影响对于教育者与受教育者的关系来说,隐含着情感的坦诚与开放性,这也会使父母与孩子、教师与幼儿之间情感关系更密切。

通过这些情境,我们可以理解3—6岁儿童行为表征的内心情感世界。现在的孩子生活在一个能够体验生活的各种可能性的社会中,这些可能性对每个孩子来说是不同的,但我们发现,许多孩子生活的环境缺乏发展前景和开放性,进而在内心产生怨恨,变得绝望。学前儿童还没有形成明确的自我意识,他们的情感还不够深刻,内心的情感并未成熟。但是,儿童的情感记忆对一生的影响是强烈而又持久的。美国斯蒂芬·科斯林认为:"人的自我学习与发展基于经验记忆、情感记忆、知识记忆、动作记忆、规则记忆和情境记忆等精神资源。其中,主体有关情感的记忆不仅包括自己的喜、怒、哀、乐等情感状态,对具体事物和抽象事物的情感意义体认,还包括对他人、动植物、自然现象、艺术形象和自我的同情、共鸣经验、命运感、诗意美感、道德感、理智感、悲欣交集感、惆怅感等复杂情感。并且,人的情感记忆可能是所有记忆之中最强烈、深刻、牢固和持久的一种终身伴随体,它

---

① [加]马克斯·范梅南.教学机智——教育智慧的意蕴[M].李树英,译.北京:教育科学出版社,2001:21.

的形成与深度不一定与主体所经历的实践幅度、空间广度和感受的频度成正比。例如,某些特殊的情感体验常常发生于瞬间邂逅、豁然顿悟、终生难忘。"①同时,新时代学前儿童不得不生活在不确定的环境中,必须对他们的生活环境做出积极的选择,主动认识到他们生活在充满可能性的环境之中。

家庭与幼儿园为何要觉醒情感呢?

一、觉醒情感:重新反思教育者的情感理性缺失

在精英教育背景下,每个孩子从学龄前就开始在父母的监督下努力学习,其心智与情智却未必得到发展。学前教育阶段,过多地对儿童"外塑",会导致其在早期就对知识不感兴趣,所以人们慢慢发现,自己精心培养出来的孩子对周围世界非常冷漠。通过多年来的情感教育研究实践与家庭教育咨询案例,我发现在家庭与学校教育过程中,从学前教育阶段开始,对儿童情感忽视的现象比较普遍。

情感忽视有哪些具体表现呢? 我认为,教育过程中对儿童过度关注(如监管、控制、看守、责备、冷嘲热讽)与无视(如无陪伴、无参与、无沟通、无支持)都是情感忽视的表现。美国乔尼丝·韦布在其《被忽视的孩子》一书中列举了对儿童情感忽视的十二种类型父母,分别是"自恋型父母、权威型父母、放纵型父母、离异/丧偶型父母、成瘾型父母、抑郁型父母、工作狂父母、照顾伤病家属的父母、成就/完美导向型父母、反社会型父母、孩子即父母(孩子成为父母的替代者)、'都是为你好'型父母"②。他们容易过于忙碌而无陪伴意识或没有时间陪伴;他们容易过于监督自己的孩子,彼此没有自己的空间;他们容易过于完美,对孩子要求过高,甚至产生人格强迫;他

---

① [美]斯蒂芬·科斯林. 经验与记忆[M]. 1995. 见 Gazzaniga M S. Cognitive Neuroscience. Massachusetts:MIT Press,1995:138 - 139.
② [美]乔尼斯·韦布(Jonicen Webb),[美]克里斯蒂娜·穆塞洛(Christine Musello). 被忽视的孩子:如何克服童年的情感忽视[M]. 王诗溢,李沁芸,译. 北京:机械工业出版社,2018:14.

们容易过于敏感,生活在多愁善感与忧伤的世界里;他们容易过于成熟,身兼父职(母职)但心里脆弱而没有安全感,甚至他们也会容易过于自恋、放纵、反社会。所以,我们发现,人的道德上的冷漠,往往根源于情感上的冷漠。

在日常教育生活中家长容易出现以下现象与行为:过于注重儿童的技能学习与结果,忽视孩子的学习过程;过于注重自己的面子,忽视孩子的精神世界;过于强调自己的付出,忽视孩子也在付出;过于强调成功,忽视孩子的真实状态;过于注重学习成绩,忽视情感环境营造。

遭到情感忽视的孩子长大以后看起来也没有什么不正常,但是他们通常意识不到自身问题的根源是什么,不知道童年对自己的负面影响依旧持续,无论他们在生活中遇到什么困难,他们都倾向于责备自己。遭到情感忽视的成年人会出现"空虚感,反依赖,不切实际的自我评价,对自己毫无同情、对他人满怀同情,负罪感和羞耻感,对自己生气、自责,感到自己有致命缺陷、难以关爱自己和他人,自我约束能力差,对情绪的认识与理解不足"[1]等特征。教育者需要觉察情绪情感的重要价值,明确情感忽视会引起教育上的"致命缺憾"。

我们要反思家庭与幼儿园教育过程中情感理性的缺失,明确在家庭与幼儿园必须对学前儿童进行明确、细致与理智的情感教育。如苏霍姆林斯基所言:"一个人对他人和对集体的态度,对他人的苦和乐的态度是否细腻、热情、真诚,这取决于在少年期他所认识到的观念和原则的情感色彩的鲜明程度,取决于这个人的思维视野的宽阔程度,取决于他对周围世界的情感的和道德的评价有机地融合、结合在一起的程度,也取决于个人所认识到的观念反映在它个人的活动中的深刻程度。"[2]家园协同做好学前儿

---

[1] [美]钟妮斯·韦伯(Jonicen Webb). 童年情感忽视:为何我们总是渴望亲密,却又难以承受?[M]. 张佳莱,译. 台北:橡实文化出版社,2018:115.
[2] [苏]苏霍姆林斯基. 育人三部曲[M]. 毕淑芝,等译. 北京:人民教育出版社,1998:559.

童情感教育,通过情感上有意识的训练与指导学习关爱自己、提高自我约束能力、自我安慰、对自己有同情心等,让家庭与幼儿园教育走进学前儿童的情感与心灵。

二、觉醒情感:重新反思教育者遮蔽生命情感的教育方式

从教育评价角度思考学前教育过程,我们会发现不科学的评价方式会严重遮蔽对儿童生命情感的关注。学前儿童在生活与成长中发生的关键事件未受到重视,他们在思想、情感、认识、行为上的困惑与难题未得到身边的"重要他人"(父母、教师、同伴等)的支持与帮助。譬如,长期注意力不能集中很难安静完成固定任务,父母亲关系不好、矛盾冲突大引起的自我意识感较弱,经常被班级部分小伙伴拒绝与欺负,班级换了不太喜欢的老师,家庭搬迁与转学,不知如何用语言表达自己的想法与情感,发生了攻击性行为,等等。

在家庭教育中,父母往往过于关注孩子的未来,而忽视孩子当下的真实生命状态。幼儿园教育过程中,教师也是结合自身的教育经验,自上而下制订教育与课程目标的,按既定内容进行组织、实施与评价,这样的方式往往难以读懂幼儿,难以满足幼儿的发展需要,特别是由于班级授课中师幼比过大,导致教师难以顾及每个幼儿的主体需求,难以帮助每个幼儿解决生活、学习与交往中的具体困惑与难题。这些教育过程往往流于形式,很难做到对学前儿童的判断、选择与行动能力进行针对性的指导,更难以与幼儿一起在体验、探究的过程中,学会自我认识、思考、判断、选择与行动。同时,因为忽视在教育过程中进行评价,儿童个体的生命情感在家庭与幼儿园教育中被忽视与遮蔽,家庭也自然地卷入到教育非理性的状态。

教育者要顺应学前教育发展趋势,必须觉醒情感,进行情感教育,因为教育的目的就是要培养具有健康情感和完整人格的人,就是要丰富教育对象的情感,尊重与满足他们合理的精神需求。忽视情感就是无视学前儿童

生命个体的学习与健康成长的权利。

三、觉醒情感：重新反思教育者忽视儿童持续幸福的情感能力培养

近年来，我们发现，一些非常优秀的孩子，到了中学以后，就失去了持续追求卓越的动力。他们往往年龄尚小却老气横秋，总觉得自己应该"歇歇了""我已经非常优秀了""我很累""不想继续努力"……在对个别学生进行心理辅导的过程中，我经常听到他们明确表达了这样的想法。这些想法与充满高期待的父母之间的冲突是显而易见的。有的父母觉察到需要改变沟通与教育的方式，关注到儿童的情感与生活指导，及时控制情绪，努力克服情感冲突。还有一部分儿童就没有那么幸运了，教育者持续忽视其情绪情感，儿童自己也无法控制自己的情绪情感。甚至，一些儿童选择极端的手段，放弃生命，抛弃家人……此时，痛心也于事无补，悔恨也枉然。

我总是在想，人们追求的教育理想与幸福到底在哪里？为什么拥有良好的教育愿景，却又人为制造出那么多不幸？儿童与成人世界之间的必然冲突如何解决？从学前教育阶段开始，幼儿园如何协同家庭一起思考对儿童进行丰富的情感教育，关注学前儿童持续幸福能力的培养？

家庭与幼儿园需要明确，每个儿童的行为都是情感态度的外化形式。学前儿童的快乐、悲伤、喜爱、厌恶、忧虑、恐惧等都是与生俱来的情绪反应，更为复杂的情感是在个体社会化的过程中形成与发展的。成人不但要关注儿童个体情感发展，培养其智慧与才能，而且要思考如何使他们成为幸福的人，否则，以牺牲儿童情感能力发展为代价换来智力发展，往往得不偿失。仔细想想，我们就会发现，很多人不是因为智力、智商与才能缺失而不幸的，而是因为情感畸变与人格缺陷才不能拥有持续幸福生活的能力，甚至伤害自己与他人。因此，幼儿园和家庭，必须觉醒情感，注重学前儿童持续幸福能力的培养与教育。

四、觉醒情感:重新反思教育者的教育效能

人的情感发展往往受到大脑神经系统、可观察到的表现方式和反应、有意识的感觉与情感体验三个相互交织的因素影响。也就是说,觉醒情感不仅仅是停留在观念上与想法层面,更要回到教育情境中,回到日常儿童情感表达情境中。学前儿童的情感是强烈的、变化的、不稳定的,在学前儿童的内心世界里,缺乏与其强烈情感对抗的内容,儿童在这种情境中难以自救,往往迷恋在这种稚嫩情感表达之中。他们的情感也是不深刻的,因为内心的情感有时充满矛盾,但又难以醒悟,他们难以找到恰当的情感表达方式呈现对自己、他人与周围世界的情感体验。

家庭与幼儿园中往往也缺少情感表达的"教育场",以至于儿童在经历恐惧、伤心、自卑、沮丧等情感状态时,不知所措。其实,这些情感本具有正向价值,但因为教育者不能有效利用教育契机,导致这些情感未能发挥积极影响。成人难以发现并承认儿童的精神世界是向前的,所以很难表现出应有的情感教育智慧。绝大多数教育者仍难以觉察教育过程中情感关系的建立与联结至关重要,仍未完成咨询、榜样、指导等自我教育角色的认同。情感具有重要意义,教育者也需要情感觉察、移情、情感表达、情绪管理等方面的情感教育指导。

第二节 学前儿童情感教育学的理念指归

我们应当尊重儿童的人格,爱护他们的烂漫天真,应当给儿童快乐的童年生活。

——陈鹤琴

新时代的学前教育,必须明确而又具体地进行情感教育。教育者通过观察儿童,了解、理解儿童,学会读懂学前儿童的情感世界,并基于学前儿童生命与情感发展特点进行学前教育研究。今天的学前教育必须要发现儿童、解放儿童,这既是对学前教育的人本主义反思,也是新时代学前儿童情感教育的关键指向。我们必须思考有效进行学前教育的条件是什么,清楚我们是在什么背景、什么条件下进行学前教育的,反思新时代应怎样进行学前儿童情感教育,否则我们仍将陷入一些模糊的、没有意义的虚假认识之中。因此,新时代学前情感教育不是为了一般意义上的人,而是为了这个时代的儿童。他们是祖国的未来。

美国教育家杜威在20世纪就曾指出:"教育者从长远来看发展一种指向于儿童的价值取向,这种取向伴随着对儿童的生活经验的重要性及其教育学意义的不断反思,远比去获得一套外在行为技能要重要得多,因为这些行为技能只能使人短期地改善学校管理制度……不能使人成为一名灵魂生命的教师、鼓舞者和引路人。"[①]也就是说,教育不仅关系技能获取,还涉及对生命和人格的尊重,这是多元世界中实现社会和谐的必要条件。

今天与未来教育应将人文主义价值观作为基础和宗旨:"尊重生命和人格尊严,权利平等和社会正义,文化和社会多样性,以及为建设我们的共同未来而实现团结和共担责任的意识。以这种方式来扩大教育范围,可以让教育成为推动变革的力量,有助于实现人人共享的可持续的未来。我们需要采取整体的教育和学习方法,克服认知、情感和伦理等方面的传统二元论。"[②]学前教育需要承认多元教育范式共同发展,才会带来学前教育的发展变革,学前情感教育学可以被认为是一种"以人为本"的教育范式。

---

① [美]约翰·杜威.教师教育中的理论和实践的关系[G].全美教育科学研究会年鉴.1902(3):9-13.
② 联合国教科文组织.反思教育:向"全球共同利益"的理念转变?[M].联合国教科文组织总部中文科,译.北京:教育科学出版社,2017:30.

学前情感教育学的理念主要包括以下几个方面。

一、尊重与关怀幼儿情感：面向幼儿的生命与情感状态

有一个幼儿园大班孩子说："我妈妈给我报了6个辅导班，幼儿英语、跆拳道、思维数学、钢琴、舞蹈和绘画，其实我最喜欢画画，但我并没有太多时间画我喜欢的东西……"

我们似乎都很熟悉这样的场景，甚至熟悉到"熟视无睹"。我们通常会兴致勃勃或满脸焦虑地为了孩子向前冲，我们似乎都带着理性，但我们却又陷入集体非理性。在日常生活中，孩子、成人都习惯把情感"藏"起来，因为情感不能解决现实的残酷。情感被深藏，为了实现美好的教育愿望，人们都成了"无情"的人。用我女儿及同学们改编的歌词来说："世间的好妈妈或许有很多，而我们的妈妈却是少有的那一种，她漂亮却不温柔，善良却经常吼叫，于是我们只能逃跑……"

在当今时代背景下，我们做了太多"为了儿童"的教育，结果孩子不但不享受我们给予的教育，反而急着逃跑、躲避，忙着拒绝与反抗。教育者看上去一百分地关心儿童、为了儿童，但我们的观念、行为、情感却都让儿童觉得反感、不接受。我想，这就是人们通常所说的成人与儿童世界的教育互动没有发生教育意义。学前教育工作者特别要觉察与反思，如何让生活与儿童的互动发生教育意义。因为学前儿童似乎都是"顺从""听话""乖巧"的，或者说他们的不顺从、不听话、不乖巧表现得不那么明显，成人就"自以为是"地履行自己的教育观点与行动。

学前儿童情感教育学从根本上说，就是关注当下家庭与幼儿园教育实践的人文学问。学前教育不能仅仅从教育理论、教育著作中去寻找方法，也不应仅仅在成人的预估与经验中去寻找方法，而应该在自我与儿童的生命情感与生活世界中寻找教育逻辑与智慧，学会面向儿童、靠近儿童、走进

儿童、关怀儿童。或者说,学前儿童情感教育学就在我们身边,像爱、友谊、亲密等一样,存在于个体亲身的情感体验之中,在具体、真实的一日生活情境之中,在成人与儿童的情感互动关系之中,在教育者静静地倾听、鼓励、拥抱、微笑、注视之中,在父母、教师、同伴与儿童一起游戏、玩耍、冒险、操作、实验、探究与行动当中。

学前儿童情感教育学从儿童生命的内在性上支持健康、语言、科学、社会、艺术五大领域教育、教学实践。心理学家伊扎德认为:"情绪情感处于人格系统的核心。"[1]学前儿童情感教育学倡导在一日生活游戏过程中,使用情景模拟、教育叙事、主题演讲、问题讨论、自我反思等方式进行,让教育者逐渐把模糊的教育具体化为面向每个真实的学前儿童,思考如何在教养、游戏、一日活动实施的过程中,让教育者的心自然地脱离僵化灌输、批评指正、规训教化等,慢慢地让心面向学前儿童,关怀学前儿童,在情感关怀中指向学前儿童的朴素、普通、朴实的生存与成长。这也是学前儿童自然而又固有的本性释放,是学前儿童释放天性、守卫本真自由、崇尚审美快乐的成长秩序。

当然,学前儿童情感教育学不能"包治百病",甚至还会有人认为它是不好的,因为毕竟影响学前儿童生长、发展、成熟的因素是非常多元的,我们也容易高估自己对儿童的教育影响,这也是很多父母与教师不太相信、不认同我讲的情感教育的原因。那么,我们的确需要思考我们对学前儿童世界感兴趣是为了教育他,还是出于对学前儿童的本真热爱与关心,这样我们会更明白学前儿童情感教育学的本质在哪里。

---

[1] 朱小蔓.情感德育论[M].北京:人民教育出版社,2005:10.

二、关注与培养学习品质:理解幼儿的情感与精神世界

"苗苗是个看上去很活泼的孩子,她常常喜欢与别的小伙伴比较,喜欢管同学要东西,还有一些坏习惯,所以她不被小朋友们喜欢,没法加入到小朋友的游戏中去,总是被拒绝,经常无助地独自待在一旁……小朋友有时候说她也经常帮助人,但大家还是不想和她一起玩儿,所以她在幼儿园里也经常独处,或者黏着老师……"

其实,在日常生活中,有些孩子会因为遭到情感忽视而做出一些不恰当的行为。所以我们需要觉醒情感,强调在家庭与幼儿园中实施情感教育。

《3—6岁儿童学习与发展指南》明确提出要重视学前儿童学习品质的培养。学习品质与幼儿的情感发展相辅相成,学习品质对幼儿社会性和情感发展有重要的影响,走进幼儿的情感世界,更利于幼儿学习品质的培养。学前儿童正在成长,他们会犯错,他们尚未习得群体生活中的集体意识与规则,他们需要教育者参与其情感体验过程,支持其情感经验积累,理解其情感表征的过程,与其一起学会情感调控与表达,最终学会与自己、他人及周围世界和谐相处。

学前儿童情感教育学要关注学前儿童情感发展的状态,理解儿童丰富的情感世界。凡是有经验的父母、教师都会强烈地意识到:儿童以知识、情感、兴趣、技能和理解的形式带到幼儿园的东西,一定与他们在幼儿园学习的东西有联系,但是他们会形成怎样的理解、习惯、世界观、看法、情绪、感情、道德观和气质,仍然还是个未知数。"他们会变得感情细腻还是性格坚强,性格随和还是严肃,关心他人还是自私自利,有想象力还是没有能力,身心健康还是烦躁不安,心理平衡还是神经质;孩子在人际关系和生活中会体验到成功感还是失败感,卓有成就还是一事无成,有效还是无效,敢于冒险还是谨小慎微;这个正在成长的人会不会喜欢读书、欣赏音乐、保持友

谊、打抱不平、与人相处、尊重教育、创作诗篇、政治活跃、保护环境、关心孩子？儿童到底会成为什么样的人仍有可塑性余地。"①学前儿童情感教育学就是要关心学前儿童这种自我发展的可能性，迷恋学前儿童生命成长过程中的内心情感变化，关注其热情而又投入地学习探究的状态，珍视其充满愉悦、快乐、激情的积极学习体验，尊重其拥有积极、快乐的自我状态及"自然而然"地和同伴、环境的相处方式。

家庭与幼儿园需要为学前儿童提供关爱的环境，这是其个体生命成长的重要条件。随着年龄的增长，学前儿童与父母、教师之间的距离会发生变化。大多数情况下，孩子不自然地已成为成人的老师。所以，成人还需要暂时忘却自我，特别是那些根深蒂固的成人权威意识，更多地去关注儿童生命情感发展变化，尊重与理解其情感世界，做一名自觉的情感教育者。

三、理解与觉察关键事件：照亮幼儿的生活经历与情境

"教育学对生活经历的背景十分敏感。"②追求教育效能的教师自然地会对儿童的家庭背景、生活历史、道德品质、交往方式等十分敏感与关心。

关键事件是教师专业生活中的重要事件，该事件会对教师的教育观念、专业态度和专业行为产生重要影响。研究表明：在教师专业成长的突变发展过程中，关键事件扮演着重要角色。"我们根据教师专业发展的阶段性特点，关注关键事件，抓住关键事件，发挥关键事件的积极作用，有效地引领教师在专业化成长上实现智慧发展。"③人们习惯于从教师的角度去分析关键事件对教师的影响，提升教师的专业能力，但往往忽视这些关键事件对儿童自身成长来说更有价值，影响更深远。

---

① [加]马克斯·范梅南.教学机智——教育智慧的意蕴[M].李树英,译.北京:教育科学出版社,2001:47.
② [加]马克斯·范梅南.教学机智——教育智慧的意蕴[M].李树英,译.北京:教育科学出版社,2001:65.
③ 贾宗萍.抓住"关键事件"引领教师专业成长[J].上海教育科研,2013(6):81.

学前儿童情感教育学特别关注学前儿童在游戏、学习、交往及生活中发生的关键事件。譬如：游戏过程中，玩具总是被抢；父母矛盾冲突大引起的自我意识感较弱，总想和爸爸妈妈一起玩游戏却被忽视与拒绝；被班级小伙伴欺负，家庭搬迁、转学；不知道如何用语言表达自己的想法与情感，做出了攻击性行为等。这些生活中具有偶然性、重要性、典型性的事情，对学前儿童来说，都是关键事件。这些关键事件有的来自外部，有的来自儿童自己的认知与行为，对学前儿童来说具有重要意义。正如德国学者博尔诺夫所说，"在人的生活中总会有一些突然出现的、非连续的事情……这些事件具有重要的积极作用。人在成长过程中必然要面对一些非连续性事件。这些非连续性事件包括较大的、威胁生命的危机，对全新的更高级生活向往的突然唤醒、号召，使人摆脱无所事事状态的告诫和对今后生活举足轻重的遭遇等"[①]。对幼儿园教师来说，要特别关注学前儿童学习、交往、生活过程中的关键事件，做好观察、记录、分析与反思，并对幼儿进行适宜指导。教育者用自己的热情、技能和方法解决幼儿生活与经历中的彷徨与不知所措，充分满足儿童对安全、稳定、归属、尊重与自我实现的需要。

儿童需要安全和保护，才能去冒险；儿童需要支持，才能获得独立；儿童需要成人的引领，才能确定自己的生活方向。关注幼儿一日生活中的关键事件，也会成为幼儿园教师专业发展与教育效能提升的重要资源，也是教师学会教育诊断、评价、反思与批判等实践智慧的助推剂。它们可以帮助幼儿园教师在游戏观察、教育活动、班级管理中不断提升自己的专业判断能力，帮助教师进行专业的教育研究，学会面对与处理复杂的教育问题。

---

① ［德］O. F. 博尔诺夫. 教育人类学[M]. 李其龙，等译. 上海：华东师范大学出版社，1999：56.

第三节　学前儿童情感教育学的实践聚焦

每个人应成为情感能力的创造者,在情感世界中自由翱翔,在充满释放情感能量中,发扬情感个性,推动人类情感世界、审美价值和社会进步。在自尊自爱自主自强之中,向更新的高峰体验挺进,以多情多智多能的品味,去开发人与生态环境的互爱共荣的新大陆。①

——朱小蔓

明确了学前儿童情感教育学的理念指归,那么,学前儿童情感教育学的实践追求又是什么？如何在情感教育学视域下观察、透视幼儿园一日生活行动？家庭教育中是否连续关注学前儿童的情感与道德学习过程,描述情感教育实践的基本形态,优化情感教育与教学过程,实现情感教育目标呢？

马斯克·范梅南认为,"爱和关心(love and care),希望和信任(hope and trust),责任感(responsibility)是教育学的条件"②。这不也正是学前儿童情感教育学的重要条件吗？假如一个人不是怀着爱、信任、希望和责任感的话,怎么可能像一个真正的幼儿园教师一样行动呢？假如一个家庭中不能充满爱、信任、希望和责任感的话,怎么可能是一个真正的家呢？假如一个幼儿园不弥漫着爱、信任、希望和责任,怎么可能完成其立德树人的教育使命呢？因此,学前儿童情感教育学实践特别聚焦以下追求。

---

① 朱小蔓,梅仲荪.儿童情感发展与教育[M].南京:江苏教育出版社,1998:40.
② [加]马克斯·范梅南.教学机智——教育智慧的意蕴[M].李树英,译.北京:教育科学出版社,2001:87.

一、聚焦学前儿童情感与体验的多重理解

"教育学理解是一种敏感的聆听与观察。"①在日常教育情境中,家长与教师往往会面临学前儿童的各种"调皮""磨蹭""捣蛋""反抗",甚至还会出现"怨恨""仇视"等极端情况。孩子们无意间会用"我妈妈总说我不听话""我妈妈有时候会被我弄得直哭""为什么大人总是喜欢大声喊叫""为什么大人总是喜欢骂人""为什么大人总是不愿意听我们小朋友的话"等来表达自己的情感与体验。

学前儿童情感教育学实践特别要觉醒教育情境中教育者与受教育者的情感问题,通过多重理解关注学前儿童情感学习与成长过程,如通过非判断性理解、发展性理解、分析性理解、教育性理解、形成性理解等引导儿童在体验式的学习与反思过程中,学会判断、选择与行动。

(一) 非判断性理解与学前儿童自我情感认同

非判断性理解与倾听学前儿童,是指感知理解学前儿童在情感、情绪和建构意义方面的主体性。教育者对学前儿童保持接受、同情、真诚、无条件的关注和倾听状态,能消除学前儿童压抑的情感、紧张的心情、内疚不安的情绪等,进而理解学前儿童的内心情感世界,鼓励其表达出自己的想法,探索其所关心的事情,并让他们感受到认可和尊重。正是在这种非判断性的理解中,在倾听与认同儿童情感的情境中,教育者也获得了自我认识,自我认同感和责任感也不断增强。

同时,非判断性理解有利于学前儿童不断积蓄积极情绪情感,这种积极的情绪情感会影响儿童道德判断。海德特指出:"情绪影响道德判断的五基准理论,强调社会文化因素对人的影响,人在适应自身所处的社会生

---

① [加]马克斯·范梅南.教学机智——教育智慧的意蕴[M].李树英,译.北京:教育科学出版社,2001:111.

活中,形成了随机应变、把握规律、适应自然等各种生存能力,形成了道德判断的五基准内容,即伤害,关爱,互惠,自主权、内群体、等级,权威,贞洁五个方面。"① 每一种道德判断受一种或几种情绪影响,如:内疚情绪会影响儿童对伤害和关爱的道德判断,对伤害和关爱做出的道德判断就会更加严格;羞耻情绪会影响对贞洁度的道德判断,也会对贪婪等行为进行更加严格的道德判断。

总之,教育者坚持对学前儿童进行非判断性理解,更容易走近儿童,靠近儿童情感与心灵世界,有利于学前儿童建立积极的自我认同感,在游戏、交往与生活中保持积极的学习状态。

(二) 发展性理解与学前儿童道德情感发展

幼儿园教师随着年龄的增长会拥有越来越丰富的教育经验,有的教师还会通过继续学习完成心理咨询师、育婴师等资格认证。他们虽然通过学习丰富的学前儿童发展心理学理论了解了学前儿童道德情感发展的典型特征,但尚未做到通过专业方法实现对儿童进行行为干预、矫正和改变。

学前儿童情感教育学关注教育者通过情感觉察,学会通过发展性理解,相信学前儿童,相信学前儿童的精神世界是一直不断地向前发展、运动的。在日常生活中与学前儿童一起面对认知与情感冲突,帮助其克服认知与情感障碍。

教育者的发展性理解直接影响儿童道德情感发展。儿童道德情感是个体经历某些道德情境时产生或者已经具有的内心体验与倾向性情感,如自卑或自信、自豪与羞耻等。儿童在经历这些事件的过程中,会受到道德情感的影响。教育者的发展性理解能够促进其道德情感的发展,特别是通过发展性理解对儿童的行为做出正向或负向评价时,会固化或抑制其相应

---

① 高震. 内疚与羞耻情绪对初中生道德判断能力的影响[D]. 内蒙古师范大学,2014.

的情感行为。

（三）分析性理解与学前儿童情感能力形成

随着年龄的增长与变化,学前儿童的情感体验与经验不断增加。随着情绪社会性发展,儿童也会出现恐惧、悲伤、怯懦、沮丧、羞耻等负面情感,也会出现高兴、骄傲、得意、自豪等积极情感,还有隐藏在其意识层面的很多的认知与情感冲突。但在真实的教育生活中,教育者容易忽视与压抑儿童的负面情感,譬如,羞耻感、负罪感、悔恨感、憎恨感、嫉妒感与不满等。

学前儿童情感教育学就是要通过教育者觉醒情感,明确学前儿童情感与行为之间的内在关系,在日常生活中对学前儿童进行情感教育指导。譬如,帮助学前儿童从否定的、消极的情感世界中解脱出来,给予其情感能量,并将学前儿童表现与隐藏起来的情感转换成个人成长的积极力量。相信学前儿童通过情感与社会学习,会逐渐学会解决一日生活中遇到的情感冲突。

（四）教育性理解与学前儿童积极自我概念形成

教育性理解是对儿童体验、学习过程中的优势智能与暂时性困难所进行的发展性评价。教师与家长需要客观评价学前儿童当下的能力发展,"透视"他们的潜能发展(这些能力不仅仅是学习到多少技能),同时对学前儿童社交和情感发展中的优势与不足给予充分的肯定与评估。

学前儿童情感教育学倡导对学前儿童进行教育性理解,强调把学前儿童当作一个正在成长的、需要指导与支持的教育对象,摒弃"应该、不应该"等"病理性"思维与判断。同时,把学前儿童的优势智能充分发挥出来,培养儿童的自尊、积极情感,帮助其建立起积极的自我概念与形象。

（五）形成性理解与学前儿童幸福感

形成性理解往往来自于家庭中父母的教养方式,这是对学前儿童生活和独特个性进行全面、深入认识的主要形式。父母与教师应深入了解学前儿童生活,保持一种合适的、亲密而又不违和的"社交距离",促使儿童做得更好、追求向上、获得成功与幸福。学前儿童情感教育学倡导的形成性理解就是强调学前儿童能从成人那里获得认可、关爱、悦纳、鼓励等,教师与父母协同了解他们的优势、不足、暂时性困难等。在儿童早期,教育者有意识地培养其个性发展,注重其情感与社会学习指导,对其进行"情感智力投资",帮助其储蓄"情感资本"。

综上所述,我们明确了学前儿童情感教育学的实践追求。"多重理解儿童体验式情感与道德学习方式,还有一个根本性的实践性关注,即信任的同情心促成了教育学理解。"[①]因为,学前儿童情感教育学特别关注同情心,关注教育现场正在发生着的关键关系、关键事件,关注学前儿童的声音、眼神、动作和神态的变化,感受孩子的体验,如受挫、兴奋、伤心、厌烦、快乐、冒险、恐惧、忧郁、着迷、自豪、沮丧、内疚、无助……保持对学前儿童这种情感上的感同身受,我们与他们之间的距离就近了,我经常体会到与孩子们之间的这种亲密。这不仅是设身处地地理解他们,而且感受到对方的生活成为我内心世界的一部分。这种同情心与信任是真正地关心与理解儿童,是"神情投入"地理解,是带着"温度"的教育。恰恰是在这样的情感关系之中,教育者对儿童进行的鼓励、帮助、建议、指导甚至是批评都会产生积极的效果。

二、聚焦建立学前儿童情感与交往的多元关系

学前儿童情感教育学实践对教育关系特别关注。每个学前儿童在家庭与幼儿园一日生活中,都会面临各种关系,但不都是教育关系。"教育关系总是以一种相互交融的联合方式相聚而构成,教育关系是具有双重的意

---

① [加]马克斯·范梅南.教学机智——教育智慧的意蕴[M].李树英,译.北京:教育科学出版社,2001:128.

向性关系。"①学前儿童在成长过程中,总会面临各种意向性关系,如:终身的亲子关系,相对短暂但有影响力的师幼关系等。父母与教师都希望学前儿童通过多维学习获得成长,学前儿童也需要通过学习获得成长的意愿和能力。

我们也发现在真实的教育情境中,最好的教育关系是在父母与孩子之间、教师与幼儿之间的情感关系,而且这种情感关系孕育着各自生命成长的特殊品质。其中,教师与幼儿通过一起学习、探究、游戏完成学习过程,幼儿园教师也会对幼儿拥有"父母心"。父母与孩子的关系主要是通过日常生活而指向人际关系世界。

另外,父母与幼儿园教师本身即是课程,因为他们都是带着独特的个人风格、充满爱地对儿童进行教育,因此,这种教育关系是一种生活的体验,在父母、教师面前,学前儿童充分体验到了真正的成长与发展。学前儿童向父母与教师学习到的是对生活的热情、严于律己、献身精神、人格力量、强烈的责任等,随着年龄的增长,他们逐渐意识和体会着这些,并学会与自己、同伴、成人及周围世界交往。

德育教育家诺尔说:"教育的关系不只是奔向教育目的的手段,它在它自己的存在中找到了它自身的意义;它是一种充满了痛苦和欢乐的强烈情感。"②同样,对学前儿童来说,这种教育关系也是生活的一部分,也不只是一种成长的手段,"成人和孩子间的尊重、热爱和情感在他们相互体验到的现在的快乐和满意中,而不是将来的利益中,找到了它的意义"③。教育者

---

① [加]马克斯·范梅南.教学机智——教育智慧的意蕴[M].李树英,译.北京:教育科学出版社,2001:128.
② H. Nohl. Die Pädagogische Bewegung in Deutschland und ihre The-orie[M]. Frankfurt am Main:Schulte-Bulmke,1970:132.
③ [加]马克斯·范梅南.教学机智——教育智慧的意蕴[M].李树英,译.北京:教育科学出版社,2001:99.

与学前儿童在这种教育关系之中共同学会认识彼此,逐渐学会处理彼此之间的关系,提升各自的社交能力。

三、聚焦促进学前儿童情感与发展的多种表达方式

新时代的家庭与幼儿园都前所未有地重视学前教育,但教育效果却比较模糊,这促使我们去思考当下学前教育的问题及原因。

学前儿童情感教育学从实践取向上,关注教育者基于促进学前儿童多种情感表达而达成对自身教育效能的提升,支持与指导教育者在反思中走向智慧。我们知道,"儿童有一百种语言",学前儿童的表达方式也会有"一百种",其中一种非常重要的表达方式,就是"不表达"。譬如,随着年龄的增长,儿童逐渐有了自己的"秘密",逐渐学会隐藏自己的情绪情感,特别是在违背成人制订的规矩、纪律,做了不被成人允许的行为时……

马克斯·范梅南认为:"儿童隐藏秘密也是一种走向自主和独立的成长过程的现象。某种开放性、相互性和透明性在儿童对父母保守秘密过程中发生了转变。通过拥有秘密,通过将某事隐藏起来,儿童将他的自我(心灵)与家庭(社会)分离开来。因此,学会保守秘密的体验是儿童时代及儿童成长的必要组成部分。"[①]在保守秘密的体验中,学前儿童发现了自己的内心世界、隐私、自我思考,这种秘密给学前儿童一种个性感、自我感。父母与幼儿园教师需要觉醒情感,理解学前儿童外显的"百种"表达,理解其拥有秘密是一种自主成长,充分考虑学前儿童的真实体验与思考。尊重与促进学前儿童多元表达,才能做到在教育中信任与尊重儿童,才能与其保持适当的教育距离,才能通过自己的言行举止对其产生影响力。

"作为人类互动的机智,意味着我们在情境中保持着瞬间的、积极的行动。从情感上、从反应上,由衷地行动。即使当我们作为富有机智的教师

---

① [加]马克斯·范梅南.教学机智——教育智慧的意蕴[M].李树英,译.北京:教育科学出版社,2001:155.

积极地、敏感地、反思地与孩子生活——搜寻恰当的言辞或行动,我们也只是隐隐地意识到我们的行动。因此,从哲学意义上说,我们的思维、情感与行动受到我们身体的制约、内化或吸收——从而我们的思维、情感和行为达不到更深远的可能性。"[1]因此,作为情感教育实践者,也需要重新反思自己的"多元表达",认识学前儿童的情感、思维、言语与表达方式,承认"儿童的身份"与"成人的身份"具有不同的影像。教育者从情感、反应、行动等方面投入到儿童生活与文化中去,承认学前"儿童的身份"的存在,承认其情感、思维、言语等表达方式与成人之间的"冲突感""距离感""违和感",适当保持与学前儿童之间的"教育距离",控制好成人世界的"声音",根据儿童的"生命节奏"保持"教育节奏",做到适度的亲密与合理的对话等。

四、聚焦培育学前儿童情感品质的多维机智

在幼儿园一日生活中,幼儿与教师的情感会自然地弥漫在幼儿园的入园、晨间活动、区域游戏、集体教学活动、午睡、自主玩耍、散步、离园等各个环节中。这些情感无论是积极的,如兴奋、热情、高兴、友善等,还是消极的,如退缩、胆怯、焦虑、愤怒、无聊、冷漠等,大部分都会呈现出来。而且这些情感在生活与游戏中起着关键的作用。也有脑科学研究证明,"神经通常是通过关系的、情感的、与个人相关的以及经验的刺激所激活的,这些回路的反复激活会强化新的通路,增强记忆提取效率"[2]。学前儿童情感教育学需要关注幼儿园教师在教育实践中的情感教育机智,因为教育机智本身就包含了一系列教育品质与能力。

---

[1] [加]马克斯·范梅南.教学机智——教育智慧的意蕴[M].李树英,译.北京:教育科学出版社,2001:163.
[2] [美]威廉·鲍威尔,[印尼]欧辰·库苏玛-鲍威尔.做一名高情商教师[M].张园,译.北京:教育科学出版社,2015:14.

（一）学前儿童情感教育机智的特征

1. 情感觉察力

德国教育家赫尔巴特曾指出："你是否是一名优秀的教育者的标准就是你是否发展了一种机智感,机智是介乎理论与实践之间,是在日常生活中我们做瞬间判断和迅速决定的过程中表现出来的,是一种行动方式,首先依赖于人的情感或敏感性,对情境的独特性非常敏感等。"[①]富有情感教育机智的人,必然具有独特的教育敏感的能力,不仅能够从幼儿的言语、动作、表情等直接的线索中,懂得如何觉察幼儿的发展,而且还能够从手势、神态、表情和体态语等间接线索来理解幼儿的想法、经验与思考,理解幼儿内心的思想、感情和愿望。透过情感教育机智,教师能迅速地看穿幼儿活动中的情绪情感表现,能够观察、觉察、理解学前儿童在游戏与生活中所表现出的儿童精神世界。

2. 情感理解力

幼儿园教师情感教育机智可以通过其情感理解能力体现出来。在一日活动中,幼儿园教师未必每次都能够正确理解儿童的情感,有时候甚至会把自己的情感强加给儿童,而"情感能力能够使教师更准确地解读学生的行为。正确地解读情感是有效教师的基本特征。如果对情感的理解消失了,取而代之的将是对情感的误解"[②]。教师要具有理解这种内心生活的心理能力,理解学前儿童的害羞、敌意、气馁、鲁莽、高兴、愤怒、温柔、悲痛等情感。

3. 情感掌控力

一个富有机智的人往往表现出具有良好的分寸感和尺度感,似乎能够

---

① [加]马克斯·范梅南.教学机智——教育智慧的意蕴[M].李树英,译.北京:教育科学出版社,2001:169.
② [美]威廉·鲍威尔,[印尼]欧辰·库苏玛-鲍威尔.做一名高情商教师[M].张园,译.北京:教育科学出版社,2015:14.

本能地知道应该进入情境多深和在具体的情境中保持多长的距离。教师应该做情感的管理者,管理自己的情感,调适自己的情感,这种情感"掌控力"也是幼儿园教师完成高质量一日生活教育的先决条件。"如果有两位教师都能够很好地解读他人的情感,但是,如果其中一位教师能够更好地调控情感对行为的影响,那么学生会认为他的行为更可预测,因而在课堂上更值得信任,同时也使得他的课堂具有更有效的学习环境。"[①]因此,具有情感掌控力的幼儿园教师不仅仅能控制自己的情感,更多的是能够理解并认同情感与认知一样在教育过程中至关重要。

4. 情感直觉力

"一个富有机智的人似乎能感受到什么才是最恰当的行动"[②],这种直觉力量往往发挥着"神奇"的理性力量,自然、适宜地发挥着教育的影响作用。

总之,情感教育机智指向他人的实践,更多表现出一种对他人的关心,愿意为他人承担、负责。儿童也会在教育过程中习惯性地对成人的情绪、情感、思想、性格、行为方式非常敏感。因此,情感教育机智为儿童的情感与道德学习提供支持,为儿童的情感能力与素养提升提供示范与指导。

(二)学前儿童情感教育机智的具体表现

1. 自我情感调适与控制

在当下教育背景下,受历史与文化的复杂影响,教育者往往希望儿童更好、更快、更高地发展,不可避免地会急于求成,失去耐心。在教育过程中教育者做出越来越多的干预、决断,他们喜欢直接决定儿童做什么,有时候强势到替代儿童想好一切。教育者常常会失去自我情感控制,不愿意相

---

① [美]威廉·鲍威尔,[印尼]欧辰·库苏玛-鲍威尔.做一名高情商教师[M].张园,译.北京:教育科学出版社,2015:11.
② [加]马克斯·范梅南.教学机智——教育智慧的意蕴[M].李树英,译.北京:教育科学出版社,2001:163.

信儿童自身的体验与自然生长，但非常残酷的事实却是，儿童没有因为成人的失控与不懂克制而变得优秀起来，反而体会到更多的失败、无能感。成人过度干预与控制有时会导致一些儿童的逆反与抗拒，因此，教育者拥有情感觉察能力、情感调适与控制能力至关重要。

每位教育者(父母、教师)都深刻体会过，要想对儿童产生教育影响，就要提高自我的情感调适与控制能力。因为教育关系的特殊性在于，教育者与教育对象都具有丰富的情感、思想、认知与表达方式。自我情感控制表现为耐心、平静、等待，也包括忍耐。忍耐既是教育者的修养，也是教育者的美德。

2. 关注与理解学前儿童的情感体验

教育者应关注与理解学前儿童的情感体验，走进他们的内心世界，有意识地觉察体验对儿童来说是什么样的，他们到底是怎么想的，他们的反思能力如何，避免用统一的标准来思考与处理学前儿童的问题。教育者应与儿童之间建立一种相对开放的关系，在充满尊重、鼓励的氛围中进行平等的对话、交流，不擅自判断、随意批评。

3. 尊重学前儿童的自主反思能力

在教育关系中，学前儿童是有主体性的，教育者的情感教育机智表现为尊重儿童的主体性，相信儿童的自主反思能力，觉察儿童的主观体验，引导儿童对学习产生兴趣。而有的幼儿园教师总期待孩子会与自己的体验相一致，忽视学习最终是个人主体的经历和过程，过于干预会导致教育效果不如人意。

情感教育机智给予学前儿童充足的探索、思考空间，也保护了儿童脆弱的一面，防止儿童受到伤害。信任能给予学前儿童力量，固化儿童拥有的良好品质与独特之处，有利于促进学前儿童的个性成长。教育者的情感教育机智，还表现在情感氛围的创设，用沉默、眼神、动作等非言语行为调和紧张情绪。

本章小结

　　本章着重从学前儿童情感教育学的基本观点与实践追求谈起,明确新时代背景下坚守人文主义教育观,学前教育必须觉醒情感,重视情感教育。学前儿童需要在父母、教师的帮助与指导下,用积极热情的态度去观察与理解所生活的世界。

　　学前教育应指向学前儿童的情感世界,应朝着面向儿童、关怀儿童,聚焦学前儿童成长过程中的重要的、典型的、关键的事件,多重理解学前儿童的情感学习、情感发展过程,承认在教育关系中情感处于核心地位。在情感教育实践过程中,追求非判断性、发展性、教育性、形成性及反思性理解对学前儿童的价值判断、社会情感、道德选择与道德行动具有重要影响。本章描述了教育者的情感教育机智,如情感觉察力、情感理解力、情感直觉力、情感掌控力等;论述了教育者不断修炼自我情感调适与控制能力的重要性。教育者在教育过程中应关注、尊重、理解学前儿童的情感体验与反思,关注学前儿童游戏精神与情感教育的内在统一,关注学前儿童的情感交往与情感关系建立等方面的情感教育实践追求。

第二章　学前儿童情感世界理解与情感教育逻辑

每个孩子的内心,都是他们思想、感情和经历的独特世界。①

——[苏]苏霍姆林斯基

了解学前儿童的情感世界是教育者对其进行有效教育的重要前提。教育者不可以对孩子心灵中的各种情感漠不关心,而需要有意识地深入了解学前儿童的情感世界,努力研究、追问学前儿童是什么样的?学前儿童的情感世界是什么样的?学前儿童的情感对其认知、行为有什么样的影响?日常教育生活中学前儿童的情感世界的外部表现与内部机制是什么?追问这些问题就是在探析儿童情感教育的基本问题。

因为"只有在情感中才能反映出我们对事物(周围环境的现象)的各种不同的评价,而且只有从这种评价中才能看出我们的愿望和憎恶,从而确定我们的内心活动。正是它们本身构成了整个实际教育、整个人类教育的中心点。由于这些实际情感(它们表现了我们对外部现象的评价)相互之间的吸引力组成了能引导人的生活方向的最强的动力,这种动力我们称之为倾向性和反倾向性"②。学龄前阶段正是儿童接受情感刺激的敏感期,是道德情操形成的关键期,为了让每个儿童在生命早期就拥有情感资本与

---

① 蔡汀,王义高,祖晶.苏霍姆林斯基选集(五卷本)·第5卷[M].北京:教育科学出版社,2001:276.
② 张光林,张静.大师谈儿童情感教育[M].重庆:西南师范大学出版社,2009:226.

财富,教育者需充分了解学前儿童的情感发展特征与规律,教会学前儿童用情感去理解他人的精神世界,理解他人的高尚思想和情感。

走进学前儿童的情感世界,尝试理解与描述学前儿童内心情感世界的发生与变化,进而对学前儿童情感教育进行深度思考至关重要。本章着力于再现广大幼教工作者拥有的丰富教育经验,系统思考学前儿童情感教育的基本理论,通过分析学前儿童情感与道德行为之间的关系,分析学前儿童情感教育的基本逻辑,进而提醒教育者提升自我的情感觉醒与情感教育能力,进而提升其教育效能。

第一节　学前儿童情感发展的基本理论简介

有多少描述世界的方式,就存在多少个世界。

——[美]尼尔森·古德曼

关于儿童情感发展的研究与论述有很多,譬如社会学习理论、认知发展理论、精神分析理论、人本主义理论,这些理论研究都为我们展现了儿童情感发展和情感教育研究的新观点、新视野、新价值。本书着重从认知神经科学与哲学、道德心理学、教育学几个角度对儿童情感发展的基本理论进行概述性介绍,以帮助我们了解学前儿童情感发展的趋势、特征及规律,为幼儿园根据学前儿童情感发展特征与规律建构与实施幼儿园情感教育课程提供理论依据,指导学校与家庭全力关注学前儿童的情感、性情、品格、道德与人格发展,系统做好学前儿童情感教育。

一、认知神经科学与哲学:情感发生论

杭州师范大学丁峻教授在其著作《情感演化论》中依托认知神经科学

心理学和哲学,提出了情感发生论。

丁峻教授认为,人的情感发展具有内在规律,其中包括个体对自我的经验变构、情感映射、想象性体验、自我认知、意向设计和行为调节等方面的科学机理和操作方法。他对情感的发生机制、自我体验和自我认知的内在参照系、人格意向的建构原理及作用进行发生论的探讨,明确情感形成与发展的规律。

1. 情感发展基本特点[1]

第一,情感发展的关键期。"人在10岁之前,其大脑的感觉皮层要经历两次'迸发性生长'高峰,即3—4岁左右时,儿童的大脑感觉皮层的神经元数量达到了极限状态;5岁左右儿童大脑感觉发展依据经验进行细胞重塑,即保留那些接受了信息刺激的神经元及突触结构,淘汰那些未接受信息刺激的'多余'神经元(约占原先细胞总量的50%)。"情感经验发生于3—10岁,青少年时期正是人的一生中身心发展上质的结构性改组最迅猛的时期,它在情感发展上显示出与众不同的特质。第二,情感建构中的多元调剂因素。"人的情感记忆时时刻刻受前额叶(发送理念信息,如动机、意向等)、杏仁核(情感模式)、海马(记忆编码)、感觉皮层(经验情景)和联合发展(认知信息)等大脑核心结构的结合调剂,进而从短期情感记忆转化为长期情感记忆。"[2]第三,经验的内化与活化是情感生成的动力之源。

2. 情感认知的基本原理[3]

第一,情感认知的基本原理包括感性化的表象建构及情感投射、知性化的概像建构及想象投射、理性化的意向建构及理念投射三个层次内容。主体形成完美的经验表象、理性化的情感表象之后,还要将其与不完美的

---

[1] 丁峻.情感演化论[M].北京:科学出版社,2010:11.
[2] 丁峻.情感演化论[M].北京:科学出版社,2010:21.
[3] 丁峻.情感演化论[M].北京:科学出版社,2010:15.

经验表象和现实情感表象进行比照,借此形成更为合情合理的自我人格意向,进入对自我人格的情知意高峰体验状态和理性认知阶段,由此产生关涉自我的美感、道德感、理智感、自我悦纳感、自尊感和自信心,进而推动主体对自我情感的意识体验、理性认知和观念升华。

第二,主体对情感活动的加工程序包括感觉表象引起主体的经验重构(经验表象)、新经验激发相应的特殊情感(情感表象)、新颖的情感激发起美妙的想象(想象性表象)、自我情感的符号投射和理念投射(理念性表象)、对诸种有关自我的经验表象和情感表现进行全息比照,由此形成关于自我情感的认知表象(或自我概像、抽象自我),经由自我概像的投射和理性整合,形成自我的情感意向、人格意向和自我意识。

第三,主体对情感活动的认知过程包括对情感的自我体验(情境体验—符号体验—意识体验)与对自我情感的认知。

第四,主体对情感活动的意识心理包括自我意识发生机制、自我意识的心理表征形式。

3. 主体对情感活动的内在操作[①]

为了实现自我的情感价值、认知价值和人格价值,我们必须在内外活动中有意识地实施经验变构、情感映射、想象性体验、人格重组、意向建构、自我实现等定向性情感实践,通过长期刻苦的身心磨炼来塑造真善美的情感素质、提升自我认知能力、建构合情合理的理想人格,进而逐步从自我的内在实现走向外在实现。

丁峻教授从认知神经科学与哲学的角度深度剖析人的主体情感演化,通过情感发生论呈现了人的情感世界图景,这种极具"画面感"的理论剖析将我们带入人的情感认知与体验的奇妙世界,为我们理性地阐释儿童情感

---

① 丁峻.情感演化论[M].北京:科学出版社,2010:17.

世界提供了重要的理论依据。

二、心理学:情感发展阶段论[①]

(一) 道德心理学:埃里克森情感发展阶段论

美国心理学家埃里克森从终身发展观的角度把特定年龄阶段的问题综合成个性和情感的发展,并概括了儿童社会心理阶段。他认为,人类在每一个时期都要解决不同发展任务,并且在每个阶段取得的进步,将终身受用。

信任对怀疑(0—1.5岁,婴儿期)。根据埃里克森的理论,婴儿的基本发展任务就是是否获得对满足他们基本生活需要的人的信任。在这个时期,儿童的父母和其他一些主要抚养者起着非常关键的作用。如果抚养者能够在婴儿饥饿时给他们喂食物,在婴儿尿湿尿布后及时为他们更换尿布,并不时有规律地给予他们身体上的爱抚,婴儿将获得信任——其他人都是始终如一的可靠和可信赖的。但是,如果抚养者忽视婴儿的需要,对他们的照顾不一致,甚至虐待他们,婴儿将获得不信任感——这个世界是一个不可靠、不可预期的,并且可能充满危险的场所。

信任与安全依恋非常接近,不信任反映了婴儿的不安全依恋,甚至包括紊乱和无依恋,婴幼儿可以与他们的主要抚养者以外的其他人形成依恋,而且,通过发展继续与他人形成信任关系的机会。

自主性对羞怯和疑惑(1.5—3岁,幼儿期)。随着幼儿期儿童肌肉协调能力的提高,伴随着独立行走等技能获得,他们变得有能力满足自己的一些需要。他们学习自己吃饭,自己洗和穿衣服。当父母和其他的抚养者鼓励其自我满足的行为时,幼儿发展了自主性,渐渐产生自我意识。但是,当抚养者的要求太多太快,或者拒绝让幼儿操作他们有能力完成的任务,

---

[①] 陈琦,刘儒德.当代教育心理学(第2版)[M].北京:北京师范大学出版社,2007:43-44.

或者对幼儿自我满足的尝试进行嘲笑时,幼儿可能对他们处理问题的能力产生羞怯和疑惑。

建立起安全依恋的幼儿更愿意自己去冒险,探索周围环境。幼儿羞怯和疑惑表明了幼儿自我意识性情感贫乏。

主动感对内疚感(3—6岁,学前期)。如果一切顺利,儿童通过婴儿期和幼儿期能习得信任并形成自主性意识。随着他们日益独立,学前儿童开始出现独立创造的思想。例如,他们可以承担简单的艺术项目,在沙箱上建"房子"和"铁轨"或与其他儿童玩"房子"。当父母和教师鼓励和支持他这种努力,他就会更主动、更独立地进行设计并从事活动,但当成人阻止时,他可能会对自己的需要和愿望产生内疚。

有高效能感的儿童,对达到他们期望的目标充满自信,更有可能积极地去做对他们长期发展有益的一些挑战性任务。同时,若成人传递出对他们能力的信任,则有利于提高他们的自我效能感。

埃里克森的情感理论对儿童的自我概念的统一性获得,个体发展的制约因素,性格、兴趣、动机等人格特征的产生和发展都做了充分的研究。他还从个体心理发展层面即关系角度考察了人的社会性发展。

(二) 社会心理学:社会认知理论

社会认知是指对人类和人类事物的知觉、思维和推理。社会认知理论研究的重点是儿童对社会世界、对自己和别人、对社会关系的认识和理解。"儿童的社会认知能力会影响儿童的情绪。随着儿童学会采取别人的观点,感受到别人情绪的移情作用渐趋成熟,引出儿童情绪反应的刺激性质也起了变化。同时,随着儿童采用别人观点能力的提高,儿童学会了对别人行为的正确分析和归因,能更好地控制和表达自己的情绪和行为。"[1]儿

---

[1] 刘金花.儿童发展心理学[M].上海:华东师范大学出版社,1999:231.

童早在 5 岁时就表现出归因对情绪的影响。

(三) 认知心理学:认知发展与情感发展平行阶段理论

皮亚杰在儿童最初的社会性形成研究中指出:"表象和语言使得情感获得了前所未有的稳定性和持久性。通过表现,感情能够在引起它们的客体消失之后,还延续很久。这种把情感保留下来的能力,使得人际间的道德和情感成为可能。"① 日本心理学家波多野完治根据皮亚杰的认知和情感发展平行理论,结合研究描述了儿童认识发展与情感发展的平行阶段理论。(见表 2-1)

表 2-1 认知发展与情感发展平行阶段表②

	A 感觉运动的智力与个人内在情感	
	感觉运动的智力(社会化以前阶段)	个人内在情感(主体的一切活动中所包含的情感)
第一阶段	各种遗传构成、反射、本能	各种遗传构成、各种本能倾向、情绪
第二阶段	初期学习(在感觉运动的智力以前出现的学习事项)、最初的各种习惯、初步分化了的知觉	以知觉为基础的心境,即和知觉相结合的快感或痛苦,愉快或不愉快
第三阶段	感觉运动的智力(6—8 个月起,到语言机能出现时)	初步的规定、努力、疲劳、活动的终结(成功的终结和失败的终结)
	B 语言出现以后的智能和个人间的各种情感	
	语言的智能(社会化、概念化了的智能)	个人间的各种情感(人与人之间的情感交流)
第四阶段	前操作的各种观念(行为已经内化,但还具有可逆性时期)	直观的情感(以初步的社会情感和道德情感的原始形态出现)

皮亚杰还指出:"情感是有机体和环境交互作用的结果。因此,既不把儿童的发展看作是先天决定好的,也不把儿童看作是一架完全受外在力量

---

① [美]瓦兹沃思.皮亚杰的认知和情感发展理论[M].徐梦秋,沈明明,译.厦门:厦门大学出版社,1989:242.
② [日]掘内敏.儿童心理学[M].谢艾群,译.长沙:湖南人民出版社,1980:112-113.

控制的机器。根据这种观点,儿童天生就是科学家、探索者、质询者,他们在构建、组织世界和构建自身的发展方面起着决定性的作用。"①这启发我们在进行儿童情感教育研究和实践过程中,首先应该把儿童当作情感的主人,尊重儿童的情感需要、情感体验,依据儿童的情感发展阶段科学进行情感教育。

三、教育学:儿童情感教育论

我国学者朱小蔓教授是中国当代情感教育理论的倡导者和实践行动者,自20世纪八九十年代以来,她就持续关注情感教育研究,主要著作有《情感教育论纲》《儿童情感发展与教育》《关注心灵成长的教育——道德与情感教育的哲思》等,朱小蔓教授的情感德育模式成为中国改革开放30年中国教育发展的历史性成就,被称为当代德育实践的新模式,被广泛运用在学校教育实践中,对新时代学校德育实践具有重要的指导作用。具体而言,她的情感教育理论核心思想包括以下几个方面。

(一)情感价值论:研究与关怀儿童生命与情感

朱小蔓教授情感教育理论的核心是以人为本,强调研究与关怀儿童。她认为,儿童是教育的对象,情感教育首先必须研究儿童的情感,必须研究情感世界中的儿童。研究朱小蔓教授的情感教育思想,我们会发现,关爱儿童是其情感教育思想的核心。朱小蔓教授在其著作《儿童情感发展与教育》中写道:"创造完满的生命是我们的教育信念,其中我们要问问自己,孩子们的成长究竟缺少什么,他们真正需要什么,他们是否受到成年人的关爱……教育不能不关心如何发展孩子们的良好情感品质和情感能力……情感教育将把儿童领入一个真、善、美的愉悦世界,步入高尚、纯洁、友爱的

---

① [美]瓦兹沃思.皮亚杰的认知和情感发展理论[M].徐梦秋,沈明明,译.厦门:厦门大学出版社,1989:242.

幸福之门！"①在这样的儿童教育思想指导下,她充分研究了儿童情感世界、儿童情感发展的关键期、幼儿园及中小学儿童情感教育、多种关系及交往中儿童健康情感发展等。2005年在《情感德育论》里,她专门完整地分析了幼儿的道德情感发生、发展过程,界定它们的性质、功能,描述它们的性状,解释其中多种因素的互相关联、影响的关系,论述它们对幼儿道德成长的意义,并探讨学龄前儿童道德成长的教育机制。2011年在新版《情感教育论纲》中,她明确了"情感教育是指在学校教育、教学中关注学生的情绪、情感状态,对那些关涉学生身体、智力、道德、审美、精神成长的情绪与情感品质予以正向引导培育"②。2012年在《关注心灵成长的教育——道德与情感教育的哲思》中,她专门提出对中国处境不利儿童(留守儿童)心灵关怀的学校德育,提出引导儿童精神世界敞开、变化的过程(闭锁心扉打开—尊重感、平等感的获得—感受到生活的乐趣和希望),践行学校是关怀处境不利儿童的重要情感场域,并明确指出学校管理、教师、家庭应整体关怀儿童的情感与心灵。③ 综上,朱小蔓的情感教育理论在一定程度上说是以人为本,充分关怀儿童生命、成长、生活的情感教育哲学。

(二)情感师范教育论:研究与关注教师情感世界与人格素养

教育从本质上是一门关系的哲学,它是关于教育者与受教育者之间关系的学问与艺术,这种相互关系会影响教育目标与效能的实现。关注教师的情感世界,提升教师的情感教育能力与素养,有利于教师在教育教学过程中具有饱满的热情、创造的激情、爱学生的真情。教师的情感能力与素养是完成教育这一创造性劳动的重要前提。朱小蔓教授的情感教育理论

---

① 朱小蔓,梅仲荪.儿童情感发展与教育[M].南京:江苏教育出版社,1998:1.
② 朱小蔓.情感教育论纲[M].北京:人民出版社,2007:4.
③ 朱小蔓.关注心灵成长的教育——道德与情感教育的哲思[M].北京:北京师范大学出版社,2012:109.

专门阐释了教师的情感—人格素养的重要价值,主张创建情感师范教育,建立情感型师生关系等。在中国,有非常多的一线教育工作者师从朱小蔓教授,他们既是朱小蔓教授的学生,更是朱小蔓教授的朋友。这种亦师亦友的情感型师生关系,也正是朱小蔓教授情感教育研究与践行的真实体现。她的情感教育思想给教师们呈现出一幅关系世界的画面。譬如,她在其著作《关注心灵成长的教育——道德与情感教育的哲思》[1]中,特别详细地对"教师人文素养与教师教育""教师专业化成长""教师的情感—人格素质及其培养""教师的创造性以及创造性教师的研究""师范精神及现代师范教育专业化特征""创建情感师范教育"等做了细致论述。2017年,朱小蔓教授又明确提出了情感型师生关系的重要观点,她依托情感教育思想提出的"情感—交往"型课堂是融合情感教育、课程育人、情感德育为一体的,关心有生命质量的课堂教学。她强调要注重课堂教学中教师、学生等个体间情感关系的顺畅、生命联系的牢固以及整个课堂教学环境的积极健康,最终指向包括个体情感在内的整体人格的健全发展。这在教师的情感素养和能力、教师与学生的课堂行为表现以及课堂教与学的整体状态等方面,提供了指导性、支架性、开放性"指南"。同时,也可以帮助教师进行课堂教学的自我评价、自我诊断、课堂观察和同行互评。这是"指向具有'情感—交往'型课堂意蕴、体现情感教育旨趣和目标的参考和方向"[2]。这与其在《情感德育论》中详细阐述的"情感师范教育操作思路""教师道德情感向度"一脉相承,具体有:论述了关怀伦理、教师关怀与道德教育。她指明了"情感师范教育注重培养未来教师应当充满教育爱,具有温情、理解、接纳之态度,积极之自我观念,善于了解并导向学生之价值等思想人格素

---

[1] 朱小蔓.关注心灵成长的教育——道德与情感教育的哲思[M].北京:北京师范大学出版社,2012:3.
[2] 朱小蔓,王平.情感教育视阈下的"情感—交往"型课堂:一种着眼于全局的新人文主义探索[J].全球教育展望.2017(1).

质"。同时,又具体指明了"师范生有观察识别学生情绪反应并做出应答,倾听学生情感并灵活处理情绪宣泄,善于用语言、体态、手势等鼓励和激起学生的积极情感,引导学生的情感方向和情感强度,鼓励语言与惩罚语言的平衡,良好积极的情感氛围与幽默的调节,诊断学生情感病症及治疗与咨询等情感交往的能力技巧"。① 朱小蔓教授的情感师范教育论,不仅仅规划了如何关注教师的情感人文素养培育操作框架,还明确了教师应该具有哪些情感观念、情感能力、情感素养。这启发我们应密切关注、研究教师自身的情感世界,满足教师的情感关怀需求与自我情感调适等方面内容。

(三) 情感课程论:幼儿园情感课程实践模式建构与实施

朱小蔓教授注重情感教育实践,并基于实践分析幼儿园情感教育原理,而后指导学校、教师、家庭如何进行儿童情感教育。根据幼儿园课程编制原理,明确了学前儿童情感课程的基本框架。(见图2-1)

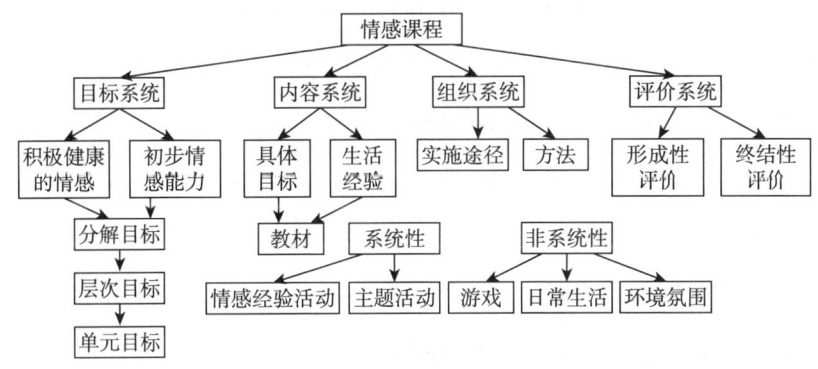

图 2-1 幼儿园情感课程框架②

本框架明晰了幼儿园情感课程的目标系统、内容系统、组织系统、评价系统,并对每一个部分进行了精细的阐释。这为我建构新时代幼儿园情感教育课程提供了非常重要的理论与实践支撑。

---

① 朱小蔓.情感德育论[M].北京:人民教育出版社,2005:220.
② 朱小蔓,梅仲荪.儿童情感发展与教育[M].南京:江苏教育出版社,1998:264.

第二节 学前儿童情感发展的基本特征与问题

在整个儿童期和青春期,人的情感发展和认知发展是一致的。感情决定着对情境是接近的还是回避的倾向,从而影响人的智能朝着什么方向去发挥,如果学习发生的社会背景是积极的、支持性的,那么儿童更有可能成为积极参与的、有动力的学习者。

——[瑞士]皮亚杰

对于学前儿童的情感发展现象、变化、趋势与规律,我们还需做细致的描述性分析。通过对学前儿童情感发展的典型性表现与现象及情感发展的多样性进行解析,我们会获得很多重要的教育启示,也有利于人们了解与观察学前儿童的情感与行为,进一步反思教育行为的适切性。

一、3—6岁儿童情感发展的特征

幼儿情感发展与身体、认知、语言和创造力等同步进行,而且相辅相成。但幼儿的情感发展又有所不同,其发展不是很明显,根据已有关于幼儿情绪情感发展研究成果与实践中对幼儿进行情感观察,我们发现幼儿情感发展特点可以概括为以下几个方面。

1. 幼儿的情感受具体情境影响

幼儿身体与认知发展主要受遗传与成长环境的影响,但"幼儿的情感发展要受到三种相互交织的因素影响"[①]。"一是有意识的感觉和情感体验,情感是幼儿的主观体验与感受,在幼儿发展过程中,所变化的就是幼儿

---

① [美]Janice J. Beaty. 幼儿发展的观察与评价(第7版)[M]. 郑明福,费广洪,译. 北京:高等教育出版社,2011:106.

对情绪感受的反应;二是大脑和神经系统的发育过程,大脑的成熟在很大程度上影响了儿童在不同年龄阶段的情感发展。"①研究表明:右脑主要负责处理消极的情绪、激烈的情绪和创造力,左脑主要负责处理积极的情绪、语言发展及对新事物和经验的兴趣;三是可观察到的表现方式或反应,譬如,悲伤、生气、害怕、忧伤、惊奇、兴趣、喜欢和快乐等情绪反应。②

2. 幼儿情感的社会化

随着年龄增长,幼儿的社会性情感交往逐渐增多,同教师的情感交往多于与同伴的情感交往。引起情绪反应的社会性动因不断增加,社会性情感不断发展,并出现道德感、美感、理智感等高级情感,表情逐渐社会化。③我们知道,幼儿拥有强烈的依恋情感。通常幼儿在害怕、受伤害或不确定的时候,都会非常紧密地依赖父母,其依恋情感表现出个别差异,有的幼儿只有个别人能让他们感到安全,有的幼儿能够快速对幼儿园教师等形成依恋。因此,幼儿刚刚接触幼儿园新环境时,他们一开始会感到担忧,行事也非常谨慎。但是,随着对环境日渐熟悉,幼儿会主动与老师、同伴建立起情感联系,形成新的依恋关系。当他们对老师形成依恋,建立起信任、民主、友爱的情感关系时,他们将变得更加自信。皮亚杰认为:社会交往的基础是幼儿与他人之间的态度和价值的交流。交往这种形式导致双方相互评价,在交往中儿童有可能利用表象去预测,自己被肯定或否定的情感体验帮助自己成为情感的真正主人。④ 譬如,他们会开始主动、自信地探索幼儿园、班级新环境,努力与同伴、教师一起进行各种不同的游戏与学习,慢

---

① Hyson, M. C. The emotional development of young children: Buliding an emotion-centered curriculum[M]. New York: Teachers College Press, 2004:144.
② Callagher, K. C. Brain research and early childhood development: A primer for developmentally appropriate[J]. young children, 2005(4):17.
③ 陈帼眉.学前心理学[M].北京:人民教育出版社,2000:328.
④ 朱小蔓,梅仲荪.儿童情感发展与教育[M].南京:江苏教育出版社,1998:55-56.

慢地还会乐观、自信地完成各种有挑战性的任务。

3. 幼儿情感的丰富与深刻化

幼儿的需要具有一定的系统性,各年龄段幼儿具有不同的优势需要,需要与情感密切相连。"随着幼儿需要越来越丰富,幼儿情感也越来越丰富,既包括情绪过程越来越分化,也包括情感指向的事物不断增加,情感范围逐渐扩大。"[1]与感觉、记忆、想象、思维、自我意识、复合的主观认知因素相联系的情绪情感越来越深刻,特别是幼儿的社会情感逐渐丰富和加深。譬如,在道德感方面,幼儿中班以后初步学会在具体形象的水平上把自己与他人行为进行比较;在理智感方面,幼儿表现为好奇好问,有强烈的求知欲,同时,羞耻、内疚、骄傲等自我意识性的情感也逐渐出现。但儿童在情感表达上有差异,有的儿童能很好地控制,尤其是在掩饰愤怒和悲伤方面;有的儿童则比较外露,无法控制。

4. 幼儿情感自我调节化

根据经验看,幼儿的情感调节与控制能力较低,表达情感的差异也较大(如有的能控制自己的愤怒和悲伤等情感,有的完全不能控制)。一般到了大班阶段,幼儿的情感控制能力越来越强,并逐渐具有自我调节能力。幼儿情感的自我调节具体体现在三方面:"第一,出现情绪冲动的情况逐渐减少。譬如,幼儿处于高度激动的情绪状态时,完全不能控制自己,他们或大哭大闹,或大喊大叫,短时间内不能平静下来,即使成人提出'不要哭''不要闹'等要求也无济于事,但随着幼儿脑的发育与语言的发展,出现情绪冲动的情况逐渐减少,到中大班,幼儿情绪的自我调节能力逐渐得到发展。第二,情绪的稳定性逐渐提高。虽然幼儿情绪仍然具有不稳定、易变化的特点,但随着年龄增长,幼儿的自我调节的能力逐步增强,情绪逐渐趋

---

[1] 陈帼眉.学前心理学[M].北京:人民教育出版社,2000:331-333.

向于稳定。第三,幼儿情感表达从外露趋向于内隐。特别是到中大班阶段,幼儿能较好地调节自己情感外部表现,控制自己的情感,以满足社会交往的需要。"①随着幼儿的自我概念的建立,他们对自己能完成的学习和体力任务拥有很乐观的态度。大多数幼儿有积极的自我概念,他们认为认知中的自己比实际生活中的自己更有能力,因为他们的自我评价是建立在过去他们在各种活动里取得进步的基础上的,而不是通过与同伴进行比较来认识自我的,因此容易高估自己。这些自信有利于激励幼儿尝试新的和有挑战性的任务,并能够坚持下来。也有部分幼儿属于"慢热"型,在面对困难的时候,他们也会因为努力没有得到回报而放弃挑战。

综上,通过对幼儿具有的典型性情感发展特征进行分析,我们发现:必须珍视幼儿在新的班级环境里感到谨慎或者担忧的情感,欣喜于幼儿因与教师建立了安全的依恋关系而变得更自信,觉察到一日生活中应对幼儿保持尊重和耐心。有一些儿童可能很快能与老师建立依恋关系,但另一些儿童可能需要花更多时间。教育者应接纳幼儿的积极情感与消极情感,并教给幼儿恰当的方法应对消极情感,特别是当幼儿感到愤怒或遭到拒绝、遇到挫折时,应鼓励幼儿说出自己的感受,讲述自己的想法。同时,教育者还需要经常给幼儿提供一起紧密协作的机会,给幼儿提供情感体验学习的机会。

二、3—6岁儿童情感发展基本问题②

儿童发展心理学认为,亲子依恋关系、情绪状态调节与自我概念发展是儿童情感发展的基本问题与主要内容。我们从天性与教养的关系、普遍性与多样性、量变与质变三个角度对情感发展基本问题进行思考与立体化

---

① 陈帼眉.学前心理学[M].北京:人民教育出版社,2000:333.
② [美]特里萨·M.麦克德维特,等.儿童发展与教育(下册)[M].李琪,等译.北京:教育科学出版社,2007:515.

描述。(见图 2-2)

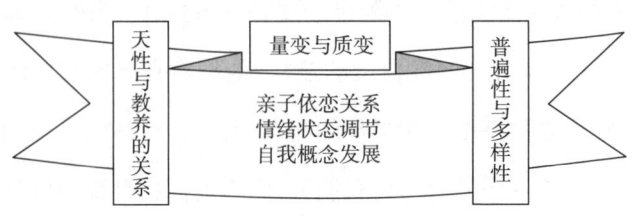

图 2-2　学前儿童情感发展基本问题

(一) 亲子关系及依恋关系

1. 从天性和教养关系角度看

学前儿童有与他们父母、主要照料者之间形成亲密社会—情感关系的生物性倾向,当他们在交往中受到欢迎和被接纳时,他们更易于形成依恋。反过来看,父母在天性上有照顾孩子的倾向,但是他们需要从家族成员、生活团体和文化中获得照料孩子的具体方式。

2. 从普遍性和多样性角度看

形成亲密社会—情感关系的倾向可能是普遍的。此外,照顾、关爱与陪伴是形成情感依恋的通用触发器。但是,不是所有儿童都能与他们的抚养者形成安全依恋,并且不同的环境对儿童有不同的要求。例如,独立可能对生活在资源匮乏环境里的婴儿有帮助。与此相似,当儿童在早年有多个抚养者时,往往能够锻炼他们处理多方面关系的能力,进而增强其社会适应性。

3. 从量变和质变角度看

依恋的建立与发展,在很大程度上反映了从量变到质变的过程。在各种关系中,幼儿从被动慢慢变得更加主动。先前遇到生人表现出对陌生人的焦虑情感的儿童,慢慢地也会开始主动接近他人。在这个阶段,仍有儿童常常对身边不认识的人感到焦虑,并且对他们的依恋对象表现出明显的偏爱。

（二）情绪状态和调节

1. 从天性和教养关系角度看

所有的情绪状态都可能在人类基因结构中被安排了，大脑被操纵着体验愤怒、喜悦、恐惧等情绪。基因也影响着气质方面的个体差异（例如，活动水平、兴奋性和对新异刺激反应的典型性方式）。教养方式影响着情感表达的具体方式。儿童从观察他身边的其他人，以及从练习处理自己情感经历的各种方法中，学习控制消极情感反应的表达。一些受虐待或者父母存在抑郁情绪的儿童常常以消极的方式应对情感，而另外一些儿童在面对消极情感体验时却表现得相当豁达。

2. 从普遍性和多样性角度看

所有儿童都体验过高兴、悲伤、愤怒和恐惧这样的基本情绪。情感状态激起某种特定类型反应的趋势也是普遍的。但是，儿童在怎样调节自己的情绪上存在着实质性的不同，有一些儿童表现出比较消极的情感反应，而有一些儿童可能用一种积极、乐观的方式对处境进行反应。

3. 从量变和质变角度看

学前儿童已开始逐渐获得评价他人情感状态的知识和技巧。如通过观察面部表情，倾听说话的语调，从行为中进行推论等，儿童慢慢也学会了像他人那样表达和控制感情。他们对自己的情感状态进行越来越多的反思。然而，自我意识性感情，如骄傲、羞耻、内疚等的出现反映了儿童情感发展的质变。当儿童越来越意识到家庭和社会规则时，他们学习把这些规则应用于自己的行为，并且积极地遵守这些规则，当他们违反了这些规则时就感到羞耻或者内疚。

（三）自我概念发展

自我概念是指人们关于自己的认识。儿童的自尊是建立在他们认为自己有能力和有价值的基础上的，他们或者认为自己是优秀的、有能力的，或者认为自己是无能的和没有价值的。与此同时,他们通常也会意识到自己拥有的优点和不足。学前儿童的自我概念发展趋势如下:自我概念日益抽象化、个别化和综合化,通过与同伴的比较来进行自我评价,随着年龄的增长自我概念趋于稳定。

1. 从天性和教养的关系角度看

作为社会的一员,人具有反思的能力,反思自己和思考别人怎么看。然而,这些能力在人刚刚出生的时候并没有充分表现出来。随着儿童经验的增长和社交能力的发展,自我反思的经验与他人的反馈密切相关,如幼儿在幼儿园总是陷入麻烦,觉得自己不受欢迎的认识就会影响其自我概念和自尊的建立。

2. 从普遍性和多样性角度看

自我概念是普遍的,儿童既看到了自己擅长的事情,也看到了自己不擅长的事情。日益增强的自我反思趋势似乎也是普遍的,但是他们认为自己擅长和不擅长的具体领域存在不同。在自我概念和自尊上,儿童也表现出可以看到性别和文化差异,即使在各自的性别和文化群体内也有相当大的差异性。

3. 从量变和质变角度看

当儿童学习了新技巧,掌握了更复杂的任务技能时,自尊会增强,但是他们在生活中遇到挫折时,自尊也会下降。在早期,儿童用自我的标尺来衡量自己的表现,但是随着年龄的增长,他们开始与同伴进行比较,这也反映了质的变化。

第三节　学前儿童情感发展的内容阐释

儿童期是情感发展的最佳时期。情感萌发于生命诞生之初,它在人生轨迹中发展着、孕育着!

——朱小蔓

上一节对学前儿童情感发展特征与问题进行了阐释,本节将围绕儿童情感发展阶段、情感社会化、情感表达、积极情感与消极情感进行阐释。

一、学前儿童情感发展内容描述

随着年龄的增长,学前儿童的情绪变得日益复杂,并遵循可预见的阶段在发展。随着儿童的不断成熟,其区分各种情绪情感的能力在提高,认识他人身上相同情绪的能力也在逐步提高,逐渐开始寻找可接受的表达和控制情绪的方式,当然这是人一生要努力做到的事情,即在情绪天平的两端控制其强度。研究发现:"所有人都有一些共同的情绪,心理学家华生研究了核心情绪:恐惧、愤怒、爱这些情绪的形式是所有限定性的不同情绪的基础。"[①]针对学前儿童情绪发展,有如表2-3所示的具体描述。

---

① [美]芭芭拉·安·尼尔森.一周又一周:儿童发展记录[M].叶平枝,等译.北京:人民教育出版社,2011:184.

表 2-2　儿童情绪发展阶段具体内容描述①

年龄	情绪情感发展内容
3～4 个月	反射 悲伤 兴趣
8～18 个月	愉快 悲伤 恐惧 目标持久性 愤怒 惊讶
18 个月～2 岁	分离时,具有自我意识 害羞或内疚 骄傲 移情 尴尬
2～3 岁	情绪词汇有所增加 识别自己和别人的情绪 在事件中识别情绪 在假想游戏中运用情绪词汇
3～5 岁	情绪反省能力有所提高 产生更多的复杂情绪 感觉的持续时间长于事件 意识到情绪控制——社会标准
5～6 岁	混合情绪 能隐藏、压抑情绪反应 指导情绪的自发策略 期望引发情绪的实践

每个儿童表现的方式不同,更多受气质的影响。"托马斯和切斯研究了母亲和孩子的互动对儿童个性和情绪发展的长期影响,鉴别出九种气质品质,即活动水平、节奏型、趋近或退缩、适应能力、反应的强度、反应阈限、情绪质量、注意力分散、注意广度和持续时间九个方面。"②每个教育者都

---

① [美]芭芭拉·安·尼尔森.一周又一周:儿童发展记录[M].叶平枝,等译.北京:人民教育出版社,2011:185.
② [美]芭芭拉·安·尼尔森.一周又一周:儿童发展记录[M].叶平枝,等译.北京:人民教育出版社,2011:185.

可以针对这九个方面对自己的亲子互动进行观察与反思,也可以就一日活动中与幼儿互动的情况与家长进行沟通交流。

二、学前儿童情感发展具体内容描述

1. 愤怒情感

幼儿因为自我需要没有得到满足,或者自我中心,经常会在家中或幼儿园产生愤怒情绪。每个幼儿的气质和养育方式,决定其愤怒情绪产生的频率与持续时间。随着年龄的增长,一些幼儿还会演化出更复杂的嫉妒情绪,通过"发脾气"表现出来,如,在教室里会经常因为玩具、说话、是否被关注、竞争等等原因发脾气。

2. 攻击性情感

攻击是愤怒的外部表现形式。有研究者认为:"暴力是基本的学习行为。儿童目睹他人建设性地应对愤怒、沮丧和失望的过程,就是在学习预防暴力的过程。"[①] 其实,攻击性是不可避免的,影响攻击行为发生的原因非常复杂,开始可能因为占有欲,对自己想要的东西或者"领地"进行保护,慢慢地可能会"争夺"别人的玩具、物品及喜欢的东西,或者用隐藏的方式来占有。随着幼儿学会协商沟通等交往策略,身体攻击性行为会减少,但是仍然会使用攻击方式,这时一般言语攻击会多于行为攻击,甚至会采用说脏话的方式。

当然,有的攻击行为是由儿童的动作发展不精准而引起的,是无意识攻击。教育者需要帮助幼儿学会用语言表达出自己的愤怒,这样既可以避免其受到伤害,又有利于其自尊的发展。此外,攻击性情感也会有性别、环境、惩罚等方面的差异。教育者可以根据幼儿攻击性情感发展的情况,通过示范、强化、减少挫折、积极评价等正面方式减少幼儿的攻击行为。

---

① [美]芭芭拉·安·尼尔森.一周又一周:儿童发展记录[M].叶平枝,等译.北京:人民教育出版社,2011:192.

3. 恐惧感

幼儿往往会因为陌生、分离、故事情节、想象、噩梦等原因产生害怕和恐惧情绪,当其能够分清现实和幻想时,一些恐惧感会自然消退。教育者注意不要通过威胁、恐吓,增加幼儿的恐惧感。

4. 羞耻感

羞耻是恐惧的一种形式,有研究者认为这是道德发展的第一阶段,"处于这个阶段的儿童认为正确的事情就是成人告诉他的事情。如果不这样做,就会有麻烦"[1]。经常提醒幼儿没做好的事情,往往容易让幼儿产生羞耻感。

5. 害羞感

害羞可以被看作是恐惧的另一种形式。一般在陌生人面前、陌生情境中,幼儿通过旁观、回避能够让自己感觉安全。有的幼儿天生就是腼腆的,有的是后天发展的,受家庭及不安全的环境影响而产生压力。感到恐惧而表现出害羞的情感,会影响儿童的发展。教育者要觉察并对其做好安全的心理环境建设。

6. 自尊感

自尊属于情感领域,是人们对自我的各种能力的个人感受,是将自己的能力与他人进行比较而产生的一种认知,也是对同伴接纳程度的一种自我感觉。"儿童的行为、面部表情和语言表达等富有情感的表现都可以反映儿童的自尊。自我感觉良好的儿童会表现出快乐,而怀疑自己的胜任力和个人价值的儿童会不快乐、严肃或面无表情。当然,这些表现或许是儿童先天个性和气质使然,不要将较为安静和内向的人误解为是低自

---

[1] [美]芭芭拉·安·尼尔森. 一周又一周:儿童发展记录[M]. 叶平枝,等译. 北京:人民教育出版社,2011:198.

尊的儿童。"①

学前儿童情感内容除了上面列举的儿童早期基本情感与行为发展变化,还包括其他社会性情感的早期发展,如道德感发展、理智感发展、美感发展。道德感指个体的言行举止是否符合社会道德标准而引起的情绪体验,幼儿时期已经形成最基本的道德感。幼儿在爱小朋友、爱老师、爱幼儿园等主题中萌发的就是基本的道德感,也会在基本情绪基础上,形成自豪感、羞愧感、友谊感、同情感、嫉妒等,只是受思维水平限制,幼儿的道德感并不深刻,是处于模仿成人、执行成人要求的"他律"中进行活动的。理智感是指人的认识需要是否得到满足而产生的体验。幼儿的理智感充分表现在好奇、善于提问、兴趣和强烈的求知欲等方面。美感是个体在评价客观事物是否符合审美标准时产生的体验。发展幼儿的美感也会经历一个社会化的过程,小、中、大班幼儿分别表现出不同的对美的认识、理解、欣赏与表达方式,或者说已经具有初步的审美感觉和审美能力。

三、学前儿童情绪情感社会化内容描述

"学前儿童调节自身情绪行为的能力继续向前发展,开始逐步习得更多处理各种消极情绪状态的技巧,并在这个过程中逐步习得本文化中各种特有的情绪表现规则。"②他们开始学会在成人面前控制自己的情绪,对他人的情绪理解也更有经验。

(一) 幼儿情绪理解社会化

情绪理解是幼儿情绪社会化的前提条件。我们知道,情绪的发展包括识别和解释别人的情绪。婴幼儿可识别他人的面部表情,与成人建立依恋关系,慢慢开始区分情绪范围,并选择适合这个范围的表现行为,学会以社

---

① [美]芭芭拉·安·尼尔森.一周又一周:儿童发展记录[M].叶平枝,等译.北京:人民教育出版社,2011:444.
② 乔建中,等.道德教育的情绪基础[M].南京:南京师范大学出版社,2006:144.

会认可的方式来控制和表达情绪,学会理解情绪产生的原因和选择更多的表达方式,然后学会调节情绪,展示自发反应的能力和延迟或者控制反应的能力。随着身心发展,幼儿慢慢理解自己的情绪及他人的情绪,并且通过家庭成员、教师、幼儿园同伴等的情绪情感示范、直接指导、积极或者消极的强化等促进情绪表达。教育者有意识地尊重与承认幼儿情绪发展,努力营造适合幼儿的情感学习氛围与环境,幼儿的社会化发展水平会不断增强,对他人的情绪理解会越来越准确、丰富。

(二)幼儿情绪表达与情绪调节社会化

情绪表达的社会化即是对情绪表现规则的习得与实践的过程。而情绪调节是一种适应社会现实的活动过程,它要求人们的情绪反应具有灵活性、应变性和适度性,以使人们能以有组织的、建设性的方式,迅速而有效地适应变化的社会环境。情绪调节的社会化也是社会情绪化的核心内容,它直接影响儿童情绪发展乃至心理发展水平,因为情绪社会化的最终目的是使得个体能够具有良好的、适应社会的情绪能力。

幼儿的情绪表达与情绪调节都是非常重要的情绪能力,幼儿情绪表达与情绪调节社会化也可以称为是"情绪能力的社会化"。随着幼儿情绪情感经验的丰富,对自己、他人情绪的理解的不断加深,对交往中规则的不断习得与认同,幼儿对各种社会情境线索与人际关系也会越来越敏感。他们慢慢学会掩饰与控制自己的情绪,"有经验"地、"成熟"地、"因人而异"地进行情感表达,并对自己的情绪表达进行"有效"控制。特别是随着语言能力的发展,幼儿的情绪表达与情绪调节能力有了更好的发展,因为语言本身就有可以解释、交流自己的想法与感受的功能,也有一定的情绪调节作用。

(三)幼儿情绪社会化的方式

幼儿与成人一样,慢慢学会多元的社会化方式,如社会参照、直接教导、社会学习和角色引导等。德纳姆强调:"情绪能力社会化的三个要素:

示范、训练和对意外事件的处理。它们可以用来指导儿童学习如何理解别人的情绪,解释自己的感受,并以何种适合的方式表达自己的感受。"①具体而言:第一,情感示范。即教育者进行情感表达,儿童通过观察、模仿、学习,能够在相同或类似的情境再现时,把从成人那学到的经验进行"重现"。他还可以在家庭与幼儿园中,通过不同媒介了解事件的情绪意义以及与情绪表达有关的一般行为,如喊叫、哭闹、沉默、多动、应对等。第二,情感训练。即教育者在家中或幼儿园有意识地、专门通过多种方式、材料与活动,和幼儿谈论情绪感受及其产生的原因,以及随后的行为表现,通过训练让幼儿的情感理解、情感表达与情感调节能力不断增强。第三,对意外事件的处理。即通过对成人、幼儿来说比较重要的关键事件、关键场景、关键结果等进行讨论与交流,教育者引导幼儿利用自主想办法、与同伴讨论、请求帮助等方式解决问题,在此过程中关注幼儿的情绪状况,并根据实际情况进行适当的帮助、干预与引导。

第四节 学前儿童情感教育的基本逻辑

  儿童只有通过自己的情感之门,通过共同感受、共同欢乐和自豪的情感,通过认识兴趣去吸取精神财富,他们的精神世界才能得到丰富。②

——[苏]W. A. 阿莫纳什维利

  新时代背景下,学前教育的目的到底是什么?这是每一位学前教育工

---

① [美]芭芭拉·安·尼尔森. 一周又一周:儿童发展记录[M]. 叶平枝,等译. 北京:人民教育出版社,2011:201.
② [苏]W. A. 阿莫纳什维利. 孩子们,你们生活得怎么样?[M]. 朱佩荣,高文,译. 北京:教育科学出版社,2005:127.

作者亟须思考的问题。学前教育需要在观照学前儿童的游戏与学习方式、学前儿童情感与心灵的基础上,思考幼儿园情感教育的逻辑与效能。觉醒情感是对新时期幼儿园情感教育逻辑与效能的关键性反思。

"教育的基本取向应该是承诺为孩子们构建一个既可能又必要向善的世界——一个让孩子过得幸福的世界。"[①]明确儿童的情感发展,有利于教育者了解儿童,从情感维度研究学前儿童学习与发展,关注学前儿童行为背后的情绪情感,深入理解儿童、读懂儿童。譬如,西格蒙德·弗洛伊德和许多其他早期的理论家提出,"儿童倾向于以合适的道德方式行动,因为如果以相反的方式行动,就会引发相当大的焦虑。很多感觉良好的情绪,特别是爱、依恋、同情、移情等诱使儿童做出更多的道德行为,而感觉不好的情绪,如羞愧、内疚、焦虑阻碍他们沉迷于不道德的行为。例如,儿童同情危难中的人,他们更可能做出亲社会行为,即其行为更多是为另一个人的利益,而不是为自己。如果他们对自己的所作所为感到内疚,他们更可能补救由于其欠考虑的行为而导致的损坏。在对道德发展和行为解释中,发展主义者逐渐开始把认知和情绪都包括起来,如,南茜·埃森伯格的亲社会理论提出,儿童对亲社会行为的判断依赖于他们同情别人的能力"[②]。概括地讲,学前儿童情感发展与教育研究者主要倡导以下观点。

第一,从天性和教养问题上看,构成道德行为的各种情绪都有其生理基础,但是儿童将它们与特定道德行为联系起来的程度由其经历与学习决定。觉醒情感的学前教育必然是从天性与教养两方面共同关注学前儿童的认知、情感与行为。

第二,从普遍性和多样性角度看,爱、移情、羞愧、内疚以及其他与道德

---

① [美]内尔·诺丁斯.幸福与教育(第二版)[M].龙宝新,译.北京:教育科学出版社,2014:2.
② [美]特里萨·M.麦克德维特,等.儿童发展与教育(下册)[M].李琪,等译.北京:教育科学出版社,2007:560.

行为相联系的情感具有跨文化的一致性。然而,学前儿童对各种行为的感受是不同的,这依赖于他们先前的经验。有些有行为障碍的儿童在不道德行为中表现出典型的情绪匮乏。觉醒情感的学前教育必然充分关注个体与集体的情感与社会行为之间的联系,关注不同类型儿童情感与行为表现,等等。

第三,从质变与量变的关系看,"在儿童早期,如羞愧、内疚、移情等情绪以量的方式增强。移情还表现出质的改变"①。觉醒情感的学前教育聚焦学前儿童积极情绪与消极情绪的学习与调试,充分关注幼儿的情绪状态。在家庭与幼儿园中有意识地帮助幼儿积累积极正向的情绪,指导幼儿在消极负面的情绪中进行正向学习,逐渐建立起其情感与学习之间的联系,发挥情感教育的效能。

情感影响人的判断。情感是人对生存状况的价值态度,它包括信念、理想等复杂意识。也就是说,"我们对自身状态和外部情境的描绘解释与反应选择等,都同情感血肉交融着。情感还是一种意向,一种定势倾向,一种与认知行为、需求和评价相关联的态度。因而情感具有人类共同的内涵对象,它与人的思维活动、道德行为、意志状态、审美体验和实践活动密不可分"②。理解学前儿童情感与社会行为之间的关系,通过对幼儿行为进行分析,会发现觉醒情感是走进学前儿童心灵世界、理解其社会行为发生的重要逻辑线索,也是对成人自我情感认知、教养方式的重新认识与审视。譬如,当学前儿童相信自己做错了事情时,羞愧与内疚便会出现。而且,即使没有做错什么,移情也能激发其道德和亲社会行为。儿童早期出现的移情,会持续发展到儿童中期及青春期。当移情导致同情时,它更能促成道

---

① [美]特里萨·M.麦克德维特,等.儿童发展与教育(下册)[M].李琪,等译.北京:教育科学出版社,2007:561.
② 丁峻.情感演化论[M].北京:科学出版社,2010:309.

德和亲社会行为。同情使儿童不仅设想另一个人的感情,而且关心个体的幸福感。

一、学前儿童情感与道德发生

(一) 道德发生是知、情、意统一的结果

儿童哲学家、心理学家、道德哲学家们都对道德发生做了相应的论证。道德是"是"与"应当"的辩证统一,因为"是"属于事实判断,是人认知结构中的东西,"应当"属于价值判断,是人的情意结构中的东西,两者的统一首先是认识、情绪情感和意志的辩证统一。[①] 情绪实际上是主体结构的状态或主体对这一状态的感受,在生命主动适应的过程中,在追求成功的过程中,对每一种状态的感受就是情绪情感,这种情绪情感成为追求平衡中的张力。而意志的目的又是达到一种适宜的情感状态(平衡状态或适应状态),要达到这一状态,主体必须了解与同化周围环境。认识的启动又是情感和意志促动的,即认识、情感、意志相互依赖、不可分割,三者在主体与客体的相互作用中发生,有时情感是百感交集的。

(二) 情感定向道德发生

克莱巴柔德认为,情感指定行为的目标,而智慧提供手段,但对于目标和手段存在一种意识状态,这种意识状态继续改变着动作的目标;就情感通过给行为以目标指引来说,情感对动作供应必要的能量,而认识给动作烙印一种结构。[②] 因此,对学前儿童情感来说,积极情感能够促进其亲社会性行为发生,而持续的消极情感体验容易导致其反社会行为发生。

(三) 情感作为道德基础

皮亚杰认为,认识和情感是不可分割的,认识活动具有情感成分,绝不是单纯的理智动作,其中还夹着无数的情感、兴趣、价值、和谐感等,也没有

[①] 刘晓东.儿童精神哲学[M].南京:南京师范大学出版社,1999:124.
[②] 刘晓东.儿童精神哲学[M].南京:南京师范大学出版社,1999:126.

单纯的情感动作。① 情感构成行为模式的动力状态,而行为模式的结构则相当于认识机能,而且在仅仅动力状态下不能说明结构,在仅仅结构下也不能说明动力状态,因为两者中的任何一方符合没有对方就无从发挥他们的作用。② 认知、情感和意志是统一的,随着儿童主体的不断发育,儿童是否将他人当作外部主体越来越依赖于他的意识的抉择,并在道德主客体的交往活动中实现道德情感的发生。在亚当·斯密的《道德情操论》里,"同情"被用以解释道德判断的起源和性质。休谟则认为,广泛的同情是我们道德感所依靠的根据。③ 因此,我们可以认为,道德最终的发生受情感发动与指引。

二、情感在学前儿童社会学习中的价值分析

朱小蔓教授在其《情感德育论》中明确,"个体道德形成的完整过程中,情感始终具有特殊地位、特殊的价值。第一,人对道德信息的接受以情绪的活动为初始线索。儿童首先通过感情表明他们的需要,感情帮助他们建立或隔断与别人的联系,与此同时,他人的情绪表情和事物信息的情绪性也是儿童借以判断并接受某种信息的重要线索。第二,人对道德价值的学习以情感—体验型为重要的学习方式。一般对道德价值的学习分为事实性知识、评价性知识、人事性知识。其中,评价性知识和人事性知识学习特别强调本民族社会历史过程中积累起来的价值经验,注重人在直接或间接参与道德交往关系中本人获得的道德经验与体会,这些学习需要以情感或体验性思维和态度加以把握,将自己的热情、激情等身心融合进去,才能获得个人的理解,成为内心的需要,成为自己追求的价值目标,并在行动中表现出亲近、认同、内疚、好恶等,即,引导学生学会情感—体验型学习方式。

---

① [瑞士]皮亚杰.儿童的心理发展[M].傅统先,译.济南:山东教育出版社,1982:55.
② [瑞士]J.皮亚杰,B.英海尔德.儿童心理学[M].吴福元,译.北京:商务印书馆,1980:86.
③ [英]休谟.人性论[M].关文运,译.北京:商务印书馆,1981:268.

第三，人的道德行为发生受情感的引发和调节。情感促使人的道德认知处于动力状态，一定程度是保证道德认知与道德行为的统一；情感本身构成特殊的道德认知，即以道德感觉的方式引发或调节行为；由情感的状态水平所构成的稳定道德心境是人的道德行为的恒常心理背景。第四，人以情感为核心的动机系统作为个人道德发展的内在保证。人的情感的性质、内容与状态主宰着人的动机系统的指向与功能发挥。儿童在成长过程中，全部道德行为、履行道德义务、发展道德自我的背后，必须有强大的自我肯定情感来支持自己，无论是正向还是负向情感体验，都使人体会到力量"[1]。

那么，儿童的情绪情感与行为、道德发展及幼儿园教育之间的关系如何？如何在学校与家庭中，敏锐觉察儿童情感的发生与细微变化呢？

三、学前儿童情感与行为之间的关系与道德情感培养

探求学前儿童情感与亲社会行为的内在关系，来源于人本主义教育观，更来源于情感取向的道德教育研究。情感是构成行为模式的动力系统，如美国教育家罗杰斯所说，"道德的发展是一件不断增长自我意识的事，或是一种自我实现。儿童养成健全人格，需要从情感的领域来发展道德的观念和行为。即道德和情感是密切联系的，道德活动往往是以情感方式来进行的，而不能够以认知的方式来完成。通过发展认知去进行道德教育往往是没用的，道德往往是一个情感方面的投入，德育属于情感活动的一个领域"[2]。内尔·诺丁斯在其论著《幸福与教育》中也强调："幸福是与道德之善相联系的。"[3]要想得到幸福，孩子们必须学会以有利于他们同其他人之间积极关系的方式来展示美德，尤其是在与那些抱有建立关怀关系意愿的人的交往中，坚持诚实的美德更容易获得良好的人际关系。"美德

---

[1] 朱小蔓.情感德育论[M].北京：人民教育出版社，2005：41-46.
[2] 朱小蔓.与世界著名教育学者对话(第一辑)[M].北京：教育科学出版社，2014：129.
[3] [美]内尔·诺丁斯.幸福与教育(第二版)[M].龙宝新，译.北京：教育科学出版社，2014：177.

最好在强健、快乐的关系中来学习。很少有幸福的孩子会变得粗暴、残忍。"①也就是说,情感与行为之间相互影响。

我们必须承认,高兴、愤怒、恐惧、沮丧、厌恶、焦虑、羞耻、内疚、自豪等都是儿童的情绪状态,都是其对亲身经历的有意义事件的一种本能反应。高兴、愤怒、恐惧、焦虑和其他情绪反应让儿童把注意力集中在自己生活的重要方面,也帮助儿童发展新的理想、目标和计划。情绪并不仅是释放能量的方式,同时也能帮助儿童修正他们的行为和关系,因此,我们需要明白不管是积极情绪还是消极情绪,都有助于儿童进行道德学习。

(一)自尊:内化道德规则

自尊是指个体对自己的价值或者个体是否接受自己、尊重自己的感受。与自信一起构成个体的自我概念。个体坚信自己能够产生预期效果,能有效完成任务,就能够提高自尊,相反,则降低自尊。高自尊会促使个体不断挑战较难的任务,同时,获得成功后可以进一步提高自信。

自尊与儿童一日生活存在相互作用,影响个体对自己的评价及情绪,影响幼儿在幼儿园中的表现。教育心理学家古柏·史密斯在其所著《自尊心的养成》中提出培养学生自尊心的三个先决条件:"一是重要感。具体指个体觉得他的存在是重要而又有意义的,来自于人际交往的社会关系,来自于家庭中父母的关爱,来自于学校教师、同学的接纳与认可,使其产生重要感。二是成就感。具体指个体在具有挑战性的工作中表现出成就,而且能达到自己的预期目标,这时会产生一种完美感受。三是力量感。具体指个体感受到自己有处理事务和适应困境的能力,力量感是人们敢于面对困惑接受挑战的重要心理特征,也是克服困难获得成功的重要原因。这三个

---

① [美]内尔·诺丁斯.幸福与教育(第二版)[M].龙宝新,译.北京:教育科学出版社,2014:171.

方面的心理需求得到满足,自尊心才会出现。"①

教育者应充分利用集体力量,帮助与鼓励犯错误的幼儿消除自卑感,培养其自尊心,鼓励他们在一日活动中产生集体荣誉感,进而使集体的道德行为规范内化为儿童的行动指令。

(二)移情:激发亲社会行为

移情是指对事物进行判断和决策前把自己处在他人的位置,考虑他人的心理反应,理解他人的态度和情感的能力。在道德培养过程中,移情是最具有动力特征的因素。移情是亲社会行为的动机基础,能激发与促进亲社会行为发展。亲社会行为指人们在社会交往过程中表现出的那些利于他人和社会的行为,是一切积极的、有社会责任感的行为,如助人、分享、谦让、合作等等。

在人际交往中,人们会在感情上彼此沟通、相互分享。"移情是个体由真实或臆想的他人情绪、情感状态引起的并与之一致的情绪、情感体验,是一种替代性情绪、情感反应,是一种无意识的、有时十分强烈的对他人的情绪状态的体验。移情是维系积极的社会关系、促进亲社会行为的重要因素,是人们内心世界相互沟通的桥梁。当看到他人处于困难、痛苦境地时,个体是否会做出帮助他人的行为,这依赖于个体是否能知觉并体验到对方的情绪体验。如果对对方的痛苦情绪毫无知觉,他就可能冷漠无情,置之不理。"②李伯黍、岑国桢认为发展移情能力可以从以下几个方面进行:第一,表情识别。通过对方表情来判断对方的态度、需求和情绪、情感体验,这可以通过照片、图片等进行训练。第二,情境理解。理解当事人的处境,从他的处境去感受他的情绪体验,考虑他需要的帮助,可以采用故事讨论

---

① 陈琦,刘儒德.当代教育心理学(第2版)[M].北京:北京师范大学出版社,2007:50.
② 陈琦,刘儒德.当代教育心理学(第2版)[M].北京:北京师范大学出版社,2007:426.

的形式,让学生分析故事里的人物处境和体验。第三,情绪追忆。针对一定的情境,通过言语提示唤醒学生以往与此有关的感受,并对这种情绪体验产生的情境、原因、事件进行追忆,加强情绪体验与特定情境之间的联系,即用自己的切身体验来理解他人的感受。

(三) 羞耻与羞愧情感:利于善

个体产生羞耻情绪是当对自身做出消极评价或自身行为不被别人接受时产生的一种情绪体验。产生羞耻情绪后,个体会积极地控制自己当下的行为而做出一些亲社会行为来调整或改变自己现在所处的窘态,从而促进个体社会交往的良性发展,即羞耻具有道德功能。或者说羞耻本身就是一种道德情绪,这种情绪体验会提高个体对其自身的认识,进而不断地督促自己、提高自己和完善自己,更加清楚地进行自我认知。

从心理学角度看,当孩子感到羞耻时,会意识到自己违反了行为规范,羞耻的适应性功能促使孩子更严格地要求自己,所以我们不必在孩子感到羞耻的时候嘲笑他们,嘲笑并不能培养更多负责的行为,反而会激起孩子的愤怒、退缩和逃避。因为羞耻感是"社会性情感,其在一切社会关系中起着非常重要的作用,特别是讥笑、羞辱等在社会生活中起着非常重要的作用"。[①] 譬如,偷拿东西、犯错等行为发生后,教育者如何利用儿童产生的羞耻感,进行教育引导。

另外,羞愧感与羞耻感类似,羞愧感是"人的良心受到谴责"这一心理状态产生的基础。当儿童形成了个人自尊,理解了自己的各种心理品质,才能认识到自己的过失和错误,从道德角度对自己做出评价,懂得哪些行为引起了成人的负面评价,并为之羞愧。随着年龄的增长,儿童羞愧感的范围在不断扩大,也越来越社会化,但羞愧感外部表现范围在缩小,对羞愧

---

① [俄]康·德·乌申斯基.人是教育的对象——教育人类学初探(下卷)[M].张佩珍,等译.北京:人民教育出版社,2004:815.

感的体验在加深,儿童还会记住产生这些情绪的情境,以后在类似情境中会努力克制导致羞愧感行为的发生,将成人的要求逐渐内化为自己的需求。库尔奇茨卡娅认为,儿童羞愧感的产生意味着儿童个性正在发生变化,当它成为个性中的一种稳定的东西时,就会改变个性的结构。① 因此,羞耻、羞愧的情感利于儿童产生善。

(四) 恐惧感:难以产生善

我在做心理咨询与家庭教育咨询过程中,一直有一种强烈的情感,担心信任我的儿童会在内心产生恐惧。因为,我曾在自己的成长过程中体验过浓烈的恐惧。人生活在恐惧中,难以产生善,这也是我坚持追溯情感与道德行为之间的关系的原因所在。作为教育研究者必须面对教育中的真实、事实、现状与挑战。

恐惧有很多种,人们对当下、对未来都有很多确定的和不确定的恐惧。亚里士多德把恐惧定义为"与希望对立的情感,同时勇敢也是与恐惧相对立的情感"②,笛卡尔也把恐惧放在希望的对立面,他认为,"希望是一种心灵状态,它使自己相信,它所希望的东西是会实现的,而恐惧是另一种心灵状态,它使心灵相信,它所希望的东西是不会实现的,如果恐惧排除了一切希望,那么恐惧也就变成了绝望,如果希望完全战胜了恐惧,那么希望也就变成了信心。他还认为恐惧和爱是不可分解的情感"③。当人们感到威胁和身心受到潜在威胁的时候就会产生恐惧。恐惧促使人逃避,逃避风险、危险,进而寻找安全或进行反抗。蒙台梭利认为:"恐惧是心理歧变的一种形式,是一种深深地扎根于儿童内心的情感紊乱,是儿童性格的一部分,有

---

① 陈琦,刘儒德.当代教育心理学(第2版)[M].北京:北京师范大学出版社,2007:426-427.
② [俄]康·德·马申斯基.人是教育的对象——教育人类学初探(下卷)[M].张佩珍,郑文樾,张敏鳌,译.北京:人民教育出版社,2005:790.
③ [俄]康·德·马申斯基.人是教育的对象——教育人类学初探(下卷)[M].张佩珍,郑文樾,张敏鳌,译.北京:人民教育出版社,2005:791.

些儿童退缩就是被一种恐惧预感所包围,还有一些儿童会无法战胜惊恐。"①因此,尊重儿童这种情感体验,让儿童接触现实,体验和理解他所处的环境,将有助于摆脱这种紊乱的恐惧心态。

成长中的儿童本来就存在各种认知、情感冲突,会因为不确定因素对现实与想象中的环境、人、权力、控制等产生压力。为了让儿童能够与自己、他人及周围世界建立情感联系,建立自己的安全感与责任感,"在我们的学校里,教师和那些需要对学生负责的人,无论是在课堂、操场还是自己的房间,都有责任不让恐惧以任何形式出现。教师一定不要引起学生的恐惧。这不是观念,因为教师自己明白,不只在口头上,任何形式的恐惧都会损害心智,破坏敏感性,钝化感官。恐惧是人一直都在背负的重担。由于恐惧,产生了各种形式的迷信——宗教、科学的和想象的。我们生活在谎言的世界里,而观念的世界的实质就是恐惧。教师与学生之间的关系中存在任何形式的恐惧,那么教师都无法帮助学生从中解脱出来"②。因为,善不可能存在于恐惧的土壤中。需要明确的是,教师有责任帮助儿童,或者说与儿童一起面对事实、现在和恐惧,给彼此带来心灵的自由。"但恐惧是容易深深扎根在儿童内心的一种情感,通过接触现实,体验与理解周围环境,儿童往往能够摆脱这种紊乱的恐惧心态,当然,恐惧通常也能够让儿童形成一种'谨慎',这种谨慎能使儿童认识和控制危险,避免危险,进而能生活在危险的境地之中。"③无论如何,教师在教育过程中应减少儿童的恐惧情感,若儿童产生恐惧情感,教育者需给予儿童多一些爱与温暖,减少儿童产生紊乱、惶恐,给予其情绪情感抚慰,帮助其建立起安全、稳定的情感关系。

---

① [意]玛利亚·蒙台梭利.童年的秘密[M].马荣根,译.北京:人民教育出版社,2004:172.
② [印度]克里希那穆提.教育就是解放心灵[M].张春城,唐超权,译.北京:九州出版社,2010:4.
③ [意]玛利亚·蒙台梭利.童年的秘密[M].马荣根,译.北京:人民教育出版社,2004:173.

(五) 厌恶与愤怒情感:推动恶

厌恶是让人对有潜在麻烦的事物保持警惕的一种自然方式。"纪律精神有两个要素:首先是对生存的常规性的偏好,因为在相同的环境中,义务总归是一样的,而且最主要的生活环境已经一并为我们的性别、公民身份、职业以及社会地位决定好了,所以一个人不可能既乐于履行义务,又抵拒常规性和习惯性的东西。整个道德秩序都取决于这种常规。"[①]儿童的行为往往就不具备常规性,能够以异乎寻常的速度从一种印象转向另一种印象,从一种活动转向另一种活动,从一种情感转向另一种情感;他们的性情不稳定,会突然大发脾气,突然平静下来,眼泪紧接着笑声,善意与憎恶交替出现,没有明显的理由;他们的观念与情感都带有反复无常的标记,个人行为往往缺少连续性。譬如,愤怒这种情感特别有力地说明了儿童的气质特征,受到威胁与产生愤怒易发生暴力行为。(见图2-3)

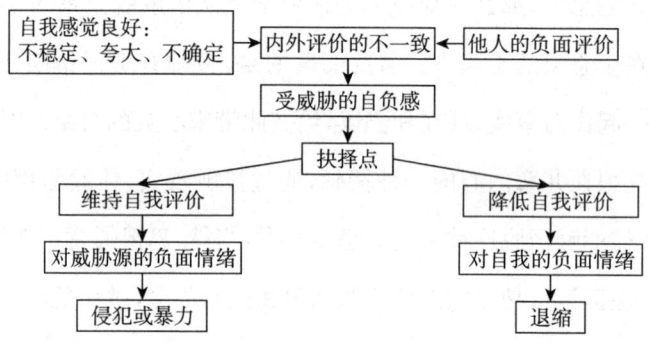

图2-3 受威胁的自负感和暴力行为关系示意图(来源:Baumeistes, Smart, Boden 1996)[②]

以上是对个体的情感与行为之间关系的分析。我们可以看出支配和影响个人道德行为的总是其中的某种情感。"激发情感是极其重要的,因为情感是行为的驱动力,通过理性程序激发人的情感,这样道德教育就有

---

① [法]爱弥尔·涂尔干.道德教育[M].陈光金,等译.上海:上海人民出版社,2006:97.
② [美]斯蒂芬·沃切尔,等.社会心理学[M].金盛华,等译.南京:江苏教育出版社,2008:366.

了一种健全而明确的基础,道德在现实中有了支撑点,知道为了使儿童成为道德存在,必须运用什么样的力,应该对儿童起什么样的作用。"①不基于儿童情感的教育是不会产生明显的教育效果的,另外,从群体的角度来看,"如果群体权威特别集中于某些信念与情感,那么所有这些就必然是道德观念与情感。再没有什么能够与集体良知的核心有如此紧密的关联了:这些信念与情感是集体良知至关重要的组成部分。这种情感更是一种力,它与充斥物质世界的力一样,是实在的和能动的"②。理解儿童行为背后的情感逻辑,是觉醒情感的第一步,也是从理性角度塑造儿童情感品质与道德气质的方法。从儿童心灵中引出观念与情感,把学前儿童的思维经验与情感所指涉的东西联结起来,将对幼儿园教育产生变革性的影响。

四、情感教育过程中学前儿童情感继生变化与发展

前面我们着重分析了儿童的情绪情感与社会行为之间的关系,解释了情感在道德发展与教育过程中的重大价值,论述了在幼儿园、班级与家庭教育过程中,如何敏锐觉察儿童情感的发生与变化,反思了各个场域中情感教育的效能。有研究认为,"4—10岁儿童已经开始理解经历自豪、羞愧和内疚的条件。再者,他们对情绪生活的认识经历了一个重大转变。他们不再将人视为追求愿望的实施者,而是更多地将人看作社会人,其行为受他人或自己的评判。人们做了会引发赞许的事而感到自豪,做了引发不满的事时感到羞愧"③。我在日常生活与教育观察中发现:有的儿童还会意识到,这些评价不仅是他人进行的,也是自己对自己的评价而引起的,即通过专门的情感教育,儿童的情绪情感发生继生变化,自我的意识又进一步

---

① [法]爱弥尔·涂尔干.道德教育[M].陈光金,等译.上海:上海人民出版社,2006:71.
② [法]爱弥尔·涂尔干.道德教育[M].陈光金,等译.上海:上海人民出版社,2006:69.
③ [美]保罗·哈里斯.儿童与情绪:心理认知的发展[M].郭茜,等译.北京:教育科学出版社,2012:80.

得到发展与确认。譬如,学前儿童获得道德认识要有两个条件:"其一,儿童要与外部道德主体(父母、教师、同伴、其他的重要他人、群体、社会)发生相互作用,在这种相互作用中,儿童有机会接触外部道德规则;其二,儿童与外部道德主体要有一种情感或情绪上的联系(儿童对外部道德主体的敬爱、畏惧或尊敬的情感),这种情感联系将使儿童在原有道德认识结构的基础上进行双向建构,对外部规则进行建构以获得道德规则,对内部道德认识结构进行建构以发展道德认识结构。"①因此,我还想特别分析一下道德教育过程中儿童情绪情感的继生变化与发展,觉醒情感的学前教育又会让学前儿童的情绪情感获得哪些变化与发展呢?

朱小蔓教授曾经从三个层次来论述德育过程中儿童的情感交往,启发我基于这三个层面进行分析,我逐渐明确了学前儿童情感教育的三个理性层次,即身心发展层面——孩子获得安全感、依恋感,社会文化层面——孩子获得认同感、责任感,精神价值层面——孩子获得尊严感、道德感。"儿童的道德是人的情意结构中的东西,与人的认识是辩证统一的。"②让内(P. Janer)认为,"情感与认识的关系实际上就是'原始动作'与'继发动作'的关系。所谓'原始动作',即主体与客体之间的关系(智慧等),所谓'继发动作'即主体对自己动作的反应(情感等)"③。具体而言,通过情感教育可能引起儿童以下两个方面的情绪情感发展变化。

(一)情感和道德教育与儿童真实情绪情感隐藏

"道德是手段,它导致个体与人类的共同进步;它又是目的,推动个体和群体对于幸福的价值体验与情趣利益享受。"④幼儿园通过社会领域的主题教育与一日活动教育指导,让学前儿童经历道德感或自我情感体验

---

① 刘晓东.儿童精神哲学[M].南京:南京师范大学出版社,1999:195.
② 朱小蔓.情感德育论[M].北京:人民教育出版社,2005:5.
③ [瑞士]彼阿热.智慧心理学[M].洪宝林,译.北京:中国社会科学出版社,1992:2.
④ 丁峻.情感演化论[M].北京:科学出版社,2010:239.

后,对自我与周围世界就会聪明地做出"合情合理"的选择。因为他们还没有时空与条件来自由建构自己的意向世界,他们也很难对自己的情感、认知进行意识的控制。儿童在与成人发生情感冲突时,会选择不同的媒介掩饰与隐藏自己的真实情感。

随着情感调适能力的发展,学前儿童也逐渐学会隐藏自己的真实情感了。我是该庆幸这种教育的"高效",还是该为童年过早消逝,情感遭到忽视而感到痛心呢?

家庭与幼儿园教育应该关注儿童的情感世界,了解其隐藏真实情感的原因,根据儿童对自我、他人、自然与周围环境的"具身感受",理解支持儿童,充实与完善儿童的自我世界,帮助儿童构筑个性化的情感世界,培育其健康情感与完满人格。

(二) 情感教育与学前儿童的情绪情感控制

"知识不能决定人的情感动机与人格坐标,科学认知与推理也无法取代人的感性体验与激情想象。唯有积累深广丰厚的情感表象并打造出其化合平台,才能构建自我概像与自我意向,高效发展自己的高阶情感、提升自我认知与社会认知能力,才会孕生审美与创造的大人格与健康文明的理性行为。"[①]情感教育即是在新时代背景下摄取全息文化,特别是艺术文化、思想文化、哲学文化、生活文化,建构一个合情合理、有情有义的影响儿童健康发育的精神世界。在这个世界里,我们看到了情感教育对儿童情感发育的正向影响。如学前儿童逐渐学会控制情绪情感,让自己的情感与行为更和谐,自我更统一,更能与自我、他人、集体及社会和谐相处。或者说,实现了自我的情感价值,获得了内在的自由与情知意和谐以及充实自在的幸福感。

---

① 丁峻.情感演化论[M].北京:科学出版社,2010:252.

提升儿童内在的创造能力与社会能力,提升儿童的情绪情感控制能力,应是当下情感教育的根本性目标。最早研究人类感情的心理学家之一威廉·詹姆斯认为:"我们表现出的情绪为决定我们的情感提供了重要的提示,这意味着如果我们能成功地表现出克制的态度,就会让自己感到平静。"①因此,成年人知道外在表现和内在体验的差别,通常会根据他们想要实现的目标来采取不同的应付策略。譬如,表现规则为了保持与外在表现一致,尤其是面部表情、言行举止都是旨在改变所感受到的情绪,或者改变导致情绪的情境,无法改变时也会跟随内心情绪,或者通过使用认知策略来消解情绪。重新评价情境,将注意力集中于某些方面或不去考虑情境来改变自己对情境的看法。这些应付策略对成年人是有效的。

但是,面对3—6岁儿童,在日常生活中,我们去询问他们如何应付这些情绪状态时,6岁儿童就明确意识到外部表情与情绪状态不需要一致,知道自己的情绪状态不能仅仅通过改变外在行为或表情而得到改变,为了改变自己的情绪状态,他们会主动探索改变周围情境或者与情绪相关的思维过程,即"我会换一种想法""我会想想好玩儿的事情"。儿童逐渐学会了调整自己的情绪,并明确调整控制情绪的策略,在自我情绪调整过程中,学习认知策略。

那么,这一过程是如何出现的呢?我认为是儿童经历了家庭、幼儿园有意义的情感教育的结果。有意义的情感教育能让儿童逐渐学会控制自己的情绪,逐渐学会"从情绪上转移注意力"(理解情绪变化与环境变化的联系)、"消散情绪"(明确思维和感情的相互作用)、"集中注意力"(阻断痛苦)等。

---

① [美]保罗·哈里斯.儿童与情绪:心理认知的发展[M].郭茜,等译.北京:教育科学出版社,2012:114-115.

本章小结

本章着重从认知神经与哲学、道德心理学、社会心理学、情感教育学几个方面介绍情感理论,通过对多维的情感理论梳理学习,明晰了学前儿童情感教育的必要性与迫切性。同时,通过对3—6岁儿童情感发展的现象、特点、变化趋势、基本内容与问题的描述,明确学前儿童情感发展的典型性特征,这为幼儿园课程与班级教育中如何觉醒情感提供了依据与指南。本章厘清了学前儿童在亲子情感依恋、情绪状态与调节、自我概念发展三个方面内容存在普遍性与多样性、先天与后天的关系、量变与质变的多维发展关系的特征,并进一步从方法论角度明确了解学前儿童情感教育研究的理论方法。同时,具体描述了学前儿童情感发展的基本特征、儿童积极情感与消极情感、情绪情感社会化与情感能力社会化等内容。

学前儿童情感教育与德育、智育、体育、美育、劳动教育是统一的,不可分割。教育者亟须觉醒情感,理解幼儿园情感教育的基本逻辑。如儿童情感与其道德发生过程相统一,情感在个体道德形成中的价值举足轻重,儿童情感与行为之间的密切关系等。道德教育与儿童真实情绪情感隐藏,道德教育与儿童的情绪情感控制等也密切相关。新时代背景下,学前教育工作者需要觉醒情感,并从情感文明视域系统地对幼儿园教育实践进行"变革式"反思。

第三章　幼儿园情感教育课程行动

当学校有意识地教给学生情感表达的方式时,学生能够体验到情感的积极成长。

——[美]坎贝尔

现代学校教育必须整体思考培养什么样的人、如何培养人,如何关注教育对象的情感与精神发育等基本问题,一方面重视"促进每个人的全面发展,即身心、智力、敏感性、审美意识、个人责任感、精神价值等方面的发展"[1],另一方面更应该与时俱进地正视与遵照人的发展特点,充分关注教育对象的主体需求与发展,全时空、多维度地系统培育教育对象,使其具有情感品质与健全人格。

朱小蔓教授认为:"情感教育是指在学校教育、教学中关注学生的情绪、情感状态,对那些关涉学生身体、智力、道德、审美、精神成长的情绪与情感品质予以正向引导培育。"[2]即情感教育关注儿童的生命内在状态,关注儿童的情感与心灵,关注儿童的精神发育与人格成长。

幼儿的世界是美好的世界,幼儿需要一个积极支持其学习的环境完成情感教育。而幼儿园课程的意义与价值就体现在其能满足幼儿生命成长的需要,能有效促进幼儿的全面和谐发展。

---

[1] 联合国教科文组织.教育——财富蕴藏其中[M].北京:教育科学出版社,1996:85.
[2] 朱小蔓.情感教育论纲[M].北京:人民出版社,2007:4.

幼儿园情感教育课程行动,是指向幼儿安全感与幸福感,充分关注幼儿的天性、需要、兴趣、情绪情感、精神、生活体验与感受的幸福行动;是朝着儿童生命潜能成长方向努力,了解儿童情绪情感世界的秘密,科学探寻儿童情感教育路径,守护童年幸福的行动。

第一节 幼儿园课程的情感启蒙教育价值之思

> 幼儿的世界是情绪和情感的世界;幼儿的启蒙,首先是情感的启蒙;幼儿教育要以情感教育为核心和基础。[①]
>
> ——朱小蔓

幼儿园课程是基于幼儿学习与发展规律,通过显性、隐性的教育方式支持幼儿学习,让幼儿在一日生活与游戏中习得经验。研究表明:相对于其他年龄阶段,幼儿情感教育至关重要。幼儿园课程设计与实施需觉醒情感,关注幼儿的情感与心灵,了解并遵循幼儿情绪情感发展规律,系统设计与实施情感教育课程内容,注重情感型师幼关系的建立,营造幼儿园及班级的情感环境氛围,科学进行幼儿情感发展的课程评价,即幼儿园课程设计与实施,需多维度、全时空、广路径进行,整体营造符合幼儿学习与发展规律的情感教育场,培育幼儿良好的情感品质、情感能力与素养。

理解幼儿学习与发展特点,支持与促进幼儿情绪情感发展,应是幼儿园课程设计与实施必须遵循的理念和原则。然而,长期以来我国幼儿园园本课程设计与实施受诸种因素影响,无论在理念上,还是在教育行动中,都

---

① 朱小蔓,梅仲荪.儿童情感发展与教育[M].南京:江苏教育出版社,1998:226.

存在忽视幼儿情绪情感发展问题。譬如,成人过早、过多地对幼儿进行知识传授和技能训练,过于强调教育规训,幼儿是否能在游戏与生活中建立对自我、他人、集体与周围环境的认识,不得而知。因此,觉醒情感,探讨与反思幼儿园课程设计与实施如何关怀幼儿的情感与心灵,有意识地营造符合幼儿学习与发展规律的教育环境,呵护与发展幼儿基础性情感连接,培养幼儿的情感品质与情感素养。

朱小蔓教授认为:"情感的发展在幼儿成长中起着更为突出的作用,具有特殊价值。幼儿期是健康情感奠基期,是情感教育的黄金期,情绪情感发展在幼儿成长中发挥着动力作用、组织调控的作用,情绪情感在幼儿道德发展和性格形成中有奠基作用,情绪情感对幼儿生长发育也起着重要的作用。幼儿情感的发生是在其社会性情绪基础上发展起来的,它有一个逐步升华的过程。在这个过程中,情感内容,基本情感如幼儿依恋感、同情感、移情、兴趣和理智感、快乐和美感、惧怕和敬畏感,还有道德情感等的发展尤为重要,是个体情感的本质要素。"[①] 而幼儿园课程是情感教育的教育载体,它对幼儿情感教育启蒙、幼儿情感能力提升与情感品质发展具有重要的价值。

一、幼儿园课程丰富幼儿情感认知

我们知道,幼儿园课程包括健康、语言、科学、社会、艺术五大领域,每个领域都明确了幼儿初步的情感认知内容。《3—6岁儿童学习与发展指南》明确了学前儿童情感教育的目标和内容,为教师提供课程设计、实施、组织与评价提供了理论参照。(见表3-1)

---

① 朱小蔓,梅仲荪.儿童情感发展与教育[M].南京:江苏教育出版社,1998:226-230.

表 3-1　《3—6 岁儿童学习与发展指南》关于幼儿情感教育目标与内容

五大领域	关于幼儿情感发展与教育			
	目标维度			教育建议
健康领域	情绪安定愉快			1. 营造温暖、轻松的心理环境,让幼儿形成安全感和依赖感。如,保持良好的情绪状态,以积极、愉快的情绪影响幼儿;以欣赏的态度对待幼儿;注意发现幼儿的优点;接纳他们的个体差异;不简单将其与同伴做横向比较;幼儿做错事时要冷静处理,不厉声斥责,更不打骂。 2. 帮助幼儿学会恰当表达和调控情绪。如,成人用恰当的方式表达情绪,为幼儿做出榜样。生气时不乱发脾气,不迁怒于人;成人与幼儿一起谈论自己高兴或生气的事,鼓励幼儿与他人分享自己的情绪;允许幼儿表达自己的情绪,并给予适当的引导;幼儿发脾气的时候不硬性压制,等其平静后告诉他什么行为是可以接受的;发现幼儿不高兴时,主动询问情况,帮助其化解消极情绪。
	3—4 岁	4—5 岁	5—6 岁	
	1. 情绪比较稳定,很少因一点小事哭闹不止。 2. 有比较强烈的情绪反应时,能在成人的安抚下逐渐平静下来。	1. 经常保持愉快的情绪,不高兴时能较快缓解。 2. 有比较强烈的情绪反应时,能在成人提醒下逐渐平静下来。 3. 愿意把自己的情绪告诉亲近的人,一起分享快乐或求得安慰。	1. 经常保持愉快情绪。指导引起自己某种情绪的原因,并努力缓解。 2. 表达情绪的方式比较适度,不乱发脾气。 3. 能随着活动的需要转换情绪和注意。	
语言领域	倾听与表达			对幼儿讲话时,注意结合情境使用丰富的语言,以便于幼儿理解。如说话时注意语气、语调,让幼儿感受语气、语调的作用。对幼儿的不合理要求以比较坚定的语气表示不同意;讲故事时,尽量把故事人物高兴、悲伤的心情用不同的语气、语调表现出来。
	阅读与书写准备			引导幼儿感受文学作品的美。通过表情、动作和抑扬顿挫的声音传达书中的情绪情感,让幼儿体会作品的感染力和表现力。
科学领域	在探究中认识周围事物和现象			引导幼儿关注及了解自然、科技产品与人们生活的密切关系,逐渐懂得热爱、尊重、保护自然。

续表

五大领域	关于幼儿情感发展与教育			
社会领域	关心尊重他人			引导幼儿尊重、关心长辈和身边的人。利用实际情境,提醒幼儿注意别人的情绪,了解他们的需要,给予适当的关心和帮助。
	3—4岁	4—5岁	5—6岁	
	身边的人生病或不开心时,表示同情。	能注意到别人的情绪,并有关心、体贴的表现。	能关注别人的情绪和需要,并能给予其力所能及的帮助。	
	具有初步的归属感			1. 亲切地对待幼儿,关心幼儿,让他感到长辈是可亲、可敬、可信赖的,家庭和幼儿园是温暖的。通过游戏、谈笑,在家庭与班级中营造温馨的氛围。通过阅读与讲故事让幼儿感受到家庭与幼儿园的温暖及老师的和蔼可亲,对养育自己的人产生感激之情。 2. 吸引鼓励幼儿参加集体活动,萌发集体意识。 3. 运用幼儿喜闻乐见和能够理解的方式激发幼儿爱家乡、爱祖国的情感等等。
	3—4岁	4—5岁	5—6岁	
	1. 知道家庭成员及与自己的关系,自己是家庭的一员。 2. 能感受到家庭生活的温暖,爱父母,亲近与信赖长辈。 3. 说出自己家庭所在地。 4. 认识国旗,知道国歌。	1. 喜欢自己所在的幼儿园和班级,积极参加集体活动。 2. 能说出自己家庭所在地。 3. 知道自己是中国人。 4. 奏国歌、升国旗时能自动站好。	1. 愿意为集体做事,为集体的成绩感到高兴。 2. 能感受到家乡的发展变化并为此感到高兴。 3. 知道自己的民族,知道中国是相互尊重、团结友爱的多民族大家庭。 4. 知道国家的一些重大成就,爱祖国,为自己是中国人感到自豪。	
艺术领域	喜欢进行艺术活动并大胆表现			营造安全的心理氛围,让幼儿敢于并乐于表达、表现。如欣赏与回应幼儿的艺术表现形式,倾听幼儿艺术表现时的想法与感受,领会并尊重幼儿的创作意图。

《3—6岁儿童学习与发展指南》在健康领域明确提出,幼儿阶段是形成安全感和乐观态度的重要阶段,拥有愉快的情绪是幼儿身心健康的重要

标志。具体表现为幼儿情绪稳定、有较强情绪反应时,在成人安抚、提醒下能逐渐平静下来,到大班时能够经常保持愉快的情绪,知道引起自己某种情绪的原因,并努力缓解,不能乱发脾气,能随着活动的需要转换情绪和注意。社会领域包括人际交往与社会适应两个方面,强调让幼儿在积极健康的人际关系中获得安全感和信任感,发展自信和自尊情感,产生自尊、自信、自主的表现,能够根据兴趣选择游戏活动,对自己的行为或活动成果感到高兴、满意并继续做得更好,逐渐通过承担一些小任务,尝试学会挑战,进而遇到困难也能坚持,等等。幼儿园五大领域课程设计与实施过程中都明确了促进幼儿情感认知发展的内容。需要进一步明确的是,学前儿童的情绪智能培养需要幼儿园建构与实施情感教育课程。教师可以通过多种教育方法帮助幼儿"认识自己的情感,做出积极的决定,控制忧虑的情绪,并对生命充满希望和抱有乐观的态度"[1]。同时,能在一日活动中用积极的、能引起幼儿情感反应的方式帮助他们表达自己的情感,实现情感价值观的教育目标。

二、幼儿园情感环境帮助幼儿形成情感技能

我们知道,幼儿自出生起就带有情绪情感,但是幼儿认识情感、理解情感、处理情感的能力是缺乏的,特别是关注别人的情感技能较弱,这就需要幼儿园通过情感教育课程对幼儿进行系统指导。

幼儿园与班级环境应为教师与幼儿的情感表达提供机会,教师需要反思与追问:在一日生活与游戏过程中自己的情感表达方式与幼儿哪些情感经验发生联系了?幼儿是如何表达情感的?如何鼓励幼儿恰当地进行情感表达?教师有意识地觉察情感教育问题,充满感情地完成一日活动,引导幼儿在活动中通过示范、对话、分享、交流、提问等多种方式进行情感表达。

---

[1] [美]坎贝尔,等.多元智能教与学的策略:第3版[M].霍力岩,等译.北京:中国轻工业出版社,2015:242.

幼儿园教师会根据课程目标与内容装饰教室、布置主题环境、创设班级情感环境（也可以称为幼儿成长的心理环境或精神环境）。同时，教师还要根据幼儿实际，通过多种方式引导幼儿主动参与到班级环境创设的过程中，让幼儿与教师、同伴及环境进行充分互动，让幼儿逐渐对班级的事物产生兴趣并表现出关心。

班级情感环境，可以帮助幼儿形成初步的社会化情感技能，这在幼儿园一日生活中有明显体现。譬如，幼儿分享玩具、等待用餐、倾听规则等。实践证明：班级情感环境对培养幼儿拥有积极与热情，开朗与开放，包容与合作，主动与和谐等早期社会交往能力有重要影响。

三、师幼情感互动有利于培育幼儿亲社会行为

瑞士教育家裴斯泰洛齐曾在论述道德教育时提出，人为什么会热爱、信任、感激并服从他人呢？人类的爱、感激和信任等感情是如何在人的本性中产生的呢？人的服从行为又是如何产生的呢？他认为，它们主要来源于婴儿与其母亲之间的关系。母亲喂养孩子，保护孩子，满足孩子的需求，让孩子高兴，孩子得到母亲的关怀便感到快乐，爱的情感便在他的心里萌芽。因为母亲的爱，孩子不再哭泣，不再恐惧，爱、信任、感激的萌芽很快生长起来，服从和爱、感激和信任结合在一起，孩子们就会萌发良心。其实，幼儿的情感发展在出生后就开始了，父母及教育者"通过关注与满足幼儿快乐、悲伤、愤怒、恐惧、惊奇、厌恶等共通的基本情绪"[1]，让孩子感觉世界是安全的、确定的、充满关爱的。

进入幼儿园之后，幼儿随着交往范围扩大，其情感开始社会化。"爱、内疚、羞愧、尴尬、骄傲、羡慕、嫉妒等这类高级认知情感因其具有典型的社会功能"[2]让幼儿逐渐地在与他人进行交往的过程中学会自我控制。教师如

---

[1] 张光林,张静.大师谈儿童情感教育[M].重庆:西南师范大学出版社,2009:118.
[2] [英]Dylan Evans.解读情感[M].石林,译.北京:外语教学与研究出版社,2007:147.

母亲一样,在一日生活中,带着温和、信任的情感,与幼儿进行情感互动,幼儿受到爱的引导,也会对其产生服从、信任、喜爱等行为。同时,教师有意识地肯定幼儿的各种情绪,为幼儿在幼儿园的开心生活奠定了坚实情绪基础。当然,教师还要帮助幼儿扩充情绪表达词汇,引导幼儿对情绪进行命名,理解自己与同伴的内心体验,引导幼儿与同伴进行情绪情感的讨论和交流,了解自己与他人的关系等。

另外,师幼情感互动本身作为一种隐性课程,也会影响幼儿与成人、同伴及周围世界之间的情感联结,有利于幼儿形成移情、慷慨、大方、合作、关爱他人等亲社会行为。

四、情感教育课程游戏化有利于幼儿社会性发展

(一) 游戏与幼儿的情感需要及社会性发展

游戏是儿童的第一心理需要,是孩子的天性,融合了儿童多方面的发展潜能,对幼儿的发展影响深远。儿童的游戏既是心智世界的游戏,也是情感世界的游戏。法国教育家卢梭说:"要爱护儿童,帮他们做游戏,使他们快乐,培养他们可爱的本能。"[①]游戏是幼儿面对新事物、接触新事物的活动。通过游戏,幼儿学会认识、判断,进而学会解决新问题,游戏是幼儿情感发展的重要途径。游戏能让幼儿体验到前所未有的轻松、愉悦、高兴、快乐和成就感,使幼儿在现实生活中产生的不良情绪情感得到发泄。当幼儿在他们控制的情境下表演生气、难过或焦虑等情绪时,游戏除了易于表达情感还能帮助幼儿学会管理自己的情绪。有个4岁的幼儿,他的狗被车撞了,在戏剧表演中,教师听到他在宠物医院对其他幼儿说:"我很伤心,因为汽车撞伤了我的狗。"这就是幼儿试图平复可怕的情境所带来的不愉快心情。游戏使幼儿得以表达不愉快的情绪,从而缓解他对狗的担忧,游戏

---

① [法]卢梭.爱弥儿:论教育[M].李平沤,译.北京:商务印书馆,2006:72.

成为幼儿自我情绪情感表达的有效治疗媒介。"游戏是一种有效的心理治疗手段,把游戏作为幼儿自我表达的自然媒介,让幼儿在玩的过程中释放紧张、不安、恐惧等情绪。儿童通过游戏暴露了自己郁积的情感,并由自己加以控制和扬弃。在情绪稳定时,他会逐渐认识到自己内在的力量,凭他自身的能力成为一个有权力的人,从而在心理上变得更加成熟。"①游戏也是发展幼儿社会性的重要途径。"游戏让幼儿通过与游戏情境中的人、事、物进行对话,通过与同伴进行对话交流,通过在商定角色与责任,加入正在进行的游戏、感受他人情感时,练习了言语和非言语交流技能;游戏也发展了幼儿的自我意识,在游戏轮替与分享彼此的材料与体验时,对同伴的感受做出回应,通过积极地解决有关空间、材料、规则或责任的冲突来感受他人的观点;游戏让幼儿对自我、规则、同伴、集体等不同范围与世界的了解,通过合作学习和游戏,在了解他人的需要和想法时,体验家庭、学校和社区中人们的角色;游戏也增强了幼儿的社交能力和自信心,有助于幼儿与同伴及成人关系的建立,并促进幼儿的情感发展与成熟。这些生活技能对幼儿的学业成就及日后工作中的成功有着深远的影响。"②综上所述,游戏是幼儿的情感需要,也是促进幼儿情感与社会性发展的重要方式。

(二) 游戏与幼儿园情感教育课程

游戏不仅仅是幼儿园情感教育课程实施的手段,更蕴含了丰富的幼儿园情感教育课程价值。因为游戏是一种适宜幼儿心理发展规律的活动形式,游戏本身就是情感教育课程的内容与元素,所以缺乏游戏的幼儿园情感教育课程是不科学、不合理、不完美、不适宜的。"游戏处于学前课程的中心,是学前课程不可或缺的框架,是凸显学前课程特质的关键因素。只

---

① [美]V·M.阿克斯莱因.游戏治疗[M].方观容,廖高励,译.南京:江苏教育出版社,1990:11.
② Singer, J. L. Epilogue: Learning to play and learning through play. In D. Singer, R. Golinkoff, & K. Hirsch-Pasek(Eds.), Play=learning: How Play Motivates and Enhances Children's Cognitive and Social-Emotional Growth. New York: Oxford University Press, 2006: 251-262

有有机地以游戏组织课程,才能满足幼儿学习的需要、发展的需要,才能实现幼儿发展的价值。"①所以,幼儿园教师、家长、课程参与者们需要理解游戏、理解童年、理解儿童的生活,保护儿童的游戏权,不仅要把游戏作为幼儿园情感教育课程实施的途径,而且要立足幼儿生命成长的角度,认识到游戏可以被视为幼儿园的另一种情感教育课程。

综上,幼儿课程设计与实施需要觉醒情感教育价值,明确课程对幼儿情感发展的启蒙价值,明确情感型师幼互动对幼儿情感与社会性发展的重要价值,明确幼儿园情感环境的整体性与发展性,明确游戏与儿童情感发展、幼儿园情感教育课程之间的内在一致性。

第二节　幼儿园情感教育课程建构之思

我们应当尊重儿童的人格,爱护他们的烂漫天真。发展他们的好奇心、游戏心、好群心、赞许心,使他们在成功中获得欢乐,在愉悦中获得知识,在爱和美德熏陶中获得成长。

——陈鹤琴

明确幼儿情感发展的基本趋势与变化规律,会对幼儿园课程目标、内容、组织与实施及评价等如何支持幼儿情感发展提供依据。

在新时代教育背景下,幼儿园课程实践能否真正关怀与培育幼儿情感,让每个幼儿获得独特的情感语言、情感品质与情感素养,使幼儿通过情感与精神的发育形成良好的心性品质,从而形成独立的道德个性,需要进

---

① 虞永平.学前课程与幸福童年[M].北京:教育科学出版社,2012:47.

一步明确以下几个方面。

一、明确关怀幼儿情感与心灵的课程理念

（一）儿童的情感向度：幼儿园课程建构与实施的价值取向

从普遍意义上讲，幼儿园课程也会关注幼儿的情感，但从整体上对所有的幼儿在一日生活中的情感观察与理解还不够，教师开展情感教育的意识还不够，不能理解幼儿情感与行为之间的关系，情感教育资源的开发与利用不足，与幼儿的情感互动方式还不够科学与适宜。因此，幼儿园课程建构与实施需做到以下几点。

首先，明确幼儿园课程建构与实施必须确立情感价值取向。儿童的情感发展直接影响其健康、智力、审美、道德等发展。幼儿园课程的建构与实施必须关注幼儿的情感与心灵，关注学前儿童情感发展规律。

其次，明确幼儿园课程建构与实施需要研究幼儿的情绪情感发展特点。有经验的教师会发现，每个幼儿的发展，特别是社会性发展都是受他情感与行为的联系程度及其经历制约的。或者说，幼儿园课程在何种程度上关注幼儿的情感、理解幼儿的情感、支持幼儿的情感发展，直接影响着幼儿的情感表达方式。

再次，明确幼儿园课程建构与实施支持幼儿的情感发展。了解、理解与指导幼儿情感发展，帮助幼儿认识自我情感表达是课程的目标。然而，儿童对各种行为的感受是建立在他已有的经验基础上的，有的孩子喜欢掩饰自己的真实情感，有的孩子能以积极乐观的方式应对环境，而有的孩子选择抗拒、退缩、逃避等消极悲观的方式适应环境。幼儿园课程建构与实施过程中不仅要关注孩子的普遍性，还要关注孩子的个体差异。

最后，教师需要学习与掌握对幼儿情感发展进行观察、记录、评价与教育指导的方法。学前儿童逐渐获得评价他人的情感状态的知识和方法，通过观察、倾听、模仿等学会如何表达与控制自己的情感，也慢慢学会认识自己的情感。"特别是诸如羞愧、内疚、移情、骄傲等自我意识性情绪情感的出现,表明儿童情感发生质的改变,儿童慢慢通过学习接受、内化、遵守家庭与社会标准。"①教师需要掌握情感观察的具体方法,进行情绪情感的基础性研究,明确幼儿园课程建构与实施的情感向度。

(二)明确学前儿童情感发展的规律:幼儿园课程构建与实施依据

幼儿园课程构建与实施,不能是自上而下的"自说自话",而是需要基于学前儿童身心发展规律与教育规律,建立科学的儿童观、教育观、课程观与教学观。

自2014年以来,通过对我国一些省市幼儿园课程设计与实施实践进行研究,我们发现:幼儿园课程建构与实施仍然存在诸多问题,如"拼盘儿"现象,用花哨、时髦、概念化等"高大上"的方式打造幼儿园特色课程,过早、过多地教授知识,小学化倾向严重,严重违背学前教育规律,严重忽视幼儿的情感问题,并没把关怀幼儿情感与心灵发展作为幼儿园课程的重要理念,更缺少对幼儿情感发展认知、技能等方面内容的关注。

幼儿园课程建构与实施,必须通过多元方式支持学前儿童的情绪情感发展。3—6儿童的情绪情感发展特征、趋势与规律正是幼儿园课程建构与实施的重要依据。

从课程建构与实施本身看,课程目标、课程内容、课程组织、课程实施、课程评价皆需关注幼儿情感。同时,幼儿园的班级环境创设都需要具体关注幼儿依恋关系的建立、情绪情感状态的调节、情感的发展等。

从课程的主要实施者来看,幼儿园教师需要了解幼儿的情绪情感发展、情绪情感社会化、情绪能力社会化及其社会化方式。除此以外,教师还需要在一日生活中通过观察、记录、解释等具体方式,对本班幼儿的情绪情

---

① [美]特里萨·M·麦克德维特,等.儿童发展与教育(下册)[M].李琪,等译.北京:教育科学出版社,2007:561.

感发展现状进行了解与描述,为幼儿创设充分的情感体验机会,组织活动、提供适宜材料增加情感体验空间。关注幼儿的依恋感、归属感等有利于其形成自我认同、自我悦纳、自尊等积极情感。总之,教师在幼儿园课程设计与实施中要明确儿童立场,关注儿童情感、心灵与精神发育,充分了解幼儿的情绪情感发展特征,走进儿童的情感世界。

二、系统化实施幼儿园情感教育课程

幼儿园情感教育课程行动除了要在总体上明确关怀幼儿情感与心灵的价值理念,还需要探索实体化的情感教育路径,以课程化的形式对学前儿童进行情感教育。即幼儿园需要专门设计与实施情感教育课程,进一步细化指导幼儿情感发展。譬如,明确幼儿依恋关系的建立问题、幼儿情感状态调节问题、幼儿自我发展问题等。同时,家长也要逐渐认识到觉醒情感教育的重要性。

通过对家长和教师调查研究,我们发现,赞同开设专门情感课程的家长比例达97.64%。(见图3-1)

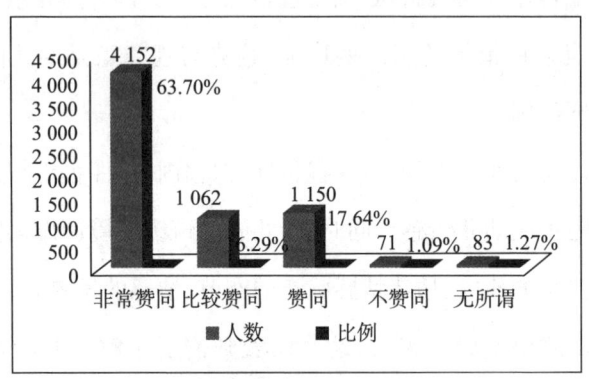

图3-1 幼儿园需要专门的情感课程情况

在养育孩子的过程中,教师已经发现,一日活动中,教育教学、环境设计都不是最难的,最大的挑战在于指导孩子的情感发展。心理学研究表明,"童年时情感受到忽视的成年人一般会拥有如下特质:空虚感、反依赖、不切实际的自我评价、亏待自己并把同情心留给别人、罪恶感与羞耻感、针对自己的愤怒与自责、极力想隐藏自己的真实情感、无力滋养自己与别人、缺乏自我约束、无法觉察情绪或了解情绪等"①。因此,幼儿园情感教育课程设计与实施至关重要。

朱小蔓教授认为,"情感教育总目标包含两大类:一类是初步培养儿童丰富、积极、稳定的六种情感,分别是信赖感、自信感、合群感、求知感、求美感和惜物感;二是初步培养三种情感能力,分别是情感觉察能力、移情能力和情感表达能力"②。按照朱小蔓教授的课程框架,我们在北京、南京、青岛等地区的幼儿园进行了系统性情感课程内容实施,专门设计了"人人都有情感"这一主题,分别围绕"我们有什么不同的情感""我们在什么时候会感受到不同的情感""我们如何表达不同的情感""我们如何对他人的情感做出反应"四个层面的探究线索,与幼儿园教师一起探究幼儿园情感教育课程的设计与实施。我们通过环境创设、集体教学活动、区域活动、家园共育四个环节进行课程实施。

实践证明,系统实施幼儿园情感教育课程具有重要价值,特别是在关注学前儿童情感发展,促进学前儿童健康人格和谐发展方面。更重要的是,教师在此过程中也形成了情感教育价值观,如"处理好儿童情感是教学的一个重要部分""处理好学前儿童情感问题是取得一日生活与教育教学实效的关键前提"等。对那些情绪比较敏感的孩子,教师也能去关注和进行专业指导。"儿童愤怒或受到挫折时,教师会鼓励其用语言来表达自己

---

① [美]钟妮斯·韦伯(Jonicen Webb).童年情感忽视:为何我们总是渴望亲密,却又难以承受?[M].张佳棻,译.台北:橡实文化出版社,2018:115.
② 朱小蔓,梅仲荪.儿童情感发展与教育[M].南京:江苏教育出版社,1998:260.

的情绪,而不是用攻击性行为。"①这在一定程度上也引导了家长学会对学前儿童进行情感教育指导。

(一) 幼儿园课程方案设计应关注学前儿童的情绪情感发展

研究表明,"在生命发展的不同阶段存在不同类型的与道德教育相关的情感体验,在生命早期,联系感、依恋感、归属感的体验对道德的最初形成具有重要的意义。幼儿从悦纳自己的身体开始,在宽松和友善的气氛中逐步形成对身边环境的信赖,在这个过程中产生的体验使他懂得自我尊重"②。随着生命的逐步成熟,和道德相关的同情、分享等方面的情感体验也在不断丰富。俄罗斯哲学家索洛维约夫通过文化人类学的考察认为存在三种基本的道德情感:"当人把自己和动物区分开来,人就获得了作为人的尊严,也就有了羞耻感,就产生了道德的愿望;当人和同类相处,人就产生了同情感、怜悯感;当人面对神性感到自身的渺小,并试图超越自己,追求精神成长的时候,人就产生了敬畏感。"③这些情感都需要借助于幼儿园情感教育课程进行正向培养。如若幼儿园缺少专门的课程对学前儿童情感发展进行支持与指导,只重视知识化的教育工作,就非常容易导致儿童情感受到忽视。

幼儿园课程方案设计应明确关注学前儿童的情绪情感,即明确依恋关系建立的问题、情绪情感状态调节的问题、儿童自我发展的问题等,真正关注儿童这一学习主体,支持儿童在社会学习过程中建立对自我、他人、集体与周围世界的联系与理解,帮助其形成个体的情感与道德,为其与自我、同

---

① [美]特里萨·M.麦克德维特,等.儿童发展与教育(下册)[M].李琪,等译.北京:教育科学出版社,2007:508.
② 朱小蔓.关注心灵成长的教育——道德与情感教育的哲思[M].北京:北京师范大学出版社,2012:14.
③ [俄]索洛维约夫.道德的原始材料[G].董友,译.转引自王岳川,等.东西文化评论(第四辑)[M].北京:北京大学出版社,1992:341-349.

伴、集体与周围环境的相处提供支持与帮助。幼儿园切忌僵化地把一些儿童不理解的观念、价值、经验等一股脑儿教给孩子,看似费了很多力气,实际上得不偿失。因此,幼儿园课程方案设计,需要终结那些用花哨的、时髦的名词概念化的园本课程现状,站在学前儿童的立场上,真正支持与关怀学前儿童情感发展,以使幼儿园课程真正支持学前儿童的身心成长。

幼儿园课程必须坚守一个愿景:关注幼儿的情感与心灵,通过情感教育课程,支持与指导学前儿童情绪情感发展,培养幼儿完整人格。"促进学前儿童身心健康发展,促进人与人、人与自然、人与社会、人与宇宙的和谐相处,更能启发人充满激情地投入生活,审慎明智地拓展自己的生活履历,欣喜地感知自我的成长,欣赏并促进他人成长。"[①]同时,幼儿园课程设计者也要尊重幼儿,与幼儿共同讨论,在活动中体验情感教育的价值意义。

(二)幼儿园课程目标应聚焦学前儿童情绪情感发展

幼儿园课程目标需要阐述发生在学习者身上的变化,描述学习者的学习成果。课程目标有指向行为活动的行为目标、指向问题解决活动的问题解决目标、指向表现性结果的表现性活动目标三种,而幼儿园课程往往用表现性目标来表达。教师不管采用哪种目标表达方式,都需要围绕儿童情绪情感发展,即儿童依恋关系建立的问题、情绪情感状态调节的问题、儿童自我发展的问题等内容进行聚焦设计。心理学研究表明,情绪情感具有适应的功能,儿童越来越能以社会可以接受和个人有效的方式调节情绪情感。因此,幼儿园情感教育课程目标包括培养儿童情感学习能力、学会处理自己情感经历的各种方法、学会控制消极情感的表达等。

教师在教育教学中,需要明确:处理好学前儿童的情绪情感问题是取得教育效能的关键前提,特别是针对那些情绪情感比较敏感的孩子,教师

---

① [美]小威廉姆E.多尔,[澳]诺尔·高夫.课程愿景[M].张文军,等译.北京:教育科学出版社,2012:12.

更需要进行专门的情感教育指导。因此,幼儿园课程目标设计应聚焦儿童情绪情感发展。(见图3-2)

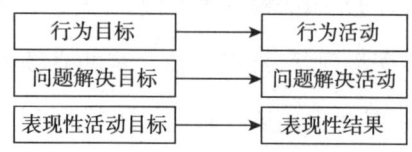

图3-2 课程目标与课程活动的关系①

我国情感教育研究者梅仲孙先生曾经对学前儿童的情感教育目标做了总结,为我们设计幼儿园情感教育课程目标提供了可借鉴的思路。(见表3-2)

表3-2 儿童情感发展年龄特点和情感教育要点与策略②

年龄特点	关注要点	教育策略
依恋的0岁	依恋感	重视关注性的满足
好动的1岁	安全感	重视安全性的保护
可爱的2岁	信任感	重视支持性的参与
听话的3岁	秩序感	重视尊重性的引导
模仿的4岁	自主感	重视榜样的示范
好问的5岁	探求感	重视积极性的鼓励
合群的6岁	认同感	重视合作性的互动

(三)幼儿园情感教育课程内容应明确儿童情绪情感发展维度

苏联教育家苏霍姆林斯基认为:"在道德教育中起巨大作用的是敏锐精细的道德情操培养,即人的义务感、敏感性和同情心的形成……"③"根

---

① [美]埃利奥特·W.艾斯纳.教育想象——学校课程设计与评价[M].李雁冰,等译.北京:教育科学出版社,2008:122.
② 梅仲孙.教育中的情和爱:儿童、青少年情感发展与教育研究40年[M].上海:上海教育出版社,2018:39.
③ 蔡汀,王义高,祖晶.苏霍姆林斯基选集(五卷本)·第4卷[M].北京:教育科学出版社,2001:302.

据多年经验可以肯定地说,感情的培养不是局部的狭隘任务,而是一个人道德面貌形成过程的本质。20年来,我们都在观察学生对构成我们社会道德价值的道德观念、原则、准则是怎样感知、认识和再认识的。这些观察说明,孩子们对教师在阐发道德价值的实质时所发表的言论的敏感程度、思想反应和个人态度,取决于他们的善良情感的发展程度。我深信情感的敏锐性和情操的素养犹如一种动力,推动儿童去思考道德教导和规劝的实质。"①苏联学者们的研究早已证明,"大脑皮层的活动是由皮下中枢——情绪中枢推动的"②。巴普洛夫认为大脑皮层活动的主要冲动来自皮下中枢,如果排除这些情绪,大脑皮层就失去了力量来源。"在我们儿童精神世界的最复杂的那些过程中,居于首要地位的个人信念和个人观点形成过程,把真理转化为有血有肉的具体行为和行动的过程。毫无疑问这个过程在很大程度上取决于情感教育和善良情感的形成。培养人道主义情感,是确立道德修养的最重要的方面之一。没有同情心,就不可能有仁爱精神。"③ 20世纪末,美国社会情感课程兴起。在大量科学研究与实践经验的基础上,美国学者们开发出许多有效的情感课程项目,"包括SEL项目、Why Try项目、PEACE项目、LST项目、OOLS项目。这些课程项目主要教授学生情感和社会生活技能,并在全球得到广泛应用,在减少学生问题行为、提高学业成就和提升社会技能方面取得了明显的效果"④。目前,我国幼儿园课程虽然内容非常丰富,但明确儿童情绪情感对道德发展的实质动力,并从儿童立场明确儿童情绪情感内容的并不多,因此,幼儿园课程

---

① 蔡汀,王义高,祖晶.苏霍姆林斯基选集(五卷本)·第4卷[M].北京:教育科学出版社,2001:308.
② [俄]巴普洛夫.星期三生理学谈话记录及速记稿(第1卷)[M].莫斯科列宁格勒:苏联科学院出版社,1949:268.
③ 蔡汀,王义高,祖晶.苏霍姆林斯基选集(五卷本)·第4卷[M].北京:教育科学出版社,2001:309.
④ 刘璐,徐越.美国中小学社会情感课程项目述评[J].世界教育信息,2015(10).

的内容需要明确情感教育内容。譬如亲子依恋关系建立的问题、师幼情感关系建立的问题、情绪情感状态调节的问题、儿童自我发展的问题等等。系统化情感教育课程有助于学前儿童理解、调适情绪情感，获得自我意识与自我能力。其实，幼儿园教师特别是带班教师，也可以成为儿童的"感情教练"。幼儿园需要建构与开发情感教育课程，系统培养儿童的同情心、善心，促进儿童的道德意识与道德情感的发展。

(四) 幼儿园课程组织与实施聚焦儿童情感发展

幼儿园课程组织与实施过程，最需要聚焦儿童情感发展，因为所有的课程组织与实施，不仅涉及情感氛围，还涉及教师与幼儿的情感互动频率、互动方式，涉及教师的情感语言，涉及幼儿面临的具体情感问题与行为方式，涉及幼儿如何在具体情境中感受、体验并进行情感表达，等等。

我们知道，幼儿园教师意识到幼儿在原始的社会性情感基础上，会因为拥有师幼情感关系，即充满爱、互相信任的一种人道主义关系，进而发展为心理支持性情感，再进一步发展为道德情感，这是一个不断递升的过程。因此，幼儿园通过显性课程与隐性课程的系统组织与实施，聚焦学前儿童的基本情绪情感发展，聚焦其社会性与认知性情感，聚焦儿童的同情、关心、尊重、感动、感激、宽容、快乐、愤怒、歉疚等道德情感，利用情绪情感的沟通机制、感染强化机制、作用机制等，让教育者与受教育者之间发生影响，进而支持与影响学前儿童情感、道德与品格发展。

三、营造与完善幼儿园情感教育环境

罗索·威廉姆斯认为，"人具有'情感结构'，有一种知识叫'大脑中的知识'，大部分是我们在正规的学校教育中学到的。也许其中一部分知识我们早已遗忘，但留存下来的知识依然十分管用。实际上，我们还进行了更深层次的学习，我们在形成观点的过程中去感悟新知识，了解处事方式和生存状态，把握情感结构变化的因素。这类知识是我们在学校里通过所

谓的'隐性课程'习得的……"①幼儿园的情感环境就属于"隐性课程"。幼儿园"情感空间""情感环境"对幼儿社会情感技能习得具有重要价值,要营造与完善幼儿园情感环境,需做到以下三点。

第一,营造积极的班级情感环境。积极的班级情感环境具体指班级的物质环境与精神环境。要让幼儿得到情感体验和知识的启迪,需要创设符合幼儿身心发展特点的、宽松的、理解的心理环境,而心理环境对幼儿的情绪、情感、社会性以及个性的发展具有十分重要的作用。因此,创设适合幼儿学习的精神环境是幼儿园课程的重要部分。

第二,幼儿园教师带着情感完成教学活动。幼儿园教师的课程意识、能力与态度、动机与责任是幼儿园课程高质量实施的关键。"教师要构建富有感染力的教育图景,自己对所教内容首先要抱有情感,如果教师对所教内容有很深的感觉,幼儿也会有类似的回应。"②也就是说,教师不只是满足于教什么,还要激起幼儿对学习过程的兴趣。投入情感的教师会善于抓住每一个机会,无条件关心幼儿,为幼儿负责,与幼儿建立良好的情感关系。教师带着情感完成一日活动,自然会使幼儿处于积极的学习状态中,教师自身也是构筑幼儿情感学习的环境因素。

第三,建立情感型师幼关系。朱小蔓教授认为:"建构积极、健康、和谐的课堂师生关系和教学环境是'情感—交往'型课堂的载体。这种师生关系体现在整个课堂教学的环境以及师生的交往方面。其中教师表现出尊重、关怀、耐心(伦理上追求完善)、宽容、欣赏、惬意(美感上追求完善)等情绪情感体验和状态。教和学的整个过程中,师生双方情感生命状态稳定、积极。有趣、专注、生动、活泼、自由等构成课堂教学活动主要情绪情感基

---

① Russell Jones,Dominic Wyse.课程中的创造性[M].高旭阳,译.石家庄:河北人民出版社,2007:134.
② [美]杰克·帕特拉什.稻草人的头 铁皮人的心 狮子的勇气:一种帮助孩子全面发展的教育[M].卢泰之,译.深圳:深圳报业集团出版社,2011:109-111.

调。这种镶嵌于课堂教学中的良好师生关系又反过来促成整个教学过程与顺畅的情感联系相吻合且融合一体。其中,教师不再满足于对教学内容的教及学生的听懂与掌握,而是激起对学习过程的兴趣及向往,对自己的表现感到愉悦、自信;对学生给予教师的尊重、热爱与信任有自豪感和幸福感。教室里形成积极安宁的学习环境、兴致盎然的学习气氛,教学中具体的知识、方法技能已经融化于积极的情感态度与学习动机之中。"[1]情感型师幼关系,有利于幼儿体验安全、热爱、信任、胜任、成就、自在等情感状态;有利于给幼儿提供更多建立情感联结和做出贡献的机会,支持幼儿形成归属感和价值感。同时,具有情感回应能力的教师很容易在课程实施过程中发挥创造力,也能够帮助幼儿自我悦纳、自我认知、与同伴及周围世界和谐相处。

幼儿园也要在一日生活中营造积极、安宁、兴致盎然的情感性环境,持续支持幼儿情感学习。

四、实施幼儿情感发展观察与评价

情感具有感染性,即一个人的情感可以感染其他人,使其具有同样的情感,并与自己产生情感上的共鸣。教师需要解析儿童情绪情感,并运用以情育情等方法对儿童天然的、善良的道德行为进行表扬,对孩子的正向行为进行强化,让孩子能自发或持续保持良好的利他行为。总之,积极正向的评价可以让儿童在饱有热情、同情等情感状态下做出亲社会行为。明确幼儿情感发展内容,学会对幼儿情感发展进行观察与评价,方能运用以情育情等教育方法实现课程目标。

幼儿园课程评价,首先要考虑学前儿童的情感发展。新西兰学前教育课程评价方法要求教师把儿童的声音作为中心考虑问题,通过评价确保结

---

[1] 朱小蔓,王平.情感教育视阈下的"情感—交往"型课堂:一种着眼于全局的新人文主义探索[J].全球教育展望,2017(1).

果实现。幼儿园课程评价的目标建立在明确界定的价值观基础上,反映了以下几个方面内容。(见表3-3)

表3-3 新西兰学前教育课程评价部分内容[①]

归属感	你是否欣赏、理解儿童及其家人的兴趣和能力?	你了解儿童吗?
健康幸福	你是否能满足儿童每天的需要、照顾儿童、体贴儿童?	你信任儿童吗?
探究	你能够吸引儿童的注意,给儿童提供挑战,拓展其世界吗?	你能让儿童飞翔吗?
交流	你能邀请儿童一起交流,对儿童独特的努力做出回应吗?	你在倾听儿童吗?
贡献	你能鼓励并促进儿童融入更大的社会群体吗?	这样对儿童公平吗?

资料来源:Podmore, V., H. May, and M. Carr. 2001. The Child's Questions. In *Programme Evaluation with Te Whariki Using "Teaching Stories"*, p. 9. Published by the institute for Early Childhood Studies, Victoria University of Wellington, New Zealand.

也有研究认为:科学、细致、明确的幼儿情感发展评价需要"教师在一日活动中围绕用适当的方法释放压抑的情绪,用言语而不是消极行为表达愤怒,在困难或危险情景下能保持冷静,用适当的方式消除忧伤情绪,遇到突发事件不慌乱,对他人表现出柔情、热爱、关爱,对班级活动表现出兴趣、能集中注意,经常面带微笑,开心快乐八个方面进行观察与评价"[②]。教师通过对幼儿情感发展进行观察与评价,培养幼儿积极情绪反应,引导幼儿学会控制不良情绪反应。譬如,消除或减少引发消极情绪的诱因,允许幼儿通过哭、说话或将情感转移到非破坏性行为上,通过提供帮助和安慰,教会幼儿自我控制的方法,引导幼儿借助言语适当地表达消极情感反应。

"情感教育就是要为个体成长创造丰富而良好的情感文化和情感环

---

① [美]德布·柯蒂斯,[美]玛吉·卡特.和儿童一起学习:促进反思性教学的课程框架[M].周欣,等译.北京:教育科学出版社,2011:321.
② [美]Janice J. Beaty.幼儿发展的观察与评价(第7版)[M].郑明福,费广洪,译.北京:高等教育出版社,2011:107.

境,让学生去体验诸如尊敬、同情、悲哀、快乐、爱和互助等情绪情感的教育,这样的教育将人的情绪情感汇合在一起便会促成学生产生一种情感的美丽,也就是形成一种'情感文明'。如果情感教育能让学生形成情感文明的话,就等于让他们有了多样生活的体验,从而具有了自我独立判断和选择的能力,哪怕在单独的环境里,也能做出关于道德方面的正确抉择。"[①]从情感教育视域反思幼儿园课程设计与实施,教师需明确如何基于幼儿情感发展趋势与规律,系统支持幼儿情感学习,指导幼儿适应周围环境,健康幸福成长。

综上,教师从情感教育视角审视幼儿园课程,就是要觉醒情感并反思幼儿园课程如何关怀学前儿童的情感与心灵,有意识地营造情感教育环境。幼儿园应是情感与精神教育场,应尊重学前儿童情感发展规律,培养学前儿童情感品质与能力,形成学前儿童情感教育文化。

情感文明是开展情感教育的宗旨,它需要经历漫长的发展过程。幼儿园要为情感文明建设发挥出自己的作用,应坚持关怀学前儿童情感与心灵的价值立场,建构与实施幼儿园情感教育课程。法国社会学家爱弥儿·涂尔干认为:"若要为我们的教育事业提供必要的驱动力,我们就应该努力遴选作为我们道德性情之基础的基本情感……如果我们有能力发现这些性情,就会马上战胜那些横亘在学校工作面前的主要障碍。"[②]因此,幼儿园情感教育课程的建构与实施是在情感文明视阈下进行的学前儿童情感教育系统行动。

---

① 朱小蔓,等.今天,我们如何认识苏霍姆林斯基教育思想——朱小蔓与乌克兰教科院院士苏霍姆林斯卡娅对话[N].中国教育报,2005-03-10.
② [法]爱弥儿·涂尔干.道德教育[M].陈光金,等译.上海:上海人民出版社,2006:19.

第三节　幼儿园情感教育课程实践行动范例

> 我们需要的是正反两条路径。一条是从单纯的命题及它们的逻辑联系出发,到达能够赋予它们意义的人类活动,并超越那些活动达致人类所熟悉的世界与生活的特征;另外一条是相反的路径,是反过来从世界上的"生活形式"出发到达问题中的特定活动,并最终再次回到起始的命题。
>
> ——[英]斯蒂芬·图尔敏

关注幼儿情感发展应该成为幼儿园课程建构与实施的基本问题。因为人的情感发展是教育中的最本源性、根基性的问题,只有情感真正属于个体,它才是真实、内在、独特的,才是人类真实意向的表达。我们确信一个人对某种价值的认同、遵循乃至于形成人格,根本上是一个人情感的变化和发展,包括内在的情感品质与外在的情感能力提升和增长的过程。即我们首先看到了情感教育的"画中之山",然后通过对幼儿园情感教育课程实践行动的描述,看到"山中之画"。

我们知道,幼儿园课程的本质就是通过课程目标、内容、组织、实施及评价这一连续动态的课程"跑道"促进幼儿的经验不断扩充、发展与生成。其中,课程理念是课程实践行动的先导。幼儿园情感教育课程实践,就是对幼儿园情感教育课程的理念与目标、课程内容建构与组织实施、课程评价这一基本的框架系统逐渐明晰的过程。围绕幼儿园情感教育课程框架系统,教师在课程实践中,应关注幼儿的情感与心灵,基于对爱的信仰和对幼儿心灵的珍视,能够认真倾听孩子的语言,仔细观察孩子的表情与活动,用爱诠释着自己的教育理想与信念。幼儿园情感教育课程目标与方向直指幼儿的情感、心灵与智慧,培育幼儿乐观、自信、悦纳、宽容、创造等优秀的学习品质与心理品质。幼儿园情感教育课程特别关注营造情感教育环境,注重师幼情感互动与情感表达,在支持、帮助、指导过程中营造情感教育实践场。幼儿园情感教育课程评价应注重幼儿的情感发展维度,幼儿园教师需明确情感发展指标,努力改进幼儿发展评价的难题。

下面列举五所有代表性的幼儿园情感教育课程实践行动范例。

案例一:南京市长江路小学附属幼儿园"情趣课程"简介

南京市长江路小学附属幼儿园多年践行"情趣课程",融"娃娃情趣日记"情趣主题活动、情景再现、环境互动等为一体,根据《3—6岁儿童学习与发展指南》精神,立足于幼儿核心素养与良好学习品质形成,为社会培养富有情趣的、健康和谐全面发展的人。

一、情趣课程理念[①]

情趣课程践行"幼儿需要有情趣地学习""教师需要有情趣地教育""社会需要有情趣的全面发展的人才"三维理念思考,特别强调关注和尊重幼儿兴趣和情感,以情激趣、以趣养情、情趣交融,为幼儿创造有温度、有互动、有呼应、有支持的物质环境与精神环境,促进幼儿有情趣、有个性、健康地成长。

(一)情

具体包括:尊重幼儿的情感与情感表达方式,关注幼儿自尊、认同等多元社会情感,支持幼儿情感学习,发展幼儿情感能力。譬如,帮助幼儿逐渐做到情绪稳定,学会用恰当的方式表达自己快乐或痛苦的情绪,形成积极健康的心境,并在此基础上发展道德感、秩序感、理智感和美感等。

---

① 李铭.幼儿园情趣课程[M].南京:南京师范大学出版社,2017:47.

（二）趣

具体包括：童趣（尊重天性、呵护童真），兴趣（呼应儿童、激发兴趣），乐趣（热情投入，快乐主动地学习）。

二、情趣课程的目标体系、框架、内容、实施途径与评价

（一）课程的目标体系

表 3-4　情趣课程的目标体系[①]

情趣课程总目标：使幼儿成为富有情趣的、健康和谐发展的人			
富有情趣的生活者		热情投入的学习者	
多元价值的态度	自我生存的能力	好奇与热情的态度	自我创生的能力
1.养成接纳、信任、主动的交往态度。 2.养成好学好问、专注、持久的探究态度。 3.养成自信、大胆、积极的表达态度。 4.养成独立、自主、勇敢的创造态度。	1.对于新的知识与技能，拥有主动学习的能力和内驱力。 2.能够参与到各种新环境中，并有较强的适应性。 3.能够较为持久地、热情专注地投入到自己喜欢的工作与学习中。	1.运用多种感官、积极主动地参与各种不同的体验活动，充满好奇与热情。 2.对于自己感兴趣的人、事、物，能够大胆地提问与思考，满足自己的好奇心与求知欲；愿意大胆尝试新的挑战。 3.渴望学习，在探索中表现出持续的热情和快乐。	1.能够按照自己的想法和意愿进行创造性的学习和工作。 2.拥有自主决策、自我帮助和独立学习的能力。 3.能够灵活变通地使用多种方式进行推理与解决实际问题。

（二）情趣课程的框架、内容、实施途径与评价

表 3-5　情趣课程的框架[②]

课程理念		
以情激趣	以趣养情	情趣交融

[①] 李铭.幼儿园情趣课程[M].南京师范大学出版社，2017：5.
[②] 李铭.幼儿园情趣课程[M].南京师范大学出版社，2017：51.

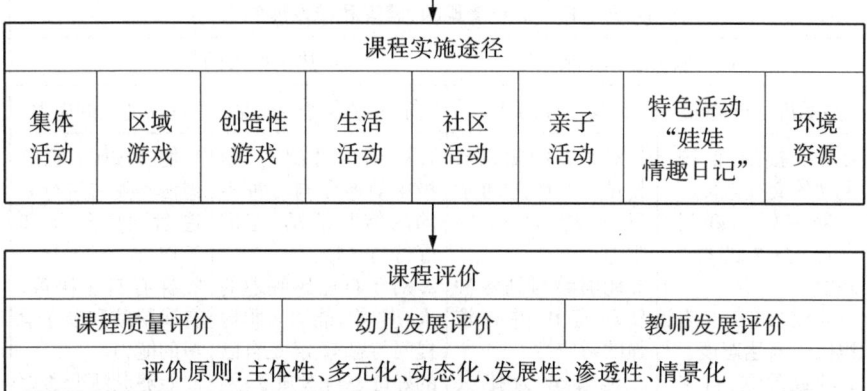

表 3-6 情趣课程主要内容①

学期	幼儿园情趣主题活动内容		
	小班	中班	大班
上学期	我爱幼儿园 我是能干的好宝宝 好吃的糖果 天冷我不怕 过新年 香甜的水果	我爱幼儿园 国庆节到了 便利的超市 秋天的画报 我和我的好朋友 冬爷爷的礼物	规则与标记 大话西游 蚕的秘密 我是龙的传人 丰收的季节 动物王国

① 李铭.幼儿园情趣课程[M].南京师范大学出版社,2017:52.

续表

| 下学期 | 亲亲热热一家人
春天真美丽
汽车叭叭叭
会变的面粉
小朋友的节日
我的故事 | 我长大了
小鸟，你好
家乡南京
有用的工具
愉快的夏日 | 我爱京剧
我们在春天里
有趣的成语
美丽的伞
书是我们的好朋友
我要上小学 |

幼儿园情趣课程实施通过多种活动、多元平台，借助于多维资源进行，包括九个方面内容。（见图3-3）

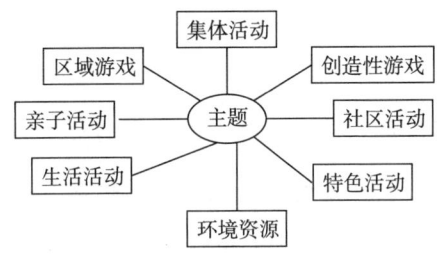

图3-3 情趣德育课程构建与实施框架①

幼儿园情趣课程评价途径主要包括课程质量评价、幼儿发展评价、教师发展评价三个部分，坚持主体性、多元化、动态化、发展性、渗透性、情景化的课程评价原则等。

富有情趣地走进幼儿心灵的情趣课程建构

我认为，南京市长江路小学幼儿园建构实施的情趣课程，是基于学前儿童情感教育学的实践探索。从20世纪90年代至今，从"娃娃情趣日记"开始，到今天幼儿园"情趣课程"体系的建立，是幼儿园全体幼儿与教育者共同沿着幼儿园历史发展脉络进行不断实践、探索、创新的呈现，是每一位教育者心怀幼儿、面向幼儿、关注幼儿、理解幼儿的情感教育历程呈现，更

---

① 李铭.幼儿园情趣课程[M].南京师范大学出版社，2017：53.

是走向教育智慧的新时代儿童情感教育学理念下的幼儿园课程实践反思性聚焦。我们可以想象在"课程行走"的过程中,教师、家长等课程研究共同体齐心协力,在课程理念上共同关注和尊重幼儿兴趣和情感,以情激趣、以趣育情、情趣交融;在课程目标、框架、内容、实施途径与评价等方面都在为幼儿创造有温度、有互动、有呼应、有支持的物质环境与精神环境,为促进幼儿有情趣、有个性、健康和谐的成长而努力前行。

2017年,我去幼儿园观察大班幼儿的情绪日记撰写过程,其中一个小女孩的情绪日记是用绘画的方式描绘了外婆生病、住院、离世的整个过程,表达了她在那段时间里的难过、悲伤的心情……至今我还记得她解释创作的想法与心情时的表情……因此,面向幼儿、关注幼儿、理解幼儿是教育者最重要的情感教育学理念,无论对幼儿还是对教育者来说,都是充满快乐的。正如虞永平教授所说:"走进儿童的心灵是快乐的旅程。"[1]幼儿园的情趣课程,应让每一位幼儿有机会"遇见"自己,在积极情感认知、体验、理解、表达的过程中,建立起积极的自我概念;在消极情感认知、体验、理解、表达的过程中,学会接纳自我,养成健康的情绪情感,重新认识自我。情趣课程让每一位教师在与幼儿、家长一起探究情绪情感的过程中,时刻遇见自我,建构自己的情感直觉力、情感理解力、情感掌控力,变得富有情感教育机智与智慧。这样优秀的情感教育课程实践范例,既是适宜幼儿的情感课程建构范例,也是坚持人文主义教育观的幼儿园课程实践典范。正如幼儿园李铭园长所说,"用情趣课程实践探索开启一条'情''趣'交融的道路,探索幼儿心灵这一部'百科全书',理解幼儿在教室里、操场上洋溢的笑声与嬉闹声……"我相信幼儿园情趣课程将会一直竭力为幼儿的快乐、健康、和谐发展构筑出最富情感文化的幼儿园教育新时空。

---

[1] 李铭.幼儿园情趣课程[M].南京师范大学出版社,2017:1.

案例二：南京市逸仙实验幼儿园"逸乐童心课程"简介

南京市逸仙实验幼儿园（原逸仙小学附属幼儿园），陈晓娟园长带领团队历经十年，建构与实施"逸乐童心课程"。"逸乐童心"的"逸"取自孙中山先生的字"逸仙"，传承孙中山先生提出的"民主""博爱"的伟大思想。同时，结合幼儿园课程实践发展实际需要，赋予"民主""博爱"新的内涵，"民主"指宽松、自由、融洽、和谐、包容、理解等，让幼儿、家长、教师保持关爱、尊重的新型关系；"博爱"为爱自己、爱他人并扩展为爱环境、爱生活、爱周围世界。

一、逸乐童心课程理念

逸乐童心课程理念："让每个孩子悦心，让每位教师知心，让幼儿园环境怡心，让园本课程育心，逸乐童心课程核心即让孩子的心灵自由而快乐地飞翔。"[①] 系统支持幼儿开心、快乐、健康、幸福成长。

二、逸乐童心课程的框架、目标、内容、实施途径与评价

（一）课程框架

课程从逸乐童心课程文化视角思考儿童、教师与课程，关注儿童智力、情感、身体、精神与个性等健康发展，教师逐步成长为反思性实践者，设计与实施幼儿情感与心理健康等一系列创新游戏与教育教学活动。具体框架见图3-4。

---

① 陈晓娟.当童心和文化相遇：逸乐童心课程文化之旅[M].南京：南京师范大学出版社，2017：27.

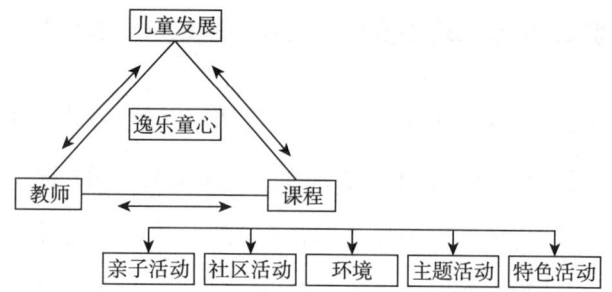

图 3-4 逸乐童心课程框架①

(二) 儿童发展目标体系设计

表 3-7 逸乐童心课程目标体系②

	3—4 岁	4—5 岁	5—6 岁
自信	1. 喜欢自己,知道自己和别人是不一样的。2. 能为自己的良好行为获得成功感到高兴。自己能做的事情愿意自己做。	1. 能认识自己、相信自己的能力,愿意尝试不同活动。2. 相信自己,不依赖别人,知道自己的优点和长处,能按照自己的想法进行游戏或其他活动。	1. 会展示自己,在成人、同伴面前大方地挑战自己(新活动)。2. 能主动发起活动,与别人的看法不同时,能坚持自己的意见并说出想法与理由。
创造	1. 乐意摆弄新物品、愿意尝试新事物。2. 能够将看到、听到的进行联想和简单的再造。	1. 愿意进行简单的创造活动,尝试表达自己的认识和想法。2. 能进行一些简单的再造活动。	敢想、敢尝试,能将自己的想法、认识大胆地用各种形式表现出来(音乐、绘画、制作、语言等)。
乐观	1. 情绪稳定,在教师的鼓励下愉快地参与活动。2. 遇到困难不哭闹,会寻求帮助,不高兴时,愿意接受别人安抚。	1. 用适宜的方法排解自己的消极情绪,积极愉快地参与各项活动,并能体验活动的乐趣。2. 乐于把自己的情绪告诉亲近的人,一起分享快乐和寻求安慰。	1. 经常保持愉快情绪,知道自己的消极情绪产生的原因,并努力缓解。2. 会用适度的方式表达自己的情绪。3. 能用自己的积极情绪去感染别人。学会同情、安慰、关心他人,共享快乐。

---

① 陈晓娟. 当童心和文化相遇:逸乐童心课程文化之旅[M]. 南京:南京师范大学出版社,2017:28.
② 陈晓娟. 当童心和文化相遇:逸乐童心课程文化之旅[M]. 南京:南京师范大学出版社,2017:32-33.

续表

	3—4岁	4—5岁	5—6岁
悦纳	1. 亲近教师和同伴，喜欢自己生活的环境，体验集体生活的乐趣。 2. 与同伴发生冲突时，乐于接纳成人劝解。	1. 用多种方法亲近同伴，克服自我中心，体验与同伴共同游戏的快乐。 2. 活动中愿意接受同伴的意见和建议。	1. 尝试用积极的方式与周围人友好交往，体验和谐相处的愉悦。 2. 乐于接纳同伴和自己的不足，能多看别人的优点，欣赏他人。
睿智	1. 对日常生活中的事物感兴趣，经常问各种问题并好奇地摆弄物品。 2. 遇到问题时，知道是有办法可以解决的。	1. 喜欢接触新事物，经常问一些与新事物有关的问题，乐于动手动脑探索物体和材料。 2. 愿意迁移自己的已有经验或吸纳别人的经验，积极尝试解决问题。	1. 对自己感兴趣的问题总是刨根问底，主动寻找答案。 2. 知道解决问题的办法是多样的，愿意主动寻求适宜的方法。
善言	1. 愿意在熟悉的人面前说话，能大方地与人打招呼。 2. 能口齿清楚地用短语表达自己的需要。 3. 说话时能眼睛注视对方，音量适中。	1. 愿意与他人交流，喜欢谈论自己感兴趣的话题。 2. 能基本完整地讲述自己的所见所闻和经历的事情。 3. 能根据场合调节说话音量，主动使用礼貌语言。	1. 愿意与他人讨论问题，敢于在众人面前大胆表达。 2. 能有序、连贯、清楚地讲述一件事情。 3. 知道与他人礼貌交谈的方式、方法，别人说话时认真倾听、不打断。
勇敢	1. 不认生、不好哭、不胆怯。 2. 在成人帮助下，愿意接受自己感到害怕和困难的事。	1. 不怕困难、挫折，愿意想办法克服。 2. 敢于承认并改正自己的缺点。面对困难能尝试挑战、不退缩。	1. 勇于承担任务，遇到困难能够坚持而不轻易放弃。 2. 敢于承认自己的不足，能尝试独立解决问题。
分享	1. 愿意将自己的东西拿出来，不争抢、不独享，能体验与同伴分享的愉悦。 2. 在与同伴发生冲突时，乐意听从成人的劝解。	1. 能用轮流、交换的方法与同伴分享、体验活动的快乐。 2. 乐意与他人共享经验，感受集体与同伴对自己的关爱。	1. 乐于用自己的方式表达自己的感受和经验，愿意传递、分享积极、有益的信息。 2. 在活动中发生冲突和矛盾时，能用适宜的方式协商解决，体验人际交往的快乐。

(三) 课程内容与实施途径①

幼儿园结合逸乐童心课程文化理念、幼儿园办园目标、幼儿发展目标，围绕课程框架进行讨论、研究、筹划，分年龄段设计与开展主题系列活动。

小班主题"我喜欢"，把心育活动与调动幼儿的感官结合起来，从"我喜欢看"——视觉艺术及欣赏、"我喜欢听"——音乐与文学、"我喜欢说"——语言及交往、"我喜欢玩"——游戏、"我喜欢的感觉"——情感（成长、环境）、"我喜欢我自己"——自我意识等几个视角切入，让幼儿体验积极情感，获得心理与情感的满足。

中班主题"我发现"，从"我发现快乐"——科学和数学、"我动手快乐"——视觉艺术、"我分享快乐"——游戏与一日活动、"我成长快乐"——用游戏、语言等来设计活动内容，从而体现"我需要快乐、我很快乐、我怎么做会快乐"的目标，体现了幼儿自我意识的提高。

大班主题"我自信"，活动目标遵循幼儿由我及人的发展顺序，培养幼儿良好的自我意识，恰当的自我评价和初步的自我控制能力；让幼儿学会合理发泄不良情绪，有初步的自我情绪调节能力；让幼儿学习社会交往技能，能分享合作，具有移情、同情的能力；培养幼儿良好的生活习惯，精神饱满、情绪稳定。

以上三个主题活动在目标、内容上围绕幼儿自我意识、情绪情感、适应与交往能力的不断发展，有层次、有阶段、有顺序地进行建构与实施。

儿童的情感在心灵自由中飞翔

南京市逸仙实验幼儿园是我接触最多的幼儿园，特别是在"十二五"期

---

① 陈晓娟.当童心和文化相遇：逸乐童心课程文化之旅[M].南京：南京师范大学出版社，2017：34-35.

间(2011—2016年),我与园长、教师们一起做"逸乐童心课程"课题研究,一起进行游戏观察,一起进行课程实施、评价的学习与讨论,一起对"逸仙精神"进行对话与研讨。在此期间,有时候我和陈晓娟园长为一种课程话语表达方式、为课程是否适宜幼儿而和教师进行"争吵",有时候我为一种课程实践经验与课程理论之间的建构、框架梳理熬夜努力……五年,园长、教师们毫无保留地给予我在幼儿园学习与汲取营养的机会,如今想想是多么快乐的事情。

幼儿园从发展儿童自我与精神的课程文化视角,建构与实施的"逸乐童心"课程,用最走心的方式为幼儿、教师、家长谋福祉。朱小蔓教授评价"逸乐童心课程是关注情感与心灵,创造完满的生命"[①]的实践。的确,我们见证了为发展幼儿良好情感品质和情感能力,为使幼儿拥有健康的情感、丰富灵动的心灵世界,所有人在课程理念、思路、框架、评价、管理等每一个环节中倾注的努力。

幼儿园"逸乐童心课程"实践充分体现了课程游戏化精神,充分遵循幼儿身心发展规律,关注幼儿情感与心灵的教育信念,发展目标明确,情感环境丰富,课程评价充分明确。正如陈晓娟园长所说:"逸乐童心课程让幼儿园成为温馨优美的花园、自由成长的乐园、和谐融洽的家园。"[②]因此,幼儿园"逸乐童心课程"的实践与文化建构过程是探秘幼儿情感世界的过程,是幼儿园情感教育课程实践探索的过程,是教师情感教育能力与情感素养提升的过程,更是所有教育者共同追溯情感的心灵旅行。大家在旅程中发现爱、表达爱、成全爱,实现成人世界与儿童世界之间教育的"心心相印",彼此依恋却相互尊重、人格独立,一起智慧幸福生活。

---

① 陈晓娟.当童心和文化相遇:逸乐童心课程文化之旅[M].南京:南京师范大学出版社,2017:1.
② 陈晓娟.当童心和文化相遇:逸乐童心课程文化之旅[M].南京:南京师范大学出版社,2017:2.

案例三：新东方满天星幼教集团"Happy vill 探究式课程"简介

"Happy vill 探究式课程"是新东方满天星幼教集团所有园长、教师一起在 Happy vill（威尔小镇）绘本课程实施的基础上，充分考虑现代学前教育强调的科学育儿理念和本国学前教育实践的最新成果，共同建构与实施的幼儿园课程。本课程充分践行国际教育领域倡导的 STEAM 教育理念，特别是在重实践的多学科教育方面，体现了科学、知识与技能、情绪与社交、艺术与手工、数学、音乐与运动的相互融合。幼儿通过学习系列绘本，自然而然地接受多学科知识，有效提升知识素养和情感素养。

"Happy vill 探究式课程"清晰、深入地阐述与践行了我国《幼儿园教育指导纲要（试行）》《3—6 岁儿童学习与发展指南》（以下简称《指南》）《幼儿园工作规程》（以下简称《规程》）等国家纲要文件，有针对性地指引了民办幼儿园教师群体的发展方向，为每个幼儿的充分发展与情感培养奠定了基础。

一、Happy vill 探究式课程目标

为满足幼儿的生存、生活、生命需要创造优越条件；为幼儿提供丰富的成长体验支持，保护幼儿天生的好奇心，培养幼儿的智力、创造力、社会能力及情感能力；让幼儿在丰富的游戏活动中主动探究、主动习得，培养幼儿爱探索、会学习、善交流、懂合作的品质。

- 关注每个幼儿的健康、情绪情感和全面发展。
- 创设仁爱的园所环境和班级环境，和善地对待每个幼儿，在主题探究活动中积极引导并与幼儿一起围绕某个主题进行主动探究。
- 灵活运用 Happy vill 教师用书，根据每个地域、每个班级儿童兴趣爱好发展他们的创造性。
- 尊重幼儿的创造性成果。

- 充分做到主题探究活动一日生活化。
- 保证家庭积极参加幼儿园班级的探究活动。
- 创造双语学习环境,尊重幼儿的语言习得规律,保障幼儿的语言学习与交流的基础。
- 注重幼儿的学习品质,保证幼小衔接,避免学习内容超出幼儿智力和体力的负荷。

二、幼儿园情感主题总体设计、探究、实施途径与评估

表3-8 幼儿园情感主题计划与资源搜集表

年级	实施时间	探究主题	教师
小班	4月	我的心情我做主	×××
我们的目的是什么?			
超学科主题	情绪情感		
中心思想	我们能够表达不同的感受。		
总结性评估作业	幼儿能够认识和了解不同的情绪。 幼儿能够大胆地表达情绪和感受。 幼儿学会用正确的方式表达不同的情绪。 幼儿学会关注别人的感受并能给予恰当的回应。		
我们的教学内容是什么?			
哪些探究线索将纳入对中心思想进行探究的范围?	我们都有不同的感受。 什么时候会有这些不同的感受? 我们怎样表达这些不同的感受? 我们怎样回应别人的情绪感受?		
教师将如何开启上述探究活动?	你今天过得开心吗? 什么事情会让你开心、难过、生气、伤心? 你开心、难过、生气、伤心的时候会做哪些事情? 别人的感受跟你一样吗?当别人高兴、伤心、难过、生气的时候你愿意帮助他吗?你会怎样帮助他们?		
我们如何评估教学的效果?			
有哪些可能的方法来评估幼儿已经掌握的知识和技能?将考察哪些证据?	通过图片的方式记录幼儿在幼儿园的情绪表现。 用调查表的方式了解在家中的庆祝情况。 询问幼儿:你的朋友和家人今天开心吗?为什么开心?为什么不开心?		

续表

有哪些可能的方法可以用来评估幼儿根据探究线索所开展的学习？我们将搜寻哪些证据？	观察和与幼儿一起分析幼儿在幼儿园的同伴、师生关系。评估幼儿情绪表达方式是否恰当。 通过调查表的方式了解幼儿在家中的情绪管理是否得当。
我们如何最有效地开展教学？	
教师和（或）幼儿建议进行哪些学习体验以鼓励幼儿开展探究。	通过绘本欣赏、谈话、游戏等活动，激发幼儿对情绪探究的兴趣，将所要探究的问题以"集体、分组、家园"等形式进行。
存在哪些培养超学科技能和学习者各种品质的机会？	在同伴遇到困难的时候，能够关注同伴的感受，并及时地做一些力所能及的事情帮助同伴。 在家人出现情绪和健康问题时，幼儿能够及时关注，并体贴、关心家人。
需要收集哪些教学资源？	
有哪些人、地点、音像材料、相关的图书资料、音乐作品、美术作品、电脑软件等可以利用在单元的教学当中？	幼儿在幼儿园以及家中与情绪相关的照片。 音乐作品：《拉拉钩》。 图书：绘本《生气汤》。
如何利用课堂环境、当地环境来实施探究活动	利用班级一日活动的各个环节让幼儿感知不同的情绪带给我们的不同感受。利用家园活动，引导幼儿学会正确地表达和管理自己的情绪。
我们在什么程度上达到了教学目的？	
教育者通过幼儿对中心思想的理解来评估探究的成效。所有参与制订探究计划的教师的反思都应记录在内。	"了解自己的情绪，正确表达自己的情绪，注意别人的情绪"是《指南》中指出的教育建议。在本主题的教育活动中，我们通过四周层层递进的主题活动，让幼儿认识自己情绪的同时关注到别人的情绪。本主题活动探究，使幼儿的社会性得到发展，为幼儿健全人格的发展奠定了基础，最终帮助幼儿建立了良好的亲子、师生、同伴关系，让幼儿学会管理自己的情绪，在有强烈情绪的状态下不迁怒于别人，让幼儿在积极健康的人际关系中变得更加自信，提高了共抗挫能力。
可以如何改进评估作业和任务，以便更精准地评估每位幼儿对中心思想的理解？	加强家园互动，将中心思想贯彻到幼儿园以及家庭生活中，促进幼儿对中心思想的理解。
有哪些证据显示出中心思想和超学科主题之间的联系？	幼儿面对挫折的态度以及管理情绪的能力。 是否能够大胆地挑战自己觉得有困难的事情。 幼儿与同伴、家人、老师的相处方式是否得当。

续表

	在学习过程中出现了哪些幼儿自发的探究？
记录一系列幼儿自发的探究活动和幼儿提出的疑问,特别是那些已被整合到教学与学习当中的活动和疑问。	我们一起玩玩具的时候,是他先抢我的玩具的,我才很生气。 我妈妈生气的时候,我使劲亲亲她,她就不生气了。 妈妈生病的时候很不舒服,我会拿一杯水送给她。她很开心。
在学习过程中幼儿产生了哪些自发的行动？	在幼儿喝水的时候,他们会主动端一杯水递到老师的手中。 幼儿能够主动表达自己的情绪感受并讲述原因。
记录幼儿个人或小组自发的行动,显示他们反思、选择和采取行动的能力。	幼儿在活动区能够主动与同伴交流自己的感受,并讲述自己遇到的开心或者难过的事情。

理解幼儿情感世界的探究式课程

2015—2018年,我与新东方满天星幼教集团6所幼儿园园长及其教师团队一起进行课程实践和行动。在"Happy vill 探究式课程"建构与实施的过程中,课程共同体的每一位研究者、管理者、课程专家,每一位幼儿园园长和教师一起努力,从家庭、幼儿园、社区几个维度关注幼儿的求真、求善、求美需要,让幼儿在游戏中获得创造性、灵活性和精神的丰富性,支持幼儿在一日生活中,保持好奇心,获得情绪情感健康发展和人格健全发展。

Happy vill 探究式课程情感目标明确,关注幼儿的未来创造发展,注重培养幼儿的创造力、探究能力、情感与性格。该课程践行情感教育理念,梳理园所发展的路径,探索支持师幼情感能力发展与情感素养提升的路径,培养幼儿的基本生活习惯和自我调节能力,实现幼儿的情感社会化发展。

Happy vill 探究式课程遵循3—6岁儿童身心发展规律,自觉关注幼儿的学习本质，关怀幼儿的情感与心灵，有意识地培养幼儿的情感能力，营造符合幼儿情感学习与发展的教育场和情感场。教师通过课程的组织与实施支持幼儿进行丰富的情感体验与情感表达，紧紧围绕幼儿的体验、探究与交往，进行个性化、情境化的教学。

Happy vill探究式课程强调以幼儿发展为本，注重幼儿的兴趣、生活经验，充分发挥教师、幼儿、家长在课程实施中的主动性和创造性。该课程在实施过程中以幼儿为中心，充分了解幼儿的原有水平，尊重每一个幼儿的个性和学习方式，以适合孩子的教育方式和方法，引导幼儿自主探究，自主学习，合作交流。幼儿与教师一起学习，一方面促使幼儿积极地投入社会与自然环境当中去认识世界，另一方面是对实践经验和收集到的信息进行后续的反思，实现知识问题化、问题探究化、探究方法化、方法能力化。同时，教师根据幼儿的情感发展实际需求，对课程内容进行适当调整，在课程内容、时间、形式上给自己留有选择的空间，创造性地使用课程，不断地寻找自我，关照自我心灵成长。

Happy vill探究式课程在实施过程中注重情感教学的反思，明确幼儿情感发展趋势及规律，使用单元研究计划表（备课及教育反思用）和课程资源收集表（游戏、教学、环境、亲子等活动用）制定评估标准。幼儿园借助超学科主题"情绪情感"，明确以"幼儿能够表达自己的情绪感受"为中心思想，确定的具体目标为幼儿需要认识和了解不同的情绪，以多种方式表达不同的情绪，同时学习关注别人的感受并能够给予恰当的回应。教师与幼儿一起围绕"我们都有不同的感受""任何时空都会有不同的感受""我们如何表达这些不同的感受""我们怎样回应别人的情绪感受"这四条探究线索进行驱动式的探究活动。教师在探究过程中，注重采用情感体验的教学方式，鼓励幼儿开展探究活动。譬如，通过绘本欣赏、谈话、游戏等活动，激发幼儿对情绪探究的兴趣，通过集体、分组、家园等多种方式进行探究。教师关注幼儿是否过得开心，什么时候会开心、难过、生气、伤心，每当开心、难过、生气、伤心的时候会做哪些事情，当别人伤心、难过、生气的时候你是否愿意帮助他，你会怎样帮助他们，等等。探究结束后，教师采用表现性的情感评估方法来评价幼儿已经掌握的情感知识和技能。如以调查、录像、图片、档案袋、绘画等多元的实证研究方式记录、分析、理解幼儿的情绪表现，注意搜寻幼儿、家长和教师在课程实践中获得情感发展的证据。

在Happy vill探究式课程实施中，教师充分收集情感教育教学资源，如幼儿在幼儿园和家中与情绪相关的照片、音乐与美术作品、图书等资源，在班级一日活动各个环节让幼儿感知不同的情绪带给我们的不同感受。教师应利用家园共育活动，引导幼儿学会正确地表达和管理自己的情绪，依托情感主题活动，让幼儿认识自己情绪的同时关注别人的情绪，帮助幼儿建立良好的亲子、师生、同伴关系，让幼儿学会管理自己的情绪，在有强烈情绪的状态下不迁怒于别人，让幼儿在积极健康的人际关系中发展自信和提高抗挫能力，等等。要精准评估幼儿情感发展，教师还需做好家园互动，紧密围绕幼儿面对挫折的态度以及管理情绪的能力与家长进行沟通与指导。

Happy vill探究式课程注重幼儿的情感能力与表现评估，引导幼儿关注别人的感受，通过做一些力所能及的事情帮助别人。譬如，在家人出现情绪和健康问题时，幼儿能够及时关注，并有体贴、关心的表现。

综上，Happy vill探究式课程，通过情感主题的系统探究，关怀幼儿情感与心灵发展，关照教师和家长的情感与心灵，实现了幼儿园情感教育课程的价值，值得借鉴、讨论与思考。

案例四：南京市游府西街幼儿园"幸福课程"[①]简介

南京市游府西街幼儿园近十年来建构与实施"幸福课程"，向幼儿传递幸福的价值观，提升幼儿感受幸福的能力，同时促进幼儿学习力、创造力、合作力等的全面发展，提高幼儿自主创造幸福的能力，提升了教师职业幸福感。

一、幼儿园"幸福课程"理念与框架

（一）课程理念

教育的最终目的是使孩子们获得感受幸福的能力，幸福不只是心情的愉悦，更是一种深层的内心感受和体验。游府西街幼儿园践行共生、分享、互动、创新的教育理念，进而凝练出幼儿园"幸福课程"理念，即温暖生活、愉悦体验、自主创造。

（二）课程框架

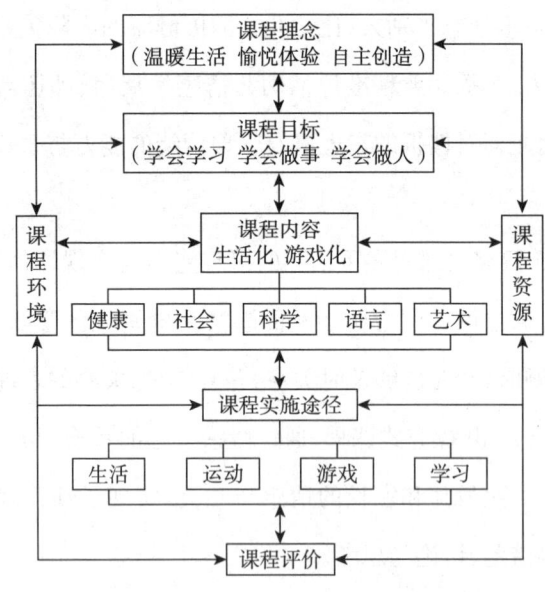

图3-5 幼儿园"幸福课程"框架

[①] 南京市游府西街幼儿园"让幸福流淌在心间——基于儿童视角的幸福课程建构"为第三届南京市校本德育课程优秀成果。

二、幼儿园"幸福课程"目标

1. 关注幼儿的学习特点和学习方式,珍视游戏和生活的独特价值。

2. 帮助幼儿体验与自我、他人、环境和谐相处的愉悦,获得感受幸福的能力。

3. 立足幼儿生活,促进幼儿在活动中发展创造幸福的智慧和能力。

三、幼儿园"幸福课程"组织、实施途径与评价

（一）课程组织实施途径

幼儿园"幸福课程"实施包括生活、运动、游戏与学习四大方面,同时,鼓励教师树立支持幼儿获得幸福童年的理念,支撑教师掌握帮助幼儿获得幸福童年的技能,引领教师全方位、多渠道实施"幸福课程"。

（二）发展性课程评价

对小、中、大班幼儿进行观察记录,并用积极心理学的观点进行分析,验证幸福课程对幼儿身心发展的促进作用。同时,开展幼儿个案研究,选择班上具有典型行为或发展障碍的幼儿进行定期跟踪观察,关注幼儿出现的困难,分析原因,找出问题症结,进行有针对性的指导。

幸福的表情是情感教育的样子

对幼儿来说,幸福是什么？幸福就是每天脸上挂着笑容,自由地玩耍;幸福就是遇到不开心的事情时,爸爸妈妈与教师能给予微笑与拥抱,最好再有一块儿甜蜜的蛋糕;幸福就是在集体活动中创作出自己喜欢的作品,并能够开心地讲述给更多的小朋友和老师听;幸福就是在游戏中敢于想象与创造,"鱼可以飞！""叶子是蓝色的！";幸福就是在生活中敢于冒险与挑战,乐于在游戏、学习、交往中表达自己,并能够得到教师与父母的认同与欣赏;幸福就是在一日活动中,孩子们拥有愉悦的情绪情感,在快乐中学习与游戏……在一定程度上说,幼儿幸福的表情就是幸福教育的表情,也是

教育幸福的表情。

幸福不仅是幼儿的愿望，也是每个人的愿望，更是教育追求的福祉。幸福教育是所有教育者在坚守幸福教育的理念、价值、行动与思考中集体构筑的。南京市游府西街幼儿园在幸福教育的理念下建构与实施情感教育课程，紧密围绕"温暖生活、愉悦体验、自主创造"的课程目标，比较系统地诠释了幼儿园课程如何关照幼儿的积极情绪情感，如何支持幼儿在体验中积累经验，获得游戏、生活与交往过程中的情感能力。同时，该课程让教育者在一日活动中获得幸福的情感体验，让教育在与幼儿的幸福相遇时发生，既让每个幼儿拥有幸福的教育，又让教师享受教育的幸福。

南京市游府西街幼儿园的"让幸福流淌在心间——基于儿童视角的幸福课程建构"是幼儿园情感教育课程探究的典型范例，可供幼儿园学习、思考与借鉴。

案例五：南京市石鼓路幼儿园"体验性情感教育课程"[①]简介

一、"体验性情感教育课程"理念

幼儿期是健康情绪和基础情感形成的关键期，也是进行情感教育、品德教育的最佳期。教师注重教学做合一，用心拨动"爱"的"情"弦，引导幼儿学会关爱自己、关爱他人、关爱环境，必将为幼儿日后幸福生活和持续发展奠定良好的基础。

---

① 南京市石鼓路幼儿园的"幼儿园体验性情感教育课程"为南京市第一届德育校本课程评选优秀成果。

二、"体验性情感教育课程"框架

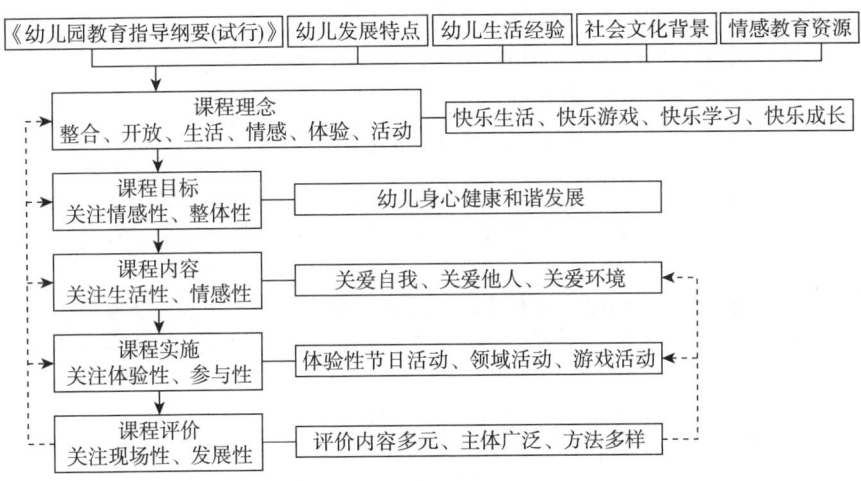

图3-6 "体验性情感教育课程"框架

三、幼儿园"体验性情感教育课程"目标

以培育幼儿健康的情感态度和初步的情感智慧为核心,促进幼儿身心健康和谐发展,如图3-7。

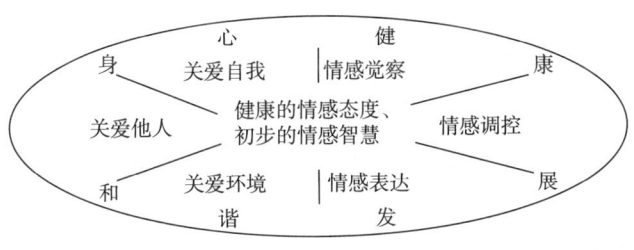

图3-7 "体验性情感教育课程"目标

幼儿园体验性情感教育关注幼儿与自我、他人、环境的相互关系,以及幼儿在与三者联系过程中的表现,强调三个关爱(关爱自我、关爱他人、关爱环境)、三种智慧(情感觉察、情感调控、情感表达),提出了十六条核心目标。(见表3-9)

表 3-9 "体验性情感教育课程"目标

幼儿园"体验性情感教育课程"目标	
总目标:以培育幼儿健康的情感态度和初步的情感智慧为核心,促进幼儿身心健康和谐发展。	
关爱自我	1. 关心自己的身体健康,懂得简单的健康常识,乐意参加预防疾病的必要活动及力所能及的体育锻炼。
	2. 了解必备的安全与自我保护知识,初步形成健康、安全生活必需的良好习惯和态度。
	3. 接纳自我,知道自己的长处和不足,积极参与各种活动,愿意克服困难,做好力所能及的事,有自信心和初步的道德感(包括荣誉感、羞耻感、责任感等)。
	4. 了解自己情绪情感的变化及原因,了解一些排解消极情绪情感的方法,经常保持愉快的情绪,有初步的抗挫能力。
关爱他人	5. 喜欢并信赖、亲近父母、老师,乐意帮他们做力所能及的事。
	6. 乐意与人交往,学习互助、合作和分享,学会倾听并尊重别人的不同意见,能宽容别人的无意过失,有同情心,愿意帮助有困难的人。
	7. 能辨别他人的情绪,理解别人情绪变化的原因,学会判断自己的情绪、行为会引起他人什么样的反应,理解并遵守日常生活中基本的社会行为规则。
关爱环境	8. 建立关于家庭、幼儿园、家乡、国家等的概念,有初步的归属感与责任感,喜欢自己居住的环境,体认健康、优秀的民族文化。
	9. 爱护玩具和其他物品,爱护公物和公共环境,爱惜劳动成果,对物品被损坏感到可惜,对自己损坏物品的行为感到内疚并设法补救,乐意参加简单的劳动。
	10. 对周围的事物、现象感兴趣,关注周围环境的变化,喜欢探究和思考,有好奇心和求知欲。
	11. 亲近自然,爱惜自然资源,爱护动植物,有初步的环保意识。
	12. 欣赏并热爱生活及艺术作品中美好的事物,乐意用自己喜欢的方式表达自己的情感体验。
	13. 喜欢参加艺术活动,能感受到活动带来的快乐,形成对艺术的敏感。
情感觉察	14. 学会辨别他人表情、语气、体态等所表达的高兴、生气、痛苦、愤怒等情绪。
情感调控	15. 学习控制自己表达情绪情感的方式和程度,能克制自己的一时之需,为一个更远的目标努力。
情感表达	16. 学习选择合适的场合和对象,用较恰当的语言、动作和表情等来表露自己的各种情绪和感受。

根据幼儿年龄特点及阶段性教育目标,我们又对体验性情感教育课程的目标进行了进一步的分解,制订了小、中、大班各年龄段幼儿情感教育目标。

四、"体验性情感教育课程"内容

爱是一种美好的情感,也一个永恒的话题。在艺术作品和大自然、大社会中,有许多生动的教育素材。"体验性情感教育课程"围绕三个纬度、六大话题展开,其内容框架如下:

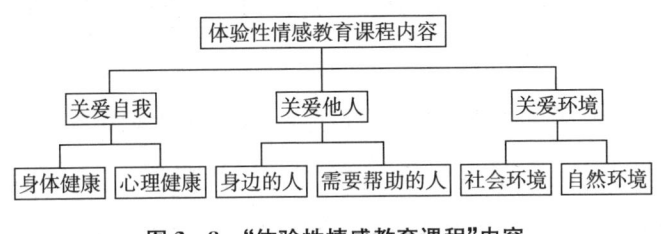

图3-8 "体验性情感教育课程"内容

幼儿园在选择体验性情感教育课程内容时,应注意三点:第一,以"学会关爱"为主线,以与"关爱"情感相应的领域知识、技能等为暗线,引导幼儿从关爱自我、关爱最亲近的人(同伴、父母、老师、身边的人)做起,进而逐步学会关爱需要帮助的人、关爱社会、关爱自然,使幼儿在提高情感觉察、情感调控、情感表达智慧的同时,获得各领域关键经验。第二,以幼儿生活经验为基础,以让幼儿学会处理现实生活中的相关问题为核心,选取既能够反映"学会关爱"的情感线索又与幼儿的实际生活和真实的情感体验相联系,既符合幼儿的兴趣需要又有利于拓展幼儿的经验视野,适合幼儿欣赏、学习的各领域教材以及幼儿生活中的重要事件,并按年龄段加以编排。第三,以幼儿发展规律为依据,根据幼儿的年龄特点以及情感和行为发展规律,关注教育的连续性和顺序性,循序渐进,由简单到复杂。如,从小班到大班,虽然都是从关爱自我、关爱他人、关爱环境三方面展开,但关爱的内容不断深入、关爱的对象不断拓展、关爱的智慧不断提升、领域学习经验也在不断丰富。

五、"体验性情感教育课程"的组织与实施

(一)体验性情感教育活动形态

生活体验教育:核心是学会自理、文明生活、安全生活、愉快生活。

学习体验教育:核心是建立对己、对人、对事、对物积极的情感态度,促进情感、认知、身体的和谐发展。

游戏体验教育:核心是实现认知与实践的有效链接,进一步了解个人与环境的关系,获取多方面的经验和能力。

体验性情感教育强调幼儿获取情感经验途径的多样性和情感教育的一贯性与灵活性,关注幼儿生活、游戏、学习三者的关系、渗透与融合,尽可能让幼儿在观察、操作、实践的过程中获得亲身的经历和体验。

(二)体验性情感教育实施策略

1. 调查体验法

基本流程:明确问题—进行调查—分析资料—获得"是怎样""为什么会这样"的认知经验和情感体验。

注意事项:调查的内容应该是浅显、易于发现、与幼儿生活息息相关的;调查的方式主要以看、问、听为主,并辅以记录;调查常需要家长的参与和配合。

2. 参观体验法

基本流程:明确目的要求—实地观察感知—总结归纳提升—获得对参观对象的概括性了解和情感体验。

注意事项:参观应有明确的主题,重点要突出;参观前,应根据教育目的和幼儿的经验制订好计划,明确参观的时间、地点、对象、拟探讨的有关问题和活动流程、要求、准备等,做好各项准备;参观时,要指导幼儿围绕参

观目的进行观察、访问、操作,可利用摄像机等记录参观过程及偶发事件;参观后,要引导幼儿以游戏、表演、讲述、绘画等形式进行回顾、小结,整理和布置参观成果,必要时也可邀请家长参加参观活动的策划与组织。

3. 情境体验法

它包括以生活中真实事件或现象为媒介和以特定作品为媒介的情境体验。基本流程:感受情境—融入情境—体验情感—表达情感。

注意事项:选择的情境应符合幼儿的年龄特点与情感、认知、能力发展的需要;应关注情绪辨别与情绪命名,重视情感换位,引导幼儿设身处地地理解他人的心情及情感需要,并适当扩大移情对象;应与情境讨论、情境表演、移情训练、行为练习等有机结合。

4. 行为实践法

它包括教育活动中的行为实践、游戏活动中的行为实践及日常生活中的行为实践。基本流程:感受情境—明理动情—行为实践。

注意事项:要重视教育活动后延伸活动的设计与组织,为孩子提供练习和实践的机会;要重视行为评价,强化良好行为,激发幼儿内在的行为动机;要指导孩子将行为扩大、迁移到更广泛的情境中,使幼儿能够在不同的时间、地点和情境条件下都能表现出积极的情感和良好行为。

5. 环境熏染法

它包括两类:一是人际环境熏染法,二是物质环境熏染法。

注意事项:要言传身教,为幼儿提供安全、温馨、宽松、和谐的交往环境和氛围,让幼儿在感受爱与被爱的同时,萌发同情、信任、关爱、合作等积极情感;要善于发现幼儿的进步,及时加以赏识、激励;要注意创设丰富的、能满足幼儿探索欲望的、与教育相适应的良好环境,为幼儿提供操作与实践的机会,引导幼儿展示心情故事、成长经历与研究收获,学会调控与表达情感,形成积极的情感态度。

六、"体验性情感教育课程"评价

(一)评价原则

体验性情感教育课程突出评价的发展性和激励性——强调以"促进幼儿的发展、教师的发展、课程的发展"为核心。体验性情感教育课程关注评价的多层性和多元性——关注评价对象的差异性和评价标准的多层性;灵活运用多种评价方法,坚持教师、幼儿、幼儿家长以及园长、专家等多主体参与评价。体验性课程评价应突出情境性和现场性——要结合真切、丰富、自然的体验性情感活动,在现场进行评价,重视评价的即时性。

(二)评价方式

(1)观察——教师在一日活动中应重视对幼儿行为的观察,记录幼儿在活动中的行为、情绪情感、操作等各种表现,结合《纲要》《指南》对幼儿进行综合评价。

(2)成长档案——教师通过成长档案的形式收集幼儿成长过程中的重要信息,并进行分析,了解幼儿的成长信息。

(3)访谈——教师根据需要,有目的、有计划地与幼儿、家长开展访谈活动,获得幼儿发展的信息。

(4)问卷——幼儿园教科室设计教师问卷、家长问卷,面向教师、家长进行调查,获取关于幼儿发展方面的评价信息,了解课程建设和幼儿发展中的成功经验和亟待解决的问题。

(5)座谈——邀请专家、家长等来园座谈,获取关于课程、教师、幼儿方面的评价信息。

幼儿健康情感发源于快乐的体验

南京市石鼓路幼儿园的体验性情感教育课程的理念、目标、内容、组织、实施与评价都非常清晰。幼儿期是健康情绪和基础情感形成的关键期,也是情感教育、品德教育的最佳期。南京市石鼓路幼儿园践行陶行知先生的"教学做合一"教育思想,在课程实践中用心拨动"爱"的"情"弦,引导幼儿学习关爱自己、关爱他人、关爱环境,为幼儿的持续发展和幸福生活实施情感教育课程。

对幼儿来说,一日活动中最重要的是快乐。愉悦地游戏与学习,愉快地交往,开心地生活,这是学前情感教育学的核心价值。南京市石鼓路幼儿园把"快乐生活、快乐游戏、快乐学习、快乐成长"作为课程理念,围绕幼儿身心健康和谐发展科学设计"关爱自我、关爱他人、关爱环境"的情感教育内容逻辑线索;寻找体验性节日活动、领域活动、游戏活动等实施载体;明确对幼儿的情感觉察、情感调控、情感表达等情感能力进行关注;评价内容多元,评价主体广泛,评价方法多样。幼儿园课程理念、目标、内容、组织、实施途径与评价是面向幼儿情感世界、理解幼儿情感世界的实践探索与行动。这是幼儿园情感教育典型的课程行动范例,可供其他幼儿园借鉴、参考与讨论。

综上,五所幼儿园实施的情感教育课程从不同的角度自觉关注幼儿的情感与心灵,有意识地培养幼儿的情感品质与能力,营造符合幼儿学习与发展规律的情感教育场,从课程目标、课程内容、课程组织与实施、课程评价等具体要素着手,支持幼儿情感经验经历体验—经验—表征的过程。每所幼儿园都准确地概括了幼儿园情感教育课程的儿童观、教育观、游戏观、教学观,并从幼儿园自身的历史与现实出发,有针对性地解决了教育中存在的问题,对课程进行了园本化、个性化、适切化的变革。未来学前教育也必然愈加注重主体性与情感特征,自觉关注儿童情感与心灵,让幼儿情感教育为儿童一生发展奠基。

第四节　幼儿园情感教育课程建构与实施的原理分析

> 课程探究必须返回到基础,对于研究而言没有任何东西能比人们实践或做些什么、好或坏、对或错更为基础的了。①
>
> ——[美]古德莱德

前文在情感教育的视域下对幼儿园课程建构与实施进行了实践反思,对五所幼儿园情感教育课程范例进行了阐述,现在我们需要重新回到基础,对幼儿园情感教育课程实施进行一般原理分析,进一步明确幼儿的情感发展需要学习,幼儿的情绪情感发生与发展有独特的规律,小班、中班、大班幼儿的情感形成与发展都需要系统的情感体验积累。因为"如果情感体验以情绪过程的形式多次重复,它确实可能变成相对应体验的稳定倾向性"②。当然,我们还需要进一步思考新时代学前教育如何关注情感教育系统落实,处理好情感课程与幼儿园课程的关系,在课程实施过程中把握好情感与认知的关系,通过实践研究,做好幼儿园情感教育课程编制、情感环境建构、情感资源统整、情感观察评估等方面的专业化提升等工作。

一、幼儿园情感教育课程建构与实施价值

幼儿园情感教育课程建构与实施的价值具体包括:丰富幼儿园情感教育课程的形式和内容,实现幼儿园情感教育目标;培养和锻炼幼儿园教师的情感教育课程能力,促进情感教育队伍的专业化发展;给幼儿园提供情

---

① [英]乔伊·帕尔默.教育究竟是什么? 100位思想家论教育[M].任钟印,诸惠芳,译.北京:北京大学出版社,2008:475.

② 朱小蔓,梅仲荪.儿童情感发展与教育[M].南京:江苏教育出版社,1998:260.

感教育课程选择。

（一）丰富幼儿园情感教育课程的形式和内容

情感教育课程，会让暗淡的、离幼儿较远的幼儿园情感教育出现一线曙光。幼儿园通过自行开发、建构与实施情感教育课程，走进幼儿内心世界，满足其情感需要，让其获得情感与社会性发展的机会，落实情感教育任务与目标。

（二）培养和锻炼幼儿园教师的情感教育课程能力

幼儿园情感教育课程建构与实施面临的最大挑战就是教师的课程实施能力。近十年来我对一线带班教师课程实践观察发现，教师"最安心""最笃定"的是指令性的课程计划，"凭借指令"上课往往不太需要进行课程选择。教师们认为，上原创课太难了，公开课也要经过长时间打磨。

情感教育课程的开发与实施不仅要求带班教师会上课、教书，还要会写课、编书；不仅要懂教学法，更要学习课程与教学论，掌握课程建设的程序及步骤；要有较强的课程与教学的创新能力，要具有道德热情，努力探索学前儿童情感教育。实践证明，情感教育课程开发对幼儿园教师的课程能力有较大的挑战。

（三）关注新时代学前儿童情感与社会性发展需要

新时期幼儿园情感教育课程首先要基于《纲要》与《指南》精神，扩展相关知识领域，充分关注学前儿童情感、生命、品格与道德发展，关注学前儿童情感与社会性发展，其次要基于幼儿园办园理念与教育哲学，从课程目标、内容、组织、实施、评价等多方面进行系统思考，走进学前儿童的心灵，为未来儿童的和谐、健全发展做出努力。

（四）新时代幼儿园实现办学理念的现实选择

随着社会发展，幼儿园也要在竞争中求发展，一些刚刚建园或建园时间较短、生源质量不够好、缺乏竞争力的幼儿园如何获得稳步发展是一个严峻的问题。面对政府、社会、家长不断提高的教育期待和要求,如何办出让社会、家长满意的幼儿园,是幼儿园必须要思考的重大问题。针对以上问题,情感教育课程建构与实施是一个不错的选择。因为情感教育课程正是考虑到人的主体需求,关注家长与幼儿的内心需求,关注新时代学前儿童情感发展的新价值、新思想与新问题,关注以人为本、以德治园的管理哲学与教育行动。我们若能从幼儿园情感教育课程建构与实施上下功夫,可以提升幼儿园情感教育课程品质,提升幼儿园办学与管理水平。从幼儿园教育持续发展的角度看,情感教育课程建构与实施既是现实的必要选择,也是面向儿童未来发展的必然选择。

二、幼儿园情感教育课程的建构与实施要求

幼儿园情感教育课程建构与实施既有一般课程的特点,又有情感教育课程自身的特点。情感教育课程需要有情感教育理论作为依据,要有明确的情感教育目标、系统的情感教育内容、充分的情感教育资源,同时,教师的情感教育意识明确,情感环境与氛围浓厚,情感观察、记录与分析专业。这里重点对情感教育课程的编制程序、编制要求、课程完善几个方面进行阐释。

(一) 幼儿园情感教育课程的编制程序

幼儿园情感教育课程的编制程序包括幼儿园情感教育的课程资源的调查与利用、幼儿园情感教育课程名称与目标的确定、幼儿园情感教育课程内容的选择、幼儿园情感教育课程实施过程与方法的安排、幼儿园情感教育课程评价的选择与确定。

1. 幼儿园情感教育课程资源调查与利用

首先,要对学前儿童情感与社会性发展的需求及课程资源进行调查,依据其情感与社会性发展特点编制情感教育课程。

通常我们采用问卷调查、小组访谈、个别访谈、跟踪观察等方式对儿童

发展及情感教育课程资源进行调查。采用问卷调查时,首先,研究者、幼儿园管理团队、带班教师需要针对学前儿童在情感与社会性发展方面存在的问题做好调查提纲、调查问卷;其次,调查研究必须保持较高的效度与信度,调查目的要明确、调查框架要合理、调查内容要全面,调查的过程也要严格控制,选择的样本要围绕情感教育课程开发所需要的信息;再次,做访谈时也要做好开放与半开放问卷的设计,并能根据访谈过程进行适当调整,访谈过程要注意创设情感氛围,让被访谈者对访谈者产生信任并说出真实想法,不能模棱两可进行主观判断等。

系统梳理幼儿园可以利用的情感教育课程资源是另一个重要任务。幼儿园"必须在可能的课程资源范围内和在充分考虑课程资源成本的前提下突出重点,精选那些对学生终身发展具有决定意义的课程资源,使之优先得到运用"[1]。幼儿园教师通过对课程资源的组织与调配,从情感教育的系统内部和外部进行适宜整合,"自身创造性智慧的释放和创造性价值的实现,是课程教学不断向前发展的不竭动力"[2]。教师亦成为情感教育课程的智慧创造者。

2. 幼儿园情感教育课程名称及目标的确定

幼儿园情感教育课程名称应涵盖课程所涉及的范围,并以学前儿童生命与情感发展为基本立场。课程目标的确定非常重要,因为这是课程建构与实施过程中的"指南针",其他一切过程与环节都要围绕目标进行。一般课程目标的确定需要根据三个方面的内容:一是学前儿童情感与社会性发展存在的现实问题、需要、现状;二是幼儿园教育整体目标;三是国家提出的学前教育目标。其中,目标语言用"通过××课程的学习,让学前儿童在

---

[1] 朱慕菊主编,教育部基础教育司组织编写.走进新课程:与课程实施者的对话[M].北京:北京师范大学出版社,2002.
[2] 钟启泉,崔允漷,张华.为了中华民族的复兴 为了每位学生的发展——《基础教育课程改革纲要(试行)解读》[M].上海:华东师范大学出版社,2001.

哪些方面有所收获,其获得哪些方面的指导";目标表述要有层次性,如:了解什么、理解什么、掌握什么、学会什么、如何行动等;目标层次的排列应由低到高、由简单到复杂,简明、清晰、易于理解。

3. 幼儿园情感教育课程内容的选择

幼儿园情感教育课程内容的选择是通过游戏与教学支持幼儿对情感的现象、内容、表达方式等的理解与应用。幼儿园情感教育课程内容的选择,要紧紧围绕《纲要》《指南》中的要求,紧密关注幼儿情绪情感发展内容,如,幼儿自尊发展与自我概念建立、情绪情感调适与社会化,幼儿的理智感、美感、道德感等。当然,课程也包括幼儿园情感环境创设,一日活动中幼儿在情感与社会交往过程中存在的情感认知、情感理解、情感表达等内容。另外,幼儿园还可以专门开发与创编系列学前儿童情感类游戏、情感类戏剧,游戏与戏剧会成为最具创新的情感教育课程内容。

4. 幼儿园情感教育课程实施过程与方法

不同的课程目标与内容,在实施过程和方法上必然存在不同。以专门的情感教育集体活动为例,它与五大领域集体活动,特别是社会领域集体活动操作方法类似,一般需要创设情境(情感经验调动)—情境中情感体验(扩充与发展经验)—情感交流与情景模拟(情感冲突与解决)—情感表达(多种方式,可延伸下去)。此外,幼儿园情感教育方法有专门的情感主题集体活动、不同情境的情感与体验、游戏与活动过程中的整合与渗透三种。教师还可以与幼儿一起探索情绪识别、作品分析、象征游戏、戏剧表演、言语与非言语表达等情感教育方法。

5. 幼儿园情感教育课程评价的选择与确定

幼儿园情感教育课程评价一般包括日常性评价和总结性评价。日常性评价需要成人观察幼儿情感经验活动中和日常生活中的反应,包括情绪反应、情感状态、情感引起的行为等;总结性评价主要对幼儿的表情、言语、动作等情感表现进行量化考核。课程评价是幼儿园情感教育评价的重要组成部分,用来评价与检验幼儿园情感教育课程目标是否达成。幼儿园情感教育课程的评价包括对幼儿情感与社会性发展的现状与发展评价、对课程建设的评价、对课程实施的评价。譬如,目标是否落实了,教学内容是否完成了,课程实施方法是否得当,学前儿童情感能力是否提升了,等等。此外,幼儿园还可以采用更开放的表现性评价,如做一个行动方案、持续做一项力所能及的志愿服务、建立一份自我情感成长评估档案等。无论是教师还是学前儿童,都可以运用"情感发展档案袋"作为彼此"愉快的教育世界旅行地图"。当然,教师也可以撰写幼儿情感教育故事,描述幼儿情绪情感发展变化。我们根据幼儿与课程两个重要维度,将学前儿童情感能力与情感教育课程评估目标分为四种。(见图3-9)

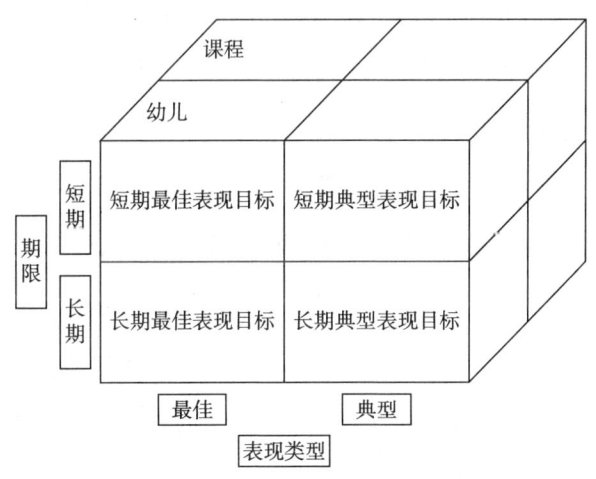

图3-9 幼儿情感能力评估和情感教育课程评估目标

(二) 幼儿园情感教育课程编制的一般要求

1. 幼儿园情感教育课程的准备要充分

幼儿园情感教育课程准备包括:幼儿情感与社会性发展现状的准备、课程建设方案的准备、课程建设队伍的准备及其相关资源的准备。

2. 幼儿园情感教育课程目标与价值观要明确

幼儿园情感教育课程的首要目标就是进行价值观教育和引导、提升价值观教育的影响力,通过价值澄清的方式,对学前儿童做好正向价值观教育,通过情感教育让学前儿童学会理解、认识情感、学会调适、进行适宜性情感表达等。

3. 幼儿园情感教育课程内容选择要新颖与实用

幼儿园情感教育课程,不要空讲理论,要关注学前儿童的情感与心理、生命与价值教育的需求,解决学前儿童存在的情绪情感问题,促使其情感能力与素养提升,还要关注学前儿童发展过程中的关键事件、关键问题、关键能力。

4. 幼儿园情感教育课程评价应注重目标实现与学前儿童的情感体验

幼儿园情感教育课程评价与一般的课程评价相比,更注重学前儿童的真实情感体验、感受、思考与行动,对涉及情感与价值行为的知识、态度、能力、价值观进行全面考虑。

(三) 幼儿园情感教育课程开发、实施与完善

幼儿园情感教育课程实施需要考虑时间、地点、人、环境、资源等重要元素,做好人力与物力的统筹安排,同时,也要根据实际情况不断完善幼儿园课程,譬如目标的调整、内容的补充、过程的改组与变革、方法与手段的改进与优化、评价的反思与完善等。教师应全面思考幼儿园情感教育课程建设的所有环节,根据学前儿童发展的新境遇,做好幼儿园情感教育。

1. 幼儿园情感教育课程的系统开发

幼儿园情感教育课程没有统一的模式,我们根据情感教育理论与实践研究及研究者已有视域,提供了一个幼儿园情感教育课程的开发、设计与编制循环图。(见图 3-10)

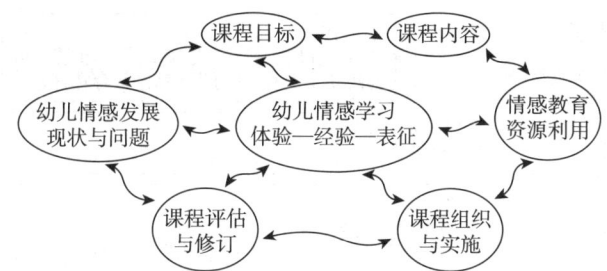

图 3-10　幼儿园情感教育课程开发、设计与编制计划循环模式

2. 幼儿园情感教育课程实施路径

幼儿园情感教育课程与其他课程一样,通过有目的、有计划、系统的集体教学活动、游戏活动、区域活动、情感专题活动、家园互动等多种方式进行。

第一,课程实施建立在对幼儿情感与课程研究的基础之上。情感教育课程实施过程中比较重视对幼儿情感需要、幼儿情感发展规律、幼儿情感观察的实证分析,突出师幼情感关系的建立与情感互动等。

第二,课程实施强调情感教育课程研究与实践的时空联通与互动,让理论研究与实践充分对话,形成具体路径。(见图 3-11)

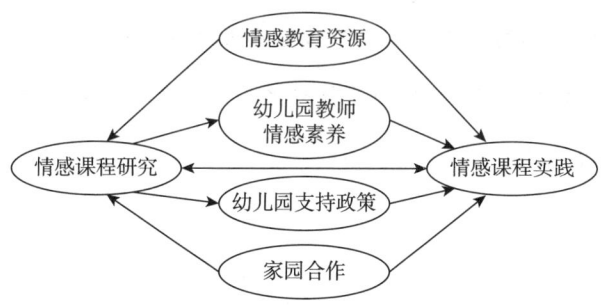

图 3-11　影响幼儿园情感教育课程实施的实践路径

第三,幼儿园情感教育课程建构与实施需要整体、综合、系统的思考,需要关注五个维度,即目标维度、时间维度、方向维度、内容维度、方法维度,形成幼儿园情感教育课程的分析框架。(见图 3-12)

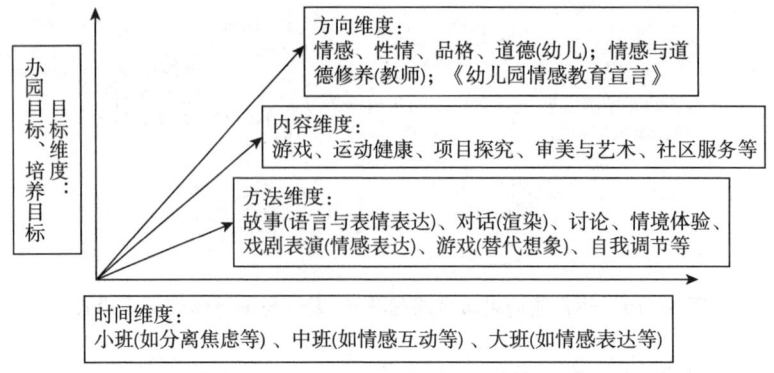

图 3-12 幼儿园情感教育课程建构与实施框架

综上,我们对幼儿园情感教育课程建构与实施的原理进行了分析与阐释,为幼儿园进行情感教育课程建构与实施提供可参考的操作模式。当然,这些阐释还存在不足,需要幼儿园基于自身的课程实践,不断进行情感教育课程的解构与重构。

第五节 幼儿园情感教育课程文化构筑与儿童幸福

文化引领幼儿园课程的未来是幼儿园课程建设的灯塔,幼儿园课程发展的内核是文化的发展,幼儿园课程文化的核心是信念和围绕信念形成的行动方式与团队默契。①

——虞永平

基于学前儿童情感发展规律与学前教育的基本规律,建构与实施幼儿园课程存在很多挑战与问题,构筑幼儿园情感教育课程文化也会遇到很大的困难,特别是在当下强调生存、专注于短期计划的教育氛围下谈情感教

---

① 虞永平.学前课程与幸福童年[M].北京:教育科学出版社,2012:278.

育课程文化构筑是十分艰难的。诸多教育评价使得幼儿园、教师、家长不能不将更多的精力放在对现行评价的接受、维护上,难以真正从思想、理念、行动上进行创新。他们虽然也知道情感教育课程很重要,但有时心有余而力不足。

"课程文化纳入幼儿园课程建设的视野是当前幼儿园课程建设者应该坚持的重要立场。只有将幼儿园课程文化纳入幼儿园课程建设之中,幼儿园课程才有不竭的推动力,才有永远高悬的灯塔。"[①]幼儿园情感教育课程文化构筑会给幼儿、教师、幼儿园发展带来很多益处。关照幼儿生命情感的幼儿园课程文化是促使幼儿园课程不断发展、创生的关键。幼儿园课程如何基于儿童立场,不断促进幼儿的情感认知与体验、情感理解与表达、情感调控与发展,促进每一个幼儿生命情感健康、和谐、全面发展,这些需要经过系统思考。正如美国教育哲学家约翰·杜威先生所说,"或许所有教育学中最大的错误认识是,一个人在一定时间内只能学习它正学习的特定知识。换句话说,我们相信教育过程中,环境与文化对人的影响或许远远大于知识与技能本身。一个学校究竟呈现何种质量的文化氛围将直接影响学生的道德和精神面貌"[②]。第一,幼儿园情感教育课程文化建构有利于形成共同的情感教育信念。因为只有公众共同意识到的统一观点才是具有力量的。第二,幼儿园情感教育课程建构有利于形成幼儿园情感教育的理性逻辑思考。情感教育课程文化存在,必然进行情感学习,情感学习经验就会体现出有目的的理性逻辑。第三,幼儿园情感教育课程建构有利于幼儿园课程改革。情感教育经过深思熟虑后,能够对幼儿园教育实践进行整体性贯通,形成新时代情感文明的学前教育观。而且,幼儿园文化本

---

① 虞永平.学前课程与幸福童年[M].北京:教育科学出版社,2012:281.
② 朱小蔓.情感德育论[M].北京:人民教育出版社,2005:270.

身就是情感与智慧两方面力量共同铸就的结果。① 因此,无论是关照幼儿园情感教育课程价值信念,还是审视幼儿园课程实践,构筑幼儿园情感教育课程文化,都会成为引领我们达到新的学前教育目标的灯塔,引导幼儿园教师拥有情感教育的视域与素养,保持新时代"四有教师"的使命担当,坚持为实现情感教育理想而努力。

一、幼儿园情感教育课程文化反思性框架与特点

人类学家把文化定义为"包括知识、信念、艺术、道德、法律、风格以及作为社会成员所习得的所有能力和习惯在内的复杂的整体"。"在这个复杂的整体内,有许多人们共有的方式,人们通过这些共有的方式进行感知、工作、学习、娱乐、分类、珍爱、使用语言、思考实在、表达情绪、利用时空以及和他人相处。"②即,文化影响着人们的认识论信念。幼儿园情感教育课程文化就是在情感教育的价值观念体系下,系统探究与改变有关幼儿园课程观念及在幼儿园、班级里实际呈现出来的情感教育课程的一种媒介。

美国教育哲学家约翰·杜威先生曾说:"每当我们评估一件事情时,我们既要选择和强调一种特殊的性质和特点,同时,我们也要用理智的观点把以前分散的种种事物联结在一起。"③因此,阐释幼儿园情感教育课程文化既是一种幼儿园情感教育课程的对话,又是对幼儿园情感教育课程实践的改造与情感文明的构建。"学校教育应当确立育人为本的办学理念,锤炼基于历史积淀和区域地方特色的校本文化风格,要把核心价值观转化为学生应该遵守且与学生发展阶段相符合的行为规范,形成尊重、关爱、公正、有纪律的校风、班风和学风,倡导与人为善、鼓励与欣赏、严明与求实的

---

① [美]帕梅拉·博洛廷·约瑟夫,等.课程文化[M].余强,译.杭州:浙江教育出版社,2008:196.
② [美]帕梅拉·博洛廷·约瑟夫,等.课程文化[M].余强,译.杭州:浙江教育出版社,2008:18.
③ [美]约翰·杜威.我们怎样思维[M].姜文闵,译.北京:人民教育出版社,2004:112.

评价机制及导向,建立有共同价值愿景的教师集体精神生活。"①在这里我提出一个系统的幼儿园情感教育课程文化反思性框架,通过这一框架,我们来审视幼儿园情感教育课程文化的含义及其所隐含的政治、思想、社会、文化、道德、法制等观点,以及有关学前教育学的所有显性情感教育课程实践和内在的情感教育价值信念。

(一) 幼儿园情感教育课程文化反思性框架

学前教育工作者有责任创设一种幼儿园情感教育课程文化,促进学前儿童情绪情感的发展,培养学前儿童情感教育能力。

幼儿园教师应明确"关怀学前儿童情感与心灵发展"的课程信念,并从理念层面、实践层面、技术层面进行系统思考、联通对话与分析透视,把幼儿园情感教育课程文化的构筑作为未来幼儿园课程建构与实施的重要内容。从精神文化角度看,这是对幼儿园情感教育的信念价值进行文化维度的确认,是教育者共同讨论、思考、明确幼儿园情感教育课程文化探究线索;从制度文化看,这是聚焦当前学前教育需要反思的情感教育忽视问题,是寻找幼儿园情感教育课程文化的建构路径。具体而言,幼儿园情感教育课程文化反思性框架见表3-10。

表3-10 幼儿园情感教育课程文化反思性框架

情感教育课程 探究线索	情感教育 问题反思
信念	园长、教师、班主任及家长的情感教育课程信念及主张是什么?
阐释	哪些观点、理念、陈述概括了情感教育的主要信念?
观点	幼儿园情感教育课程的目标是什么?对幼儿、教师、家长及幼儿园的价值有哪些?
历史	哪些力量、事件、观点、思想影响着幼儿园情感教育?

---

① 朱小蔓.情感教育论纲[M].北京:人民出版社,2005:271.

续表

情感教育课程探究线索	情感教育问题反思
幼儿	学前儿童有哪些情感发展特征？学前儿童是如何进行情感表达的？
家长	家长的信念是什么？家长如何协同幼儿园共同进行学前儿童情感学习？
教师	如何通过园本课程支持学前儿童情感学习？如何提升教师自身的情感修养？
内容	幼儿园课程从哪些维度关注儿童的情感发展？哪些载体能优化情感教育？
情境	幼儿园的情感教育课程环境是什么？如何营造情感环境？
规划	如何围绕学前儿童情感发展规划情感课程？谁参与规划？
评价	如何观察与有效评估学前儿童情感发展？
反思	幼儿园课程如何系统支持学前儿童情感发展？如何培养幼儿的情感能力？

杜威曾说："只要学校本身在精神上能代表真正的社会生活；只要我们所称的学校纪律、管理、秩序等是这种固有的社会精神的表现；只要所用的方法对积极的建构能力有吸引力，允许儿童发表，允许他服务；只要课程的选择与组织能提供材料使儿童认识他必然在其中起一份作用的世界，认识他必须满足的需要；只要这些目的都达到了，学校就是组织在伦理的基础上。"①也就是说，幼儿园情感教育课程文化的构筑需要从整体上思考。"判断、理解、概念等所有这些都是反省过程的组成部分，反省过程是将一个复杂的、混乱的、不确定的情境转换为一致的、清晰的、决定的或确定的情境。"②即学前儿童情感教育课程的信念、阐释、观点、历史、幼儿、家长、教师、内容、情境、规划、评价、反思等要面向儿童，面向儿童的情感学习、情感经验、情感发展。

---

① ［美］约翰·杜威.学校与社会·明日之学校[M].赵祥麟，等译.北京：人民教育出版社，1994：158-159.

② ［美］约翰·杜威.我们怎样思维[M].姜文闵，译.北京：人民教育出版社，2004：140.

(二) 幼儿园情感教育课程文化特点与元素

幼儿园课程文化至少包括课程的信念、课程的知识、课程实践中的行事方式及幼儿园课程的物质环境和条件,这一切均是课程文化的重要内容,即幼儿园课程文化应该关注每一个层面的内容。① 结合幼儿园情感教育课程文化反思性框架,这里具体概述一下幼儿园情感教育课程文化元素,围绕"重视幼儿社会情感学习(情感课程、情感关系与情感教育机智、情感期待、情感指导)""共同情感教育目标与任务(情感目标明确、共同的情感价值观与信念、情感教学领导)""有利于幼儿情感学习的时空(幼儿情感卷入与责任,情感环境,关系认可与鼓励,幼儿积极的情感与行为,家庭、社会的情感教育支持)"三个维度展开。(见图 3-13)

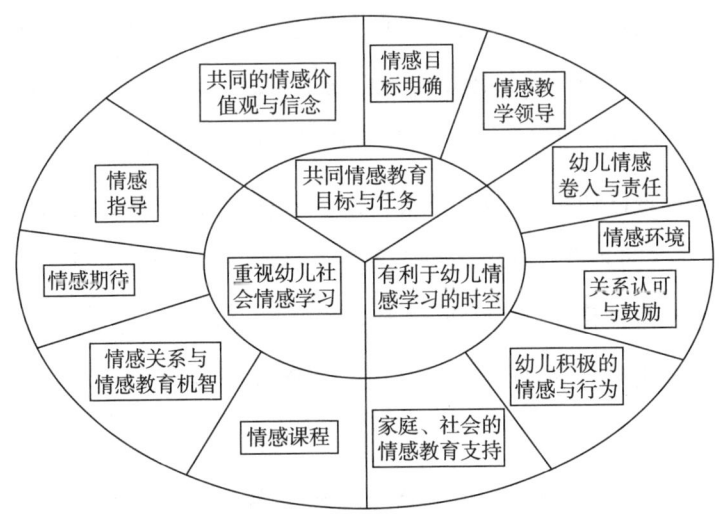

图 3-13 幼儿园情感教育课程文化特点与元素

二、"关怀幼儿情感体验与自我成长"课程文化描绘

关于幼儿园情感教育课程文化的系统分析框架与特征,我的脑海里经常会浮现下面这幅"教育漫画":

---

① 虞永平.学前课程与幸福童年[M].北京:教育科学出版社,2012:287.

星期一到星期五的入园和离园时间，家长都能够在幼儿园或班级的布告栏里，看到教师是如何提供与设计适宜性游戏材料的；看到一日生活中幼儿是如何解决情感冲突等问题的；感受到每个小朋友都有兴趣、有勇气、有机会通过多种方式表达自己的情感冲突、困惑、矛盾；看到孩子们通过与教师、同伴互动，在获得合适的解释与帮助后释然、会心一笑……真正体会到每天孩子们都在悄悄地发生着变化，或者说实现着自我教育……

我们发现，教育不仅仅是通过"正式"的讲授、告知、训练来完成的，很多"非正式"教育时刻也在影响着孩子们的认知、情感、意志与行动。我想这样的教育场景就是"关怀幼儿情感体验与自我成长"课程文化的具体展现。我期望每个教师、家长、幼教工作者都能够完全投入到这种情感教育学习过程中，着迷于了解学前儿童真实情感世界、了解学前儿童情感与道德学习思维，思考幼儿园如何设计情感教育课程。

其实，"关怀幼儿情感体验与自我成长"课程文化，即强调幼儿园情感教育首先应该以幼儿为中心，关注学前儿童的生命情感与心灵，全力激发、尊重、指导学前儿童的情感、智慧和精神。情感是道德教育的基石，当我们的生命情感与自我价值被尊重、被呵护、被激发、被唤醒时，真、善、美就会被充分展现出来。下面我将从以下几个方面进行"关怀幼儿情感体验与自我成长"课程文化诠释。

(一)"关怀幼儿情感体验与自我成长"课程文化的基本观点

朱小蔓教授说："幼儿的启蒙，首先是情感的启蒙；幼儿教育要以情感教育为核心和基础。"[①]"关怀幼儿情感体验与自我成长"的幼儿园情感教育课程文化倡导幼儿园必须指向学前儿童的精神、身体(生命)、心智、情感的全面发展，发展儿童的善与德性及过好正当生活所需要的情感。具体而

---

① 朱小蔓,梅仲荪.儿童情感发展与教育[M].南京:江苏教育出版社,1998:226.

言,"关怀幼儿情感体验与自我成长"的幼儿园情感教育课程文化需明确:

1. 儿童观

学前儿童的身体(生命)、情感、心智、精神是不可分割的统一体,幼儿的世界是情绪和情感的世界,情感作为内在的动力系统,支持学前儿童持续对自我、他人与周围世界不断地进行学习与探索。

2. 教育观

学前儿童需要尊重、信任、宽容、友爱的情感环境,教师、家长应一道奏响同声相应、同气相求的"情感交响曲",让学前儿童与成人一起享受教育的欢乐与幸福。

3. 价值观

幼儿园情感教育课程文化应尊重人与人之间的差异性,鼓励个人与社会采取宽容、包容的态度。

4. 幸福观

"关怀幼儿情感体验与自我成长"的课程文化,遵循的信念是人从根本上是珍爱善良而非邪恶,珍爱富有而非贫穷,珍爱公正而非不公正,珍爱美好而非丑陋,珍爱幸福而非不幸。正如杜威所说的,学校教育不是对生活的准备,它本身就是生活。我们还能找到比"关怀幼儿情感体验与自我成长"更可靠、更关怀人的心灵与幸福,更具情感文明的学前教育将来吗?

(二)"关怀幼儿情感体验与自我成长"课程文化的思想历史

实际上,古今中外教育史上有各种"关怀幼儿情感体验与自我成长"的教育思想,如"以儿童为中心""发现儿童""解放儿童""教育爱""关注儿童情感能力"等。这里我列举几位教育家的情感教育思想。

1. 裴斯泰洛齐:富有情感的教育家

瑞士教育家裴斯泰洛齐认为教育的目的在于发展人性,而人性中最本质的东西,便是对人的积极的爱。"母爱"能激发人与人之间"爱"的情感,使一个人日臻完善,他倡导的道德教育就是"爱"的教育。他在创办的学校中,要求教师热爱儿童,关怀儿童,教师和儿童之间必须建立亲切友爱的关系,这种关系是顺利进行道德教育的必要条件,他在新庄和斯坦茨孤儿院的教育活动是他教育实验成功的范例。他制定"实施爱的教育,激发儿童的良心,培养儿童善良的情感和团结友爱、互助合作的精神。尊重儿童的个性和人格,发展他们的自主精神,让他在生活中自我服务,自己管理自己"[1]。他试图创建像充满爱的家庭一样的学校来培育儿童。

他倡导创建温暖的、安全的学校,以情绪安全和实物学习作为学校教育的基础。"爱、感激、信任和服从的萌芽是母子之间本能情感温和的简单结果,那进一步发展这些萌发了的情感便是人类的崇高的艺术。应该千方百计地使用新方法去激发这些情感,使世界的吸引力与这些情感联系起来,呈现在儿童面前。"[2]他倡导的教学法有两种,"一种是创造一种随意的、情绪上健康的、像家一样的学习环境,在更专业的教育产生之前,这种环境必须处于适当的地位,情绪上使自己获得安全感的教师才能获得学生的信任和爱"[3]。"人类的爱对于成功的教学是必要的。教师不但要熟练掌握教学方法,而且要能够爱所有的儿童。特别是处于危险中的儿童,情绪安全是技能学习的一个必要前提"[4]。他认为改良社会的唯一途径就是发展每一个人的道德和理智能力,通过劳动等方式让学生的头脑、心灵和双手得到平衡发展,要把儿童当作人来尊重,方能进行纪律教育。

2. 福禄贝尔:教育是儿童生活与自我生长的过程

德国教育家福禄贝尔在其《人的教育》《幼儿园教育学》《教育发展》《母

---

[1] 戴本博.外国教育史(中)[M].北京:人民教育出版社,1990:234.
[2] 张光林,张静.大师谈儿童情感教育[M].重庆:西南师范大学出版社,2009:114-115.
[3] [美]艾伦·C.奥恩斯坦,莱文·丹尼尔.教育基础[M].杨树兵,等译.南京:江苏教育出版社,2012:105.
[4] [美]艾伦·C.奥恩斯坦,莱文·丹尼尔.教育基础[M].杨树兵,等译.南京:江苏教育出版社,2012:187.

亲与游戏、儿歌》等著作中都强调：儿童发展的阶段性和连续性的辩证统一，要根据儿童各个时期的能力、兴趣、需要予以启发、引导和帮助。他特别强调儿童在教育中的"自动"，即自我活动或自发活动，并把它作为教育过程的出发点和基本原则。他认为："教育的任务不是传授知识，而是启迪智慧，通过儿童的自我活动、游戏、作业以及各种创造性活动，认识自然或客观世界，认识自己的本性，从而实现内在与外在的统一；促进儿童内在本性的自由、协调、全面的发展，儿童的主动性、创造性和自主精神得以发挥；在这些活动中，儿童获得态度、习惯、能力、意志和品格。"①儿童的自我活动或自发活动是一种自由的、自我决定的活动，它是内驱力驱动下的工作和活动，这种内在动力由个人的兴趣和动机或个人的心理需要所引起。教师应首先承认和保护儿童的自我活动和自发活动，并提供适当的环境和条件，唤起儿童的心理动机。他认为，"游戏是儿童活动的特点，游戏和语言是儿童生活的组成因素，通过各种游戏，儿童的内心活动和内心生活变为独立的、自主的外部自我表现，从而获得愉快、自由和满足，并保持内在与外在的平衡。而且，游戏、作业、绘画、音乐等视、听、做与思维语言结合起来，构成主动又富有创造性的活动过程，有利于促进儿童想象、情感、思维的发展"②。这种关注儿童自我成长的教育理念与教育实践证明，关注儿童自我内在动力发展，有利于培养儿童的观察力、理智感与美感。

3. 皮亚杰：儿童认知与情感发展并行

皮亚杰认为，心理活动是最基本的因素，所有的行为都有其活动的工具和技术，即动作和认知。同时，所有的行为也都要有其动机和目的，即情趣。因此，情感和认知是不可分割的两部分，"在整个儿童期，人的情感发

---

① S. E. Frost: Historical and Philosophical Foundation of Western Education[M]. New York, 1996, P. 372.
② 戴本博. 外国教育史（中）[M]. 北京：人民教育出版社，1990：319.

展和认知发展是一致的"①。情感与认知是并行发展的,儿童在自由的游戏和集体活动中,彼此进行思想交流,产生特有的道德情感,也成为儿童品格形成和发展的重要源泉。

感知运动阶段(从出生到2岁半),"因为在这一期间他建成了所有的认识基础,作为他日后知觉发展和智慧发展的起点,同时还建立了一定数量的基本的情绪反应,这些将部分地决定着他日后的情感"②。这一阶段儿童道德情感发展也经历了一个发展的过程,刚出生时,婴儿情感仅仅与自身的本能反应相关,随着婴儿的生长,他的情感反应与其自身的简单动作直接相关。但是,当认知发展获得"客体稳定性"后,婴儿的情感发展发生了重大变化,"一方面,与客体的构成紧密相关,借助现实的内在一端,开始肯定意识到有一个'自我',以区别于外在的或客观的一端。另一方面,对在和这个'自我'类比之下,把客体视为生动的、有生气的和有意思的东西了。对于人类这个特别不可预测的有趣的客体而言,尤其是这样。乐与愁、成功与失败这些基本感情现在由于人与物的客体化而发生了变化,发展成为人与人之间的情感了"③。

前运算阶段(2—7岁),在此阶段儿童在儿童道德情感发展方面表现出对成人单方面服从的特征。之所以会出现这种现象,在皮亚杰看来"既不像康德所认为的来自法律,也不像涂尔干所主张的来自体现个人的社会集体;它是幼儿和他周围人的感情关系中的一个主要现实"④。在儿童与成人的语言交流过程中,成人无形之中对儿童造成了一种强制与服从的心理限制。正如皮亚杰在《儿童的语言与思维》指出的那样,"儿童对成人说

---

① [瑞士]皮亚杰.儿童的心理发展[M].傅统先,译.济南:山东教育出版社,1982:34.
② [瑞士]J.皮亚杰,B.英海尔德.儿童心理学[M].吴福元,译.北京:商务印书馆,1980:5.
③ [瑞士]皮亚杰.儿童的心理发展[M].傅统先,译.济南:山东教育出版社,1982:35-36.
④ 华东师范大学教育系.现代西方资产阶级教育思想流派论著选[M].杭州大学教育系编译.北京:人民教育出版社,1980:372.

话,首先是把他当作真理的源泉,而不是把他当作具有同等智力的反对者或合作者"。①成人便利用儿童的这样的心理,加强自己的"权威",使儿童在情感方面养成一种顺从心理。

皮亚杰通过对儿童情感发展在道德发展中的作用的研究表明,人的行为是一个整体,"情感构成行为模式的动力状态,而行为模式的认识方面则单独与结构相关。没有一个行为模式(即使是理智的)不含有情感因素作为动机。但是,反过来讲,如果没有构成行为模式认知结构的知觉或理解的参与,那就没有情感状态可言"②。所以,皮亚杰认为任何行为都包含理性和情感的因素,两者是不可分割的。

具体来说,皮亚杰揭示了道德情感在道德发展中的作用有以下几个方面。首先,情感是道德行为的内在激发力量。皮亚杰认为,"情感构成人的行为模式的动力状态,没有一个行为模式是不以情感因素为动机的。作为一种内在的力量,道德情感对道德行为的发生和形成以及对道德行为的控制与调节起着十分重要的作用"③。

其次,道德情感影响道德认知的选择。皮亚杰在研究中发现,同一阶段的儿童由于情感发展的差异,最终做出的道德判断是不同的。情感发展水平高的儿童比情感发展水平低的儿童做出的道德认知选择更加成熟,因为情感具有强化定势的功能,个体以前所获得的体验会对个体产生刺激作用,从而储存在记忆中,再通过个体本身已有经验的同化与顺应作用,形成个体的心理背景。遇到新的情况时,这些情绪体验会经过信息加工与外界寻求一种"平衡",因此积极健康的情感能使道德认知充满活力,消极悲观情绪会压抑人的道德认知能力或把人的道德认知引入歧途,从而使个体作

---

① [瑞士]J.皮亚杰.儿童语言与思维[M].傅统先,译.北京:文化教育出版社,1980:284.
② [瑞士]J.皮亚杰,B.英海尔德.儿童心理学[M].吴福元,译.北京:商务印书馆,1980:132.
③ 戚万学.儿童道德情感培养刍议[J].道德与文明,1986(3).

出不同的道德认知判断。

最后,道德情感是形成道德信念、养成良好道德习惯的必要条件。信念是调节人们行为的一种稳定的、持久的力量。"道德信念是感情化了的认识,它是道德认知与道德情感的'合金'。"① 道德信念下产生的道德行为,不仅体现了个体对道德规则的理性认知,也包含个体对道德规则的情感体验。

4. 玛利亚·蒙台梭利:充满爱的儿童之家

意大利著名幼儿教育家玛利亚·蒙台梭利创办了"儿童之家"。她注重幼儿的生理与心理两个方面的发展。她说:"存在一种神秘的力量,它给新生儿孤弱的躯体一种活力,使他能够生长,教他说话,进而使他完美。"② 幼儿心理发展既有一定的进程,也具有隐藏的特点。"幼儿是一个精神(心理)胚胎,有积极的潜力,能够依靠他的环境,构筑起一个精神世界。幼儿是一种精神的存在。"③"幼儿心理发展有各种'敏感期',使儿童以一种特有的强烈程度接触外部世界。在这时期,他们容易学会每样事情,对一切都充满了活力和激情。"④ 譬如,秩序的敏感期、细节的敏感期、行走的敏感期、手的敏感期、语言的敏感期等,文化、习俗、观念、理想、情操、情感、情绪都是在这些有吸收力的心理时期形成。因此,她强调教育的自由发展环境、有秩序的环境、生机勃勃的环境,为幼儿开拓一条自然的生活道路。"如果儿童没有这种环境,他的精神生命就不能发展,而一直处于虚弱、乖戾和与世隔绝的状态。这种儿童会成为一个不可思议的人。他是不能自助、缺乏智谋的、厌烦的、易于陷入怪念头和非社会化的。"⑤ 而且,幼儿心

---

① 陆有铨.皮亚杰理论与道德教育[M].北京:北京大学出版社,2012:135.
② [意]玛利亚·蒙台梭利.童年的秘密[M].马荣根,译.北京:人民教育出版社,2004:44.
③ [意]玛利亚·蒙台梭利.童年的秘密[M].马荣根,译.北京:人民教育出版社,2004:34.
④ [意]玛利亚·蒙台梭利.童年的秘密[M].马荣根,译.北京:人民教育出版社,2004:52.
⑤ [意]玛利亚·蒙台梭利.童年的秘密[M].马荣根,译.北京:人民教育出版社,2004:164.

理会发生"心灵的神游""心理障碍""依附""占有欲""权力欲""自卑感""恐惧""说谎"八种歧变。教师"所面临的最紧迫的任务,就是去了解这些尚未被认识的儿童,必须去掉自己内心的傲慢和发怒等坏脾性,使自己沉静、谦虚和慈爱。他们应该尊重儿童,理解儿童,与儿童建立一种新的关系,关注其心理情感发展,引导儿童自己去进行活动,理解新教育的基本目的就是发现和解放儿童"①。教育者需要有精神准备,净化心中的爱,通过教育引导,给予儿童爱的情感与力量。

5. 苏霍姆林斯基:把整个心灵献给孩子

苏联著名教育家苏霍姆林斯基认为,情感教育是全面发展和谐教育理论的重要组成部分。培养个性全面和谐发展的人,情感教育是关键性因素,它是融于智育、劳育、体育、美育和德育之中的,也是联系教育发展各个部分的桥梁和纽带。每个孩子的内心都是他们思想、感情和经历的独特世界,教育应找到通往每个孩子心灵深处的通道,学校、教师应该学会用情感教育的钥匙打开每一把儿童"情感之锁"。

苏霍姆林斯基所提倡情感教育中的情感主要是指高级情感,核心是增强精神情感力量(状态)。他认为这种情感力量由许多因素组成,它们是"微妙地交织在一起的",主要包括"理智感""道德感"和"美感"三个内容:"理智感"主要有求知感、惊异感、成功感、自信感;"道德感"占据着苏霍姆林斯基教育理论的主导地位,道德情感的培育是道德教育的一个重要方面,指的是个人对各种事物现象所持的态度,即对各种事物现象的看法、评价和感受,它包括同情感、责任感、义务感、羞耻感、正义感、灵感等;"美感"即美的感受,是审美主体在观察审美对象时所产生的感受、体验、认识和评价,是苏霍姆林斯基情感教育思想另一个重要方面。他认为,必须对儿童

---

① [意]玛利亚·蒙台梭利.童年的秘密[M].马荣根,译.北京:人民教育出版社,2004:154.

进行深入细致而又合情合理的情感教育,情感教育是充满仁爱的教育劳动,有成效的教育必须有情感基础。情感教育与对世界的认识不统一,是造成对知识抱漠不关心态度,并最后导致不想学习的最顽固也是最危险的根源之一。"

6. 马拉古齐:瑞吉欧·艾米莉亚教育取向

瑞吉欧·艾米莉亚教育系统已经发展出一套独特的哲学和课程架构、学校组织方法,以及环境设计的原则,我们统称为"瑞吉欧·艾米莉亚教育取向"。这个教育取向强调系统地培养幼儿的智慧。

倡导创设一个友善的学校。"学校就像是一个永不懈怠、充满活力的有机体,它有其困难、争议、欢乐,也有处理外在干扰的能力,一直追求创造一个和谐的环境,在此环境中的每一个幼儿、家庭及教师们都感到自在。"①在一个充满生机的世界里,家长和幼儿会产生一种归属感。

倡导以关系为基础的教育。把幼儿、教师、家长这个重要的"三角关系"作为和谐学校建立的基础,让三者在幼儿园里感觉像在家一样,在合作过程中产生更高水平的和谐。大家修正沟通技巧,共同参与、探索、创造,并保持开放的心胸,在情感沟通互动过程中获得满足感。评鉴幼教课程质量特别关注师幼关系,"瑞吉欧·艾米莉亚教师与团体的互动关系建立在幼儿的学习、计划与想法上,以及彼此感兴趣,且受到最低限度的规则与日常例行活动的限制,这一课程便富有智慧与活力"②。这些幼儿因为被尊重、信任、包容,而生活在一个"情感富有"的世界里。

7. 鲁道夫·施泰纳:教育应培养儿童面向未来的情感能力

鲁道夫·施泰纳是奥地利的教育家,他于 20 世纪初就创办了华德福

---

① [美]爱德华兹,等.儿童的一百种语言[M].罗雅芬,等译.南京:南京师范大学出版社,2006:61.
② [美]爱德华兹,等.儿童的一百种语言[M].罗雅芬,等译.南京:南京师范大学出版社,2006:35.

学校,如今全世界很多国家都创立了华德福学校。华德福学校的教育哲学是以很强的情感与道德精神作为出发点,主张故事、艺术与运动统合到相应年龄的学生的课程中,主张教师连续数年教一群相同的学生(有时可长达8年),这有助于在学校里复制家庭和社区氛围,有助于为发展安全感和培养情感创造最佳条件。华德福学校的这些实践思想正在世界范围产生影响,学校数量不断增多。我曾经在华德福幼儿园学习,深刻体会到教师对孩子的充分尊重、信任,在安静而又充满爱的情感氛围中体会幼儿的学习与成长。一位在华德福学校连续工作30年的教师,向我系统讲述了如何做好学校、班级情感教育,并用案例说明从幼儿园开始情感教育对幼儿成长具有重大意义。

通过追溯与回顾7位教育家的思想,我们发现他们都坚定爱与智慧的信念,都倡导在自由与充满爱的情感环境中,关注教育过程中儿童的情感体验,关注儿童的自发、自主与自我成长。这些教育思想一直在引领我们如何探索新时代幼儿园情感教育课程文化建构的新路径,也为我们构筑"关注幼儿情感体验与自我成长"的课程文化提供了理论依据。

(三)"关怀幼儿情感体验与自我成长"课程信念与实践

新时代教育背景下,信念依然是课程文化的核心。"课程信念是指投入课程实践中的教师、园长对课程的最核心的理念、信仰和立场,这种理念、信仰和立场与教师和园长对课程理解、期待和旨趣有关。幼儿园的课程信念取决于教师和园长对课程、幼儿及对自己的理解。"[1]带着情感教育信念进行幼儿园课程实践,是回归教育者与受教育者主体情感发育与成长的本质思考。"关怀幼儿情感体验与自我成长"的课程信念特别强调:为了让每一个幼儿身心健康、和谐、完整发展,课程应以幼儿拥有健康的情感能

---

[1] 虞永平.学前课程与幸福童年[M].北京:教育科学出版社,2012:288.

力、人格完满发展、自我幸福成长为目的。这是一种发展取向的课程文化信念,是有生长动力和根基的,它既关注幼儿的行为,也关注教师的行为,指向幼儿园情感文明的发展文化。

学前儿童是具有活力、智慧的人,他们需要关爱、安全、理解、宽容、悦纳和生活指导,需要通过学习来不断建立对自我的认识,不断理解情感的价值,并学会表达情感。学前儿童通过情感体验—情感经验—情感表征三个不断循环的情感与社会学习过程完成其"生命与情感的旅行"。

幼儿园教师是情感教育的指导者,更是幼儿园课程的建构者与实施者,极为重要的是,教师需要做好情感教育课程工作的时间预算。他们与同事、家长等结成团队,让有益于情感教育课程的相关人员加入进来,一起探索;他们对课程进行情感叙事性反思,参与一些情感专业项目研究,撰写关于情感教育课程研究的个人或集体项目计划;他们通过自身情感学习与觉醒,赋予自己作为情感教育指导者"资格",形成"关怀幼儿情感体验与自我成长"课程文化的自觉;他们拥有情感教育理想信念、有道德情操、有情感教育学识、有仁爱之心,充满热情,对知识不懈追求,努力激发每个幼儿的潜能与经验;他们在一日生活中敏锐觉察与回应学前儿童的各种情感需要,积极探究幼儿园情感教育的机制与方法,成为情感教育课程的研究者与实践者。

另外,幼儿园教师可以作为幼儿的"情感教练"[①],教师拥有识别幼儿情感的能力,并将情感发生的情境作为教育的机会,能够通过与幼儿共情,运用同理心倾听确定幼儿的情感,帮助幼儿运用正确的语言来描述自己的情感经验,引导幼儿进行情感恢复与调适。"高情商"的幼儿园教师能够建设性地处理消极情绪,对培养幼儿的"高情商"有持久的影响力。"好教师

---

① [美]威廉·鲍威尔,[印尼]欧辰·库苏玛-鲍威尔.做一名高情商教师[M].张园,译.北京:教育科学出版社,2015:194.

如同好父母,通过提供安全的基地,教师能够创造出让幼儿大脑运作最好的环境。"①

课程信念不是空洞的说教,教师作为情感教育指导者,需要在长期实践中,通过专业的、精细的工作,将自己的发展与整个幼儿园课程的发展联系起来,有强烈的情感教育意识与情感教育目的,形成情感课程信念。幼儿园教师在自己的幼儿园实践工作中需要思考"为什么幼儿的情感发展至关重要?""对幼儿而言,需要学习哪些情感内容?""如何对幼儿的情感发展进行有效指导?"等几个根本问题,并进行自我回答。教师必须要在实践过程中完善课程信息,长期持续地对情感教育实践认知、情感互通的过程进行建构与思考。

当然,幼儿园情感教育课程构建与实施也会促进教师进行情感学习,提升其情感教育课程意识与能力,完善其情感素养与和谐完整人格。反过来,教师进一步通过学习形成情感教育课程文化信念,不断地建构自己的认识,真正做到"信我所教""信情而教"。

(四)"关怀幼儿情感体验与自我成长"课程内容和情境

1. "关怀幼儿情感体验与自我成长"课程内容

"关怀幼儿情感体验与自我成长"课程强调"以幼儿的兴趣为依据、经验为起点"确定课程内容,在实践中,最大限度地鼓励幼儿参与讨论,创造与表达,强调幼儿在生命早期建立积极的自我概念、不断完善自我意识、理解情感的调适与控制,同时,提升其安全感、信任感、责任感、尊严感、控制感、自主感等。

这一课程文化在内容上关注游戏、探究、运动、艺术与审美、劳动与服务五大类,培养学前儿童的理智感、美感与道德感。

---

① [美]威廉·鲍威尔,[印尼]欧辰·库苏玛-鲍威尔.做一名高情商教师[M].张园,译.北京:教育科学出版社,2015:148.

(1)"游戏"类课程

"游戏对所有年龄、地区和文化背景下的儿童的健康发展和学习都是至关重要的。游戏能使儿童理解周围的世界,建立对社会和文化的理解,使儿童能够表达他们的思想和情感,培养变通能力与反思思维,提供面临与解决真实问题的机会,提升语言能力、读写技能和思想。"[①]通过游戏角色、材料、规则、想象、扮演、重复等多个环节与方式,儿童学会理解、控制、管理自己的情感。正如维果茨基(Vygotsky,1978)所说,游戏为儿童在所有领域更高能力水平的发展提供了支架。支架在检验教师在游戏中的角色定位时也起到了很重要的作用。"关怀幼儿情感体验与自我成长"课程文化,倡导幼儿园教师作为合作者、指导者、观察者、倾听者、应答者、参与者等角色,运用游戏整合五大领域课程,充分支持儿童在游戏中发展情感学习能力、情感觉察能力与情感表达能力,落实幼儿园课程游戏化精神。

(2)"探究"类课程

"探究"类课程在内容上会为儿童提供不断尝试、认知的机会,使学前儿童有更多的选择,会更容易满足其多元的变化与需要,更容易提升其跨学科探究能力,提升其理智感。

(3)"运动"类课程

"运动"类课程的内容是最好的情感教育载体。幼儿园应为学前儿童提供不同类型的体育运动项目,提供不同的运动机会,提供充足的运动场地。

(4)"审美与艺术"类课程

"审美与艺术"类课程在内容上明确审美发展是个人整体发展的重要组成部分,把艺术作为情感教育课程内容的基本部分。该类课程为学前儿

---

① [美]伊森伯格,等.创造性思维和基于艺术的学习:学前阶段到小学四年级(第5版)[M].叶平枝,杨宁,译.北京:高等教育出版社,2012:39.

童提供视觉艺术、表演艺术和文学艺术活动机会,使儿童有机会绘画、唱歌、表演、造型、写作等,激活学前儿童参与艺术创造和艺术作品欣赏的敏感性。这些为学前儿童识别理解情感、描述情感、表达情感等提供重要载体,更重要的是,让学前儿童能够在审美与艺术体验过程中,展现情感的力量。

(5)"劳动与服务"类课程

"劳动与服务"类课程是幼儿园、社区、班级等为学前儿童提供的必需课程。做好劳动与服务是发展幼儿情感体验,促进儿童自我成长的重要课程。人们期望他们为自己和他人的福祉承担越来越多的责任,提升其尊严感、责任感与道德感。

2."关怀幼儿情感体验与自我成长"课程情感环境

幼儿园情感教育环境既包括显性的物质环境、制度环境与精神环境,又包括幼儿园、家庭、社区等不同场域的情感环境,对于幼儿园情感教育课程文化视域下的情感环境,还需要幼儿园对几个场域的不同意义进行诠释。正如帕克所认为的,"描绘学校需要三种方式,他把学校形容为'一个模范家庭''一个完美的社团''一个萌芽期的民主政体'"[1]。在"关怀幼儿情感体验与自我成长"的课程文化框架内,前面所说的五大类课程内容必须是经过精心设计的。当然,也要做好对这些幼儿园课程内容的整合与协调,通过幼儿园课程情感环境系统呈现幼儿园情感课程信念。

同时,"健康的学校文化都有很强的关系型信任。教师、管理者、学生和家长都理解他们各自的角色和责任,也知道这些因素如何相互作用。他们也相信其他人都对彼此的关系既有明确的要求也有隐含的期望"[2]。在

---

[1] [美]帕梅拉·博洛廷·约瑟夫,等.课程文化[M].余强,译.杭州:浙江教育出版社,2008:100.
[2] [美]威廉·鲍威尔,[印尼]欧辰·库苏玛-鲍威尔.做一名高情商教师[M].张园,译.北京:教育科学出版社,2015:164.

健康的幼儿园文化氛围中,教师需要建立一个充满信任的情感型课堂。教师在一日活动中做出的每一个决定都在一定程度上涉及尊重、能力,而这些就是确定人是否值得信任的标准。相反,在消极的、不信任的关系中,往往会存在防御、阻碍、批评和蔑视四个具有破坏性的方面。"教师积极倾听为一日活动确定了一个相互尊重和信任的基调,在教育教学、游戏过程中,教师在个别幼儿与集体面前,传达出我在听你说,我理解或者我努力去理解你,我关心你和你所讲的内容。"①这种倾听会增强幼儿的荣誉感和自尊。正如佐藤学所说:"挑战学习的儿童是灵动、高雅而美丽的。"②在情感课程环境下,教师与幼儿在相互积极倾听的情感关系里,借助于心心相印的交流,在交响的教育情景中形成相互倾听、关心的润泽氛围,柔软的声音与柔韧的身体促进着个体与个体的交流,为合作学习、探究学习的活动提供了准备,完成同新世界的"相遇与对话"。

(五)"关怀幼儿情感体验与自我成长"课程规划和评价

1. 幼儿园情感教育课程规划基础

幼儿园情感教育课程规划需要充分考虑3—6岁儿童情感发展趋势,了解学前儿童情感发展特征,明晰学前儿童家庭与幼儿园情感教育现状,聚焦幼儿园情感教育的核心问题。教育者通过问卷调查、访谈、观察等了解学前儿童基本情绪的情感需要,以及在一日生活中存在的认知、情感、思想困惑和遇到的关键事件。幼儿园在办园目标与育儿目标体系下,紧密围绕学前儿童生命情感与自我价值的课程文化精神,规划幼儿园情感教育课程的目标、内容、组织与实施、评价,搭建幼儿园情感教育课程框架,思考幼儿园情感教育课程建构实施的主要路径、方法等。

---

① [美]威廉·鲍威尔,[印尼]欧辰·库苏玛-鲍威尔.做一名高情商教师[M].张园,译.北京:教育科学出版社,2015:176.
② [日]佐藤学.教师的挑战:宁静的课堂革命[M].钟启泉,陈静静,译.上海:华东师范大学出版社,2012:9.

2. 幼儿园情感教育课程规划过程

幼儿园情感教育课程规划,需要教育主体共同谋划、协同思考、整体参与。家长、教师、课程专家等相关人员共同讨论、共同审议制订幼儿园情感教育课程计划,并从不同的侧面提出课程规划的目标、内容、组织与实施、评价等。同时,要根据课程发展变化进行不断的协商、对话、讨论、修订。幼儿园教师要全面参与课程规划设计与实施过程,如通过小班、中班、大班不同主题教育活动实施,明确情感教育课程思路,从横向、纵向两个维度展开对话,提升自我在课程实施中的领导力。

3. 幼儿园情感教育课程评估

在"关怀幼儿情感体验与自我成长"这一核心价值引领下,幼儿情感发展、情感课程与情感教育课程评估其实是三个相互交织的内容,即幼儿的亲社会行为和情绪控制,课程实施,对儿童个体、集体的社会互动、情绪性质和控制的评价。譬如对幼儿自我概念、情绪情感调节、情感表达等方面以档案袋、教育叙事等方式进行表现性评估是重要的评估方式。

(六)"关怀幼儿情感体验与自我成长"课程实践的困难

"关怀幼儿情感体验与自我成长"的幼儿园情感教育课程文化,无论对幼儿园的集体教学,还是游戏活动、区域活动都有许多高期待、高要求。它要求幼儿园教师不断学习、主动学习,成为走进学前儿童生命、情感、心灵的人,积极回应学前儿童的情感需求,成为指导学前儿童的重要他人,作为学前儿童的情感教育榜样。也就是说,在"关怀幼儿情感体验与自我成长"的课程文化里,教育者需要具有"整体儿童""完整儿童"的教育理念,要拥有"高情商",学会与学前儿童进行充分的情感互动,能够把学前儿童当成社会的、情感的、理性的、现实的复杂个体,需要承认学前儿童的游戏化学习方式。

要想在这样的情感课程文化中成功地教学,幼儿园教师必须关注幼儿的情感状态,学习创设一种充满生命情感和道德精神的氛围,尊重并支持学前儿童自己提出问题、自主选择游戏材料、自主想象与创造,并能在师幼与同伴互动过程中,积极回应幼儿的所有问题。幼儿园教师要走进儿童情感世界,了解、理解儿童,系统地通过一日活动所有环节完成情感教育与生活指导。幼儿园教师"能够提出具有基于儿童经验的问题,并能够超越儿童经验进行讨论与指导。即把儿童已有经验、情感体验和他们的认知、情感、社会、精神方面的生长机会匹配起来"[1]。因此,幼儿园和班级都应该拥有丰富的情感教育资源,并能够充满创意地在实践中利用资源,这也是幼儿园情感教育课程实施过程中面临的严峻挑战。

对幼儿园教师来说,还有一个困难就是自身的课程领导力不足,接受、领会与落实情感教育课程文化会困难重重。因为关怀幼儿情感体验与自我成长,不仅仅需要幼儿园教师拥有并擅长使用教学法,也不仅仅是笼统的教育艺术问题。幼儿园情感教育课程文化,是一种错综复杂的教育体系共同认同的精神价值,包括幼儿园课程内容、教学技术、教育评估、管理制度、情感评估,甚至还包括做好家庭、社区的联系、合作与指导。这对学前教育教师来说,幼儿园情感教育课程文化还存在非常多的困难,幼儿园情感教育课程实施存在主观化与经验化问题,因此幼儿园情感教育课程文化构筑,还有很远的路要走。但是,幼儿园觉醒情感教育是学前教育思想与制度历史演进的结果,也是学前教育经验逻辑统一发展的结果。幼儿园课程建构与实施必须要关注学前儿童的情感发展、性情培养与社会人格的培养。

（七）"关怀幼儿情感体验与自我成长"课程的批评

作为幼儿园情感教育课程文化,"关怀幼儿情感体验与自我成长"秉持

---

[1] [美]帕梅拉·博洛廷·约瑟夫,等.课程文化[M].余强,译.杭州:浙江教育出版社,2008:103.

着"儿童本位""儿童中心"的教育立场。情感教育在学前教育领域,也遭到批评与质疑,一些人认为,情感虽重要但让人琢磨不透,而且情感包含在健康、科学、社会、语言与艺术领域里面,难以单独说清楚。而我想说,无论是从领域教学还是游戏化的视域看,学前儿童情感教育都需要专门进行,但我也从不否认情感与领域学习是相协调、相融合的,前文已明确这一论点。在学前教育阶段,我们已将太多的理性教育内容"浇灌"给了学前儿童,但学前儿童连基本的自我生命认知与保护、基本的情感冲突与解决能力都欠缺,我们还在强调测量、约束、规训,重视教化与"灌输",不能对儿童生命、情感与道德世界做出诠释。还有一些人会说,不需要专门提出幼儿园情感教育课程文化,应该在整个幼儿园课程文化中来谈情感教育,我也十分赞同这样的理念。但是我们发现,这很难实现,它比我们专门倡导关怀幼儿情感体验与自我成长更难以实现。因此,我甘愿冒着被批评的危险,极力提出幼儿园需要明确"关怀幼儿情感体验与自我成长"课程文化构筑,学前教育不能仅仅靠文件精神、仅仅靠成人认为重要的活动来进行,或者说,幼儿园若要完成其"幼有所育"的使命与责任,首要是走进幼儿的生命情感世界,注重其情感品质与自我价值培养,不然恐怕会竹篮打水一场空,这也是每一位家长以及幼教工作者不忍心看到的。

至此,我们就结束了对幼儿园情感教育课程行动的思考,我们已经讨论了诸多关于幼儿园情感教育课程问题,真心希望幼儿园能够把情感教育课程作为当今幼儿园情感教育乃至整个学前教育的重要组成部分,这对幼儿、家长、教师、幼儿园皆有重要意义。

本章小结

本章从幼儿园课程的情感教育价值之思入手,针对幼儿园情感教育课程对幼儿的情感认知、技能、行为与社会性发展的价值进行了阐述,明确了幼儿园课程设计与实施的情感教育依据,进一步明确了幼儿园情感教育课程建构必须关怀幼儿情感与心灵的课程理念、系统化实施幼儿园情感教育课程、营造与完善幼儿园情感环境、实施幼儿情感发展观察与评价。

本章介绍了五所幼儿园的情感教育课程建构与实施的案例,用理论与实践结合的方式厘清了幼儿园情感教育课程的建构与实施原理,阐释了幼儿园情感教育课程文化构筑与儿童幸福的观点,明确了幼儿园情感教育课程文化反思性框架与文化元素特点。

本章以"关怀幼儿情感体验与自我成长"幼儿园情感教育课程文化为例,系统阐释了幼儿园情感教育崇尚的关注学前儿童情感体验与自我成长的基本观点,关注教育思想历史流变与个性化幼儿园的情感教育,对学习者和教师、幼儿园情感教育课程内容和情境、课程规划和课程评价、课程实践的困难与批评进行描述分析,此外还详细论述了幼儿园情感教育课程文化构筑的基本信念、实践、思路与具体实践方法。

第四章　学前儿童的情感发展与行为观察、记录和解释

对幼儿进行细心观察的结果,应该与考试的分数一样被当作真实可靠的东西。

——[苏]列维·维果茨基

若要对幼儿进行科学、适宜的教育,首先需要学会观察幼儿。通过对幼儿进行观察获得对其身体、语言、情感、认知、社会性及创造力发展的较为系统的数据。通过这些数据,家长、教师达成对幼儿发展的共性理解。幼儿的发展是持续的过程,遵循相对固定的阶段和顺序,但发展速度是不同的,其发展速度,取决于自身、家庭、幼儿园教育等因素的影响。观察幼儿,除了让教育者对幼儿的发展有一个客观认识,还有两个重要的价值:一是幼儿园根据观察所得数据,制定科学的课程计划;二是便于家庭与幼儿园通过观察对幼儿进行评价。

社会心理学研究表明:"情绪会影响判断。好的和坏的情绪会激起个体对与之相关经历的回忆。情绪会给我们对当前经历的解释着色。通过分散我们的注意力,情绪还会影响我们做判断时思考的深度和效率。"[1]因此,幼儿园需要了解幼儿在一日活动中情绪情感的变化,特别是通过观察,充分了解幼儿情绪情感的发展变化,在观察的过程中进行记录和解释,进

---

[1] [美]戴维·迈尔斯.社会心理学(第11版)[M].侯玉波,等译.北京:人民邮电出版社,2016:100.

而提出或调整相应的教育与指导计划。在此我们需要明确两个问题。

一是为什么用观察法研究学前儿童情感发展最合适。虽然研究幼儿的方法有很多,但对幼儿情感发展来说,最有效的就是观察法。因为幼儿还无法用语言完整地表达自我,更无法做到用语言来表达自己的情绪情感,因此,采用直接的观察法最为合适。另外,幼儿通过活动表现自己,不会隐藏自己的情感和想法,教师通过观察可以得到准确的幼儿情感发展信息。在此介绍"频率计算——记录幼儿的社会性/情绪方法"[1](见表4-1)。

表4-1 幼儿社会性/情绪频率计算观察表

频率计算	日期_____ 记录者_____	
观察幼儿,当其表现出亲社会或反社会行为时,在其名字旁边的栏内做记号。		
幼儿姓名	亲社会行为: 帮助、分享、拥抱、用亲昵的称呼喊其他孩子	反社会行为: 伤害、隐藏、叫人外号、拒绝其他孩子

---

[1] [美]芭芭拉·安·尼尔森.一周又一周:儿童发展记录[M].叶平枝,等译.北京:人民教育出版社,2011:590.

续表

合计		

幼儿园教师按照幼儿的学号或者姓氏字母顺序来列表,在自由活动时间观察幼儿半小时,罗列幼儿的行为,并在旁边行为栏内做出记号。然后教师对幼儿的观察情况进行整理分析,制作班级幼儿情绪情感观察档案,为集体教学过程中的师幼互动做参考,也可以与幼儿、家长进行分享,引导家长一起观察与记录。下面,我将阐释积极情感与消极情感如何进行轶事记录和教育反思日志记录(见表4-2,表4-3)。

表4-2 幼儿情绪情感发展轶事记录

情绪情感发展			
记录位置_____		记录者_____	日期_____
积极情感			
自尊	班级档案		
关爱	档案袋		
高兴	档案袋		
兴趣	档案袋		
幽默	档案袋		
……			
消极情感			
忧伤	班级档案		
愤怒	班级档案		
攻击	班级档案		
害怕	班级档案		
……			

表 4-3 幼儿园教师关于幼儿情绪情感发展反思日志或记录

幼儿情感观察状况	我的做法
幼儿整体情感状况	我发现…… 我的看法…… 我的成功与失败之处,原因是…… 我还可以尝试……
幼儿个别情感状况	我发现…… 我的看法…… 我的成功与失败之处,原因是…… 我还可以尝试……

幼儿园教师根据上述频率计算观察、轶事记录、反思日志了解班级幼儿情绪情感发展状况,然后对资料进行解释与分析,最后将研究成果应用到情感课程的实施中。

教师还可以把幼儿情绪情感的观察研究结果写成案例、论文或著作。当然,更重要的是,通过观察,教师了解班级儿童情感发展的基本情况,与幼儿、家长一起探究情感话题,学会理解情感、表达情感、多维度进行情感教育行动。

二是观察学前儿童的情感发展具体内容有哪些。观察幼儿的情感发展需要细化具体观察内容,幼儿园教师根据这些细化的情感发展内容进行连续性观察,把观察到的信息记录下来,综合了解幼儿的情感发展状况,并根据其情感发展状况判断幼儿情感发展的基本状况与特点,制定情感教育方案。

当然,因为幼儿园教师的知识结构、个人情感敏感性、工作经历等方面的差异,我们可以鼓励他们使用一种"兼容""综合"的情感教育研究方法,如拍照片法、录像法、绘画法、游戏法、讲故事法、马赛克法等。但是,"在我们的文化语境下,运用观察法过程中也会包括这些具体操作方法,譬如,马赛克法就具体包括叙事观察、早期儿童绘画、角色扮演、与家长及关键人物的会谈、摄影和徒步旅行等"①。有人也觉得绘画法作为评估幼儿情感的工具非常合适,因为绘画可能是学前儿童表征其感情、探索和学习的一种强有力的手段,但是,绘画法的使用要求教师具有较强的绘画作品分析能力。

不管怎么样,对学前儿童一日活动中情感发展进行观察、记录,其实是让幼儿的情感发展看得见,了解幼儿情感发展的"寻常时刻"。"它是占据儿童一天中绝大部分时间的时刻,当一天结束时,寻常时刻就构成了儿童的生活经历"②。幼儿园教师参与幼儿的情感学习与教育指导,进而根据幼儿情感发展情况制订学前儿童情感教育指导计划,践行学前儿童情感教育理念,实现学前儿童情感教育目标,提升学前儿童情感教育效能。

第一节 学前儿童自尊的观察、记录与解释

人从出生开始,就开始了寻找自我的漫漫旅程。学前儿童在寻找自我的过程中,逐渐成为一个完整的自我,有自己的性情、个性和价值观,有自己独特的身体、认知、语言、社会、情感和创造力。③

——[美]Janice J. Beaty.

学前阶段,"儿童明显地表现出自我意识性情绪,这是一种反映社会规范意识和知道他人关注这些规范遵守的一种情绪状态。譬如,内疚、羞耻、

---

① [英]Penny Mukherji,Deborah Albon. 早期儿童教育研究方法[M].郑明福,费广洪,译.北京:高等教育出版社,2012:192.
② 朱家雄,张婕,邵乃济.纪录,让儿童的学习看得见[M].福州:福建人民出版社,2008:5.
③ [美]Janice J. Beaty. 幼儿发展的观察与评价(第7版)[M].郑明福,费广洪,译.北京:高等教育出版社,2011:67.

尴尬和自豪等"①。为什么把自尊作为幼儿情感发展的重要、具体内容呢？因为自尊是情感发展的核心内容，自尊对人的行为和认知有重要的影响。"自尊是对自我价值的整体认识，影响我们如何评价自己的特点和能力。我们的自我概念由很多因素所决定，包括我们扮演的角色，我们所做的比较，我们的社会同一性，我们如何知觉别人对我们的评价，以及成功和失败的经历。"②

一、学前儿童自尊的发展

自尊一般与自我概念、自我形象等词通用，核心指向的是自我（self）。"自尊一般有两个维度的内容：一是个体的自我形象，具体指个体对自己的外貌、性别、种族、在家庭中的地位和自己能力的看法，自我形象是描述性的；二是个体对自我形象各个方面的情感评价，包括对自己的外貌、性别、在家庭中的地位和各种能力的感受。学前儿童需要感受到自己是能干的、重要的、成功的和有价值的。幼儿需要通过与周围人交往、通过对自己及自己能做什么的判断，来获得这种自我价值的感受。"③自尊的形成需要经历一定的过程，随着学前儿童的身心发展变化与成长，自尊慢慢地建立起来，自尊形成之后，会变得比较稳定。

学前儿童的自尊在一定程度上是能够培育的。幼儿园教师可以在一日活动中关注幼儿自尊的发展与形成，明确幼儿自尊的发展变化，找到个体情感发展的特征、变化趋势，做好日常的引导、支持工作，做好家园沟通、共育工作，助力学前儿童形成健康、坚定的积极自我意识。

---

① [美]特里萨·M.麦克德维特，等.儿童发展与教育（上册）[M].李琪，等译.北京：教育科学出版社，2007：485.
② [美]戴维·迈尔斯.社会心理学（第11版）[M].侯玉波，等译.北京：人民邮电出版社，2016：55.
③ [美]Janice J. Beaty.幼儿发展的观察与评价（第7版）[M].郑明福，费广洪，译.北京：高等教育出版社，2011：68.

二、学前儿童自尊的观察与发展检核表

幼儿园教师在一日活动中围绕幼儿自尊发展的具体内容进行观察与记录,做到有目的性的观察,以实现言之有物,教之有法。卢卡斯说:"作为教育者,必须知道怎样观察幼儿,要了解幼儿的现状,明白幼儿遇到什么困难,清楚幼儿需要什么,这才是幼儿所渴求的教育者。"①我相信,每一个幼儿园教师内心都希望做一个被幼儿需要的教育者。

那么,对幼儿自尊的观察,具体有哪些内容呢?我们可以参考运用以下发展检核表(见表4-4)。

表4-4 幼儿发展检核表②

姓　　名: 幼儿园班级: 指导语:在幼儿表现正常的项目上打√,在没有机会观察的项目上写N,其他项目留空。	观察者: 日　期:	
项目	依据	日期
自尊 (　)和主要照料人分离时没有问题 (　)与教师形成安全依恋 (　)能成功完成一项任务 (　)选择活动时无须教师帮助 (　)主动寻找同伴一起玩 (　)在表演游戏中,能自信地扮演角色 (　)自己做事时充满热情		

三、学前儿童自尊观察内容的解释与教育建议

(一)亲子分离认知与行为

1. 观察记录什么

关于学前儿童自尊观察的内容,可以观察幼儿与主要的照料者分离后

---

① [美]Janice J. Beaty.幼儿发展的观察与评价(第7版)[M].郑明福,费广洪,译.北京:高等教育出版社,2011:75.
② [美]Janice J. Beaty.幼儿发展的观察与评价(第7版)[M].郑明福,费广洪译.北京:高等教育出版社,2011:95.

的状态。因为幼儿与最亲近的照料者之间是否形成安全的依恋关系,决定了与其分离后的状态。入园后的分离,会让不同依恋类型的幼儿表现出不同的自我认同感,一般情况下,初次分离都会出现分离的困难,但随着生活的多元化,有的幼儿对与父母分离已经"习以为常",有的会拉住家人不放,有的很快和同伴开始一起游戏,有的需要教师的鼓励才逐渐进入集体游戏状态,有的会哭哭啼啼,也有个别幼儿表现出退缩行为。

因此,幼儿园教师需要掌握幼儿与家人分离后的多元表现,帮助不能够顺利适应幼儿园的幼儿克服入园焦虑。

2. 教师教育行为支持策略

观察幼儿的目的是了解、理解幼儿行为背后的原因,然后给予幼儿适当的帮助与引导。对于幼儿与家人分离后的自我意识(自尊)培养,幼儿园教师可以在以下几个方面进行支持与思考。

第一,适当提前家访,熟悉儿童。提前家访是幼儿园教师在入园前的重要教育环节。教师能够有目的、有准备地与幼儿进行第一次会面,能让幼儿对教师有初步的印象,不至于在完全陌生的环境中无所适从。所以,在开学前的一两周内进行家访,增强师幼之间的熟悉度,有助于减缓幼儿的入园焦虑,教师可以在家长、幼儿同意的情况下与幼儿进行合影,也可以在幼儿家里拍几张照片,为后面班级里的环境布置做准备。

第二,营造温馨氛围。班级里温馨的情感氛围,会让幼儿感觉放松,班级中的玩具和材料最好是经过精心布置的,这有利于幼儿与环境互动,顺利融入班级生活中。

第三,允许儿童携带依恋物品。对于个别有分离焦虑的幼儿来说,总是需要一段时间才能完全放下顾虑。我们应允许幼儿携带家庭中的依恋物品让其在一日生活中寻找到安全感,特别是在午休的时候,能够安稳入睡。幼儿也可以借此与同伴交流,如自己为什么最喜欢这个物品。

第四,在言语与行为上悦纳幼儿,帮助幼儿建立归属感。幼儿入园前的自尊主要受其家庭成员的影响,到了新的环境,幼儿园教师、同伴的言语与行为,都会影响幼儿的自我意识。比如,"老师非常喜欢你们,愿意和你们一起玩儿,愿意待在你们身边,愿意陪着你们……"这种充满力量的言语,会让幼儿产生被接纳、被爱的感觉。

(二) 师幼安全的情感依恋

一般来说,"如果幼儿有了信任感,就能够将这种爱的感受从父母身上延伸到教师身上"[①]。有安全感的幼儿,会更容易相信教师,相信自己也值得被教师关爱,他们能够主动接受与寻求教师的帮助,对教师产生了悦纳、认可、信任的情感。

1. 观察记录什么

幼儿与教师之间是否建立起安全的情感依恋关系,不仅取决于教师的行为,还要看幼儿的言语与行为表现。譬如,幼儿是否愿意主动请求教师帮助自己?是否愿意接受教师的帮助?不舒服的时候是否接受教师的安慰?是否经常主动地把开心与不开心的事情与教师分享?是否在一日活动中按照教师的要求游戏?是否在言语、眼神等方面愿意接近教师?是否愿意与教师表现出亲昵的言语与非言语行为?等等。这些都可以成为判断幼儿与教师是否形成安全依恋关系的依据。特别是那些在家里未形成亲子依恋关系的幼儿,他们在这几个方面会表现得不同,不太容易与教师建立友好、认同的关系。

2. 教师教育行为支持策略

第一,传递热情,亲切关爱。教师首先要相信幼儿能形成安全依恋。即使早期缺乏安全依恋的幼儿,教师也可以弥补这种依恋的缺失。其次,

---

① [美]Janice J. Beaty. 幼儿发展的观察与评价(第7版)[M]. 郑明福,费广洪,译. 北京:高等教育出版社,2011:75.

幼儿园教师要让幼儿感受到教师对自己的关心。教师需要了解幼儿的喜好，为幼儿创设温馨的环境，与幼儿建立起亲密的情感关系。

第二，言语安抚，甜蜜关心。幼儿园教师的言语会因为甜蜜而有力量，因为专业而有效能。特别是对那些没有形成安全依恋的幼儿来说，教师需要通过甜言蜜语、温暖的拥抱等，对幼儿表达关心，每天能坚持对幼儿的言语和非言语行为进行关注，让幼儿感受到被关心、被肯定、被爱护，进而建立自我安全感、获得感、价值感。

第三，参与游戏，紧密关怀。幼儿当然最希望教师能够与他们一起玩耍，在过程中用不同的方式告诉老师，自己哪里最棒，更重要的是在活动中希望老师能够关注到自己。教师需要与幼儿一起进行游戏活动，让幼儿觉得教师非常愿意与自己一起玩，非常关心他们，这能消除个别幼儿的不安全感。

(三) 成功地完成有挑战性的任务

1. 观察什么

在一日生活中，教师帮助幼儿成功地完成一项任务，可以让幼儿感受到自己是有能力的，帮助幼儿建立起信心。孩子需要赞赏和鼓励，需要成人的认可，才能建立信心，不退缩。

因此，教师应着重观察幼儿一日生活中的自理能力、独立完成任务的情况，给予幼儿适当的鼓励与引导，增强幼儿的自信。

2. 教师教育行为支持策略

对于幼儿成功感的激活与支持，教师需要做好以下三点。

第一，设置有挑战性的任务，并给予适当支持。教师需要了解幼儿的已有经验与能力，根据幼儿的最近发展区设置任务，让幼儿挑战成功，体会到成功的喜悦。

第二，寻找幼儿的优势支点，给予适当指导。教师通过观察，了解每个幼儿擅长的任务,借助一定的工具和材料与幼儿一起演示、操作,指导幼儿完成任务,并对幼儿的行为表示赞赏与肯定。

第三,充分做好榜样示范,给予适当奖赏。教师对幼儿进行榜样示范,激发幼儿的挑战欲望,让幼儿体会到成功的快乐,并有持续追求成功的愿望。

(四)教师放手,幼儿自主选择

在幼儿园一日生活中,以及一些大型的表演与展示活动中,教师总是对幼儿不太放心,一直通过口令、手势等方式指引着幼儿的活动。其实,教师过多的帮助容易伤害幼儿的自尊心,相反,如果幼儿能够独立完成活动,则更有利于自尊的培养。

1. 观察什么

教师在一日活动中,要学会捕捉以下内容,譬如,幼儿是否自主选择喜欢参加的活动?幼儿是否可以独立探索环境?幼儿是否可以明确自己不需要帮助?幼儿是否能在需要帮助的时候自主提出?幼儿是否能够寻找解决问题的办法?幼儿是否能够独立做出决定?等等。

2. 教师教育行为支持策略

对幼儿园教师来说,让幼儿自主选择与参与活动,对幼儿的成长是很有意义的。支持幼儿自主选择与参与活动需要做好以下两点。

第一,自主探索的空间。随着年龄的增长,幼儿需要充分的探索空间,在操作过程中体会成功,增强自我掌控感。

第二,自主探索的肯定。教师需要对幼儿独立做出的探索进行肯定,这样幼儿才会有意愿继续进行单独的探索。当然,教师还要明确指出幼儿的哪些行为值得表扬,让幼儿明确自己哪些方面是可以独立完成的,哪些还需要通过练习或别人的帮助,以增强幼儿对自我能力的认识。

(五)主动加入集体一起玩耍

幼儿能够主动与同伴交往,是其自尊建立的重要体现,也是其社会性发展的体现。

1. 观察什么

教师在一日活动中,应着重观察幼儿是否能够与其他幼儿一起玩游戏,幼儿是否习惯于自己独立玩游戏,是否习惯于与其他幼儿"争宠",是否与其他幼儿轮流玩玩具,是否与其他幼儿分享玩具或扮演角色,是否与其他幼儿和平共处,等等。

2. 教师教育行为支持策略

一日生活中,教师适当的引导与帮助,可以让幼儿有意识地主动寻找同伴一起玩耍,一起合作。

第一,让善于交往的幼儿做榜样示范。教师可以通过分组,安排一个善于与同伴交往的幼儿做示范,让其他幼儿向其学习,学会与别人一起玩耍。

第二,有意识地组织幼儿分组合作活动。教师可根据幼儿园班级区域,适当划分区域小组,让对相同区域感兴趣的幼儿一组,学会沟通交流。

第三,安排幼儿一起玩游戏,完成同一项任务。教师可以安排多个幼儿玩同一组材料,完成同一项任务,让幼儿学会分享、轮流、等待、协商、合作。

(六) 自信地进行角色扮演

在角色扮演过程中,可以看出幼儿的自尊发展水平。经常受到鼓励的幼儿在表演游戏时有较强的想象力。

1. 观察什么

幼儿在角色游戏表演过程中,是否能够将现实与想象分开?是否能够用符号表征事物?是否能够从其他人的角度看问题?在角色表演中,幼儿能尝试不同的角色,并自信地发挥想象,愉快地探索他们自己的世界。有的人喜欢控制别人,有的喜欢被别人控制,幼儿在这些假装游戏中,了解到自己与同伴的优点与不足。

2. 教师教育行为支持策略

"如果我们只是随意看看,幼儿的假装游戏似乎没有什么意义,但其实,其中有很多学习机会——如果教育者能为幼儿提供合适的道具、空间、时间和指导,那么,幼儿就可以从中学到很多东西。"①

第一,给予幼儿充分的游戏时间。一日生活中,应有相对固定的自由游戏时间,让幼儿有足够的时间投入游戏中。

第二,给予幼儿充足的游戏表演材料。教师可以在班级或走廊创设一个专门的戏剧表演区,提供丰富的表演器材、道具,调查了解幼儿喜欢什么游戏,喜欢扮演什么角色,然后根据需要提供材料。

第三,教师适度参与表演游戏及对幼儿进行观察。教师在参与表演游戏的过程中需了解幼儿的自尊发展水平与个体差异,适度调整幼儿表演游戏的支持策略。

(七) 充满热情地自主做事

自主性是我们对幼儿自尊发展的最终关注点,幼儿会在自主性活动中,体验到成就感。往往班级里有的孩子可以做到独立、自主地做事情,有的孩子还尚未具备这种能力。教师需要有意识地了解这些现状与差异。

1. 观察什么

教师需要在一日活动中观察幼儿是否愿意自己独立完成一些事情,如如厕、午睡、脱穿衣服、梳头、整理自己的整理箱等? 是否能够独立学会使用工具? 是否能够有主见地表达自己的想法? 是否能够自信地去探索事物? 男孩、女孩的自尊发展是否具有明显差异? 等等。

---

① [美]Janice J. Beaty. 幼儿发展的观察与评价(第 7 版)[M]. 郑明福,费广洪,译. 北京:高等教育出版社,2011:85.

2. 教师教育行为支持策略

教师对幼儿自主性发展的关注与引导,需要思考以下几个方面。

第一,有意识地留白,给幼儿独立探索提供可能。教室里的任何活动区角,教师都可以有意识地留白,让幼儿通过商量或者根据自己的想法进行填充,增强幼儿的自信心,让幼儿意识到自己是可以做一些事情的,教师也支持自己这么做。

第二,有意识地为幼儿锻炼自理能力提供空间。教师不要总是包办代替,不要总是约束、控制、指挥,要给幼儿思考的机会。当然,教师也需要对幼儿进行正确的示范。

第三,有意识地表现,热情地给幼儿做榜样示范。教师自己能够做到有热情地做事,本身就是一种高自尊的表现,这无形中会给幼儿做好榜样示范,让幼儿养成一种积极、热情的习惯,拥有主动探索的情感与态度。

综上,教师对幼儿自尊的观察、记录与解释,就是为了了解学前儿童情感发展的关键内容,学会观察幼儿的自尊发展水平,并基于观察,进行教育反思,提升自己的教育能力。

第二节 学前儿童积极情感的观察、记录与解释

情感投入的教师,会努力看到孩子最好的一面,即使孩子们会把它隐藏起来。带着情感教学,具有情感回应能力的教师容易发挥出创造力,以正确的情感执行纪律,从而达到微妙的平衡,成为一个慈爱的权威者。①

——[美]杰克·帕特拉什

---

① [美]杰克·帕特拉什.稻草人的头 铁皮人的心 狮子的勇气:一种帮助孩子全面发展的教育[M].卢泰之,译.深圳:深圳报业集团出版社,2011:109.

人的一生中，情感反应似乎周而复始，其实，周而复始的不是情感本身，而是对情感的反应。正如 LeDoux 所说："情感是一种主观的体验，是一种感受，它以激情的方式进入意识层面。"①学前儿童情感发展主要源于自身身心发展的成熟、环境的变化、周围亲近的人对幼儿的反应、家庭与幼儿园等对幼儿的情感教育指导。情感发展往往受到"有意识的感觉或情感体验、大脑和神经系统的过程、可观察到的表现方式或反应三个相互交织的因素影响"②。学前儿童的情感反应包括积极的，如兴趣、喜欢、快乐、高兴、幽默等，也包括消极的，如悲伤、生气、害怕、忧伤等。因此，我将阐释学前儿童积极情感与消极情感的观察、记录与解释，阐释幼儿园教师如何对幼儿的积极情感与消极情感进行教育指导，梳理幼儿园教师的情感教育策略。

本节主要涉及教师指导幼儿学习表达情绪情感的基本方法，让幼儿积累一些用于表达积极情绪情感的词汇，如关爱、高兴、幽默、快乐、舒服、开心等。这里着重对学前儿童的关爱、高兴、幽默几种积极情绪情感进行观察、记录与解释，并提出情感教育指导策略与教育建议。

一、学前儿童关爱情感的观察与教育指导

人不仅仅是物质的存在，更是精神的存在，而关爱作为人的主要情感品质，在一定程度上，是人一生中不可或缺的情感。一个人在开心的时候，更容易产生关爱这种积极情感。社会心理学家约瑟夫·福格斯通过研究表明："快乐的人，他们表现出更多的信任、关爱和敏捷。如果你正处于快乐的情绪中，你会对自己看到的感到十分满意，并且能从中证实自己的自

---

① ［美］Janice J. Beaty. 幼儿发展的观察与评价(第 7 版)［M］. 郑明福,费广洪,译. 北京:高等教育出版社,2011:105.
② ［美］Janice J. Beaty. 幼儿发展的观察与评价(第 7 版)［M］. 郑明福,费广洪,译. 北京:高等教育出版社,2011:106.

信、兴趣和社交技能。"①学前儿童能够通过模仿、与成人的互动获得关爱这种情感,这对其自我价值建立、社会性发展与人格的完善等都具有重要价值。

1. 教师如何观察幼儿关爱情感的发展

幼儿园的一日生活中,教师在很多教育过程、环节都可以观察到幼儿是否具有关爱的情感品质。有经验的教师都非常清楚,每个孩子由于受到不同环境影响,有的能非常明显地表现出关爱,有的却看上去很冷漠,还有一些幼儿的表现让人琢磨不透。幼儿园教师可以着重观察:幼儿和教师、同伴之间的互动方式是热情的、冷淡的,还是不知所措的;幼儿是否能用语言询问同伴发生了什么事情;幼儿是否能够主动与父母讲述同伴发生了什么事情;当教师提出关心别人的时候,幼儿是否接受;与同伴发生冲突时,经过劝说幼儿是否愿意退让;当同伴需要帮助时,幼儿是否能主动帮助;幼儿是否会用言语行为或者微笑、眼神、拉手等非言语行为对教师、同伴表示关心;当幼儿在家或幼儿园饲养的小动物意外死亡时,幼儿的行为表现如何。

2. 教师进行哪些关爱情感教育指导与策略支持

在养育孩子的过程中我深深地体会到:如果幼儿身边的人都满怀温情,能够主动关心照顾他人,并且幼儿能够感受到人们对自己的关爱,那么幼儿一定会学会关爱他人。因此,如果教育者持之以恒地表现出关心、体贴,那么,我们就不必担心幼儿不具有关爱的情感。幼儿园教师在一日生活中如何做教育指导呢?

第一,榜样示范,身体力行。"身教胜于言教。"教师是专业的教育工作

---

① [美]戴维·迈尔斯.社会心理学(第11版)[M].侯玉波,等译.北京:人民邮电出版社,2016:100.

者,更是学前儿童情感发展的重要他人。教师如果在班级里能够对幼儿表现出无条件的关爱与积极关注,一视同仁地看待所有幼儿,那么幼儿就一定会给予别人温暖与关爱。更重要的是,幼儿会向教师学习如何与他人建立真诚、温暖的情感关系。

第二,温情关爱,教育指导。一些幼儿因为家庭情感教育缺失,未能够从父母亲那里获得无条件的关爱,导致他们不能正确表达自己的关爱情感,甚至会用不恰当、不适宜的方式表达自己对他人的关心,还有的完全是退缩的状态,不懂得如何去表达。教师可以通过主动靠近、拥抱幼儿,微笑示意、语言认可等,坚持给予幼儿温暖的关爱,长此以往幼儿也会以甜蜜的微笑回报。当然,还会有一些幼儿不容易被影响,即使这样,我们仍然要充满温情地等待,有意识地引导他们与其他小朋友在一起游戏,设计情境化游戏,教会幼儿用言语、眼神等友好的方式回应别人对自己的关心。

二、学前儿童高兴情感的观察与教育指导

高兴是一种非常积极的情感,它能够让我们趋向成功,或者寻找到成功的机会,高兴也是我们每个人不期而遇的一种情感。有人说:高兴、快乐总是伴随着自信、活力和自尊,甚至还会让我们变得有创造性和灵活性。回溯童年生活经历,我深刻地体会到这种积极情感对儿童的成长具有非常重大的价值。

1. 教师如何观察幼儿高兴情感的发展

对学前儿童来说,游戏就是其高兴的主要源泉。一日生活中,教师需要观察哪些游戏让幼儿感到高兴?幼儿表达高兴的方式有哪些?这种高兴的情绪情感是否能够让幼儿更具有友好、关爱的情感品质?是否能够让幼儿变得更有创造性、更自信?教师哪种互动的方式能够让幼儿更高兴?幼儿不高兴时的行为表现有哪些?幼儿不高兴时的行为是否更具有攻击性?不高兴后幼儿的语言与行为如何变化?等等。

2. 教师如何进行高兴情感教育指导

对幼儿进行积极情感指导,最关键的就是正面影响。高兴情感是最有影响力的,它会让我们的内心与周围都充满愉悦,特别是在集体中,这种愉悦会"荡漾"在每个人的心中,让空气中都充满快乐的味道。幼儿园教师在一日生活中,需要用高兴的情感影响班级里的每个小朋友。这也是使幼儿能积极、热情、乐观生活的重要方式。具体而言,教师需要做到以下三点:

第一,营造愉悦的集体氛围。幼儿在生活、游戏中,应该是高兴的、快乐的。幼儿园的班级氛围首先应是充满愉悦的,因为人们所经历的喜悦总是会给其提供强有力的情感记忆,并让其拥有获得强烈喜悦的愿望。

第二,理解高兴的情绪情感。高兴作为一种积极情绪情感非常重要,但也很奇怪,你主动寻找它反而不容易,教育者可以通过专门的主题活动与幼儿一起来讨论高兴、愉快、快乐、欢乐是什么,这种感受的来源是什么,我们怎么才能拥有这种积极的情绪,等等。也可以通过戏剧表演的方式让孩子通过亲身感受、体验,感受快乐。

第三,讨论高兴的表达方式。教师可以指导幼儿如何表达快乐,譬如,用什么样的语言、行为来表达自己高兴的情感?在与家人、教师、同伴沟通交往过程中,怎么样表达会让人觉得高兴、舒服、愉快?不恰当的表达方式不仅会让别人不高兴,而且也会让自己不高兴、不舒服等。

三、学前儿童兴趣情感的观察与教育指导

"兴趣是人类拥有的最常见也是最广泛的积极情感。当幼儿感兴趣时,会将目光转到这些吸引他们注意力的人或物上面,然后用好奇的目光探索,如果有可能,也会用其他感官探索。当人们充满兴趣时,就会变得反应敏捷、活泼、自信和好奇。兴趣是幼儿学习的主要动力,也是幼儿创造力和智力发展的主要动力。因此,在幼儿的成长环境中,需要有一些让幼儿

感兴趣的人物、材料或主意,这对于激发幼儿的兴趣,促进幼儿成长至关重要。"①幼儿园教师需要对幼儿兴趣情感进行细致观察、记录与教育指导。

1. 教师如何观察幼儿兴趣的发展

幼儿的兴趣往往是最明显、最容易被观察的。譬如,幼儿对哪些材料、哪些人、哪些游戏、哪些作品、哪些同伴、哪些事物感兴趣?教师可以进行捕捉,并找到探究线索,根据幼儿的兴趣开展探究活动,并生成课程。同时,教师应关注幼儿的兴趣、年龄、性别、持续时间等差异,为幼儿提供不同的活动与材料,基于幼儿的兴趣进行教育指导。

2. 教师进行哪些兴趣情感教育指导与策略支持

教师在培养幼儿探索世界的兴趣与好奇的过程中,可以充分发挥自身的榜样示范作用,了解班级里每一个幼儿的兴趣点,在一日活动中追随幼儿的兴趣与关注的线索。

第一,充分挖掘游戏的兴趣点。教师应站在专业的角度了解幼儿的兴趣点,设计游戏活动,观察幼儿的参与程度,参与持续的时间与投入的状况,根据幼儿的差异及兴趣进行游戏改编与生成。

第二,充分利用各种资源增加幼儿的兴趣。幼儿不仅仅喜欢丰富的东西,还喜欢充满神秘感的东西,所以教师应注意利用身边各种资料,激起幼儿对周围世界的兴趣,使其在多元的游戏材料操作与游戏过程中感知自我,建立对自我、他人、集体、周围世界的兴趣。

四、学前儿童幽默情感的观察与教育指导

有人认为:"快乐与幽默是一种双向的关系,换言之,在幸福、快乐的状态下,更容易有幽默感。在幼儿眼里,什么是好玩的,他们不时地咯咯笑个不停,有时是傻笑,有时是欢笑。他们幽默的言行,也会带来预料之外的欢

---

① [美]Janice J. Beaty. 幼儿发展的观察与评价(第7版)[M]. 郑明福,费广洪,译. 北京:高等教育出版社,2011:128.

乐和幸福。"①所以,在本节的最后,我们来谈谈幽默感。

1. 教师如何观察幼儿幽默情感的发展

教师在一日生活中可以观察哪些幼儿的言语、行为、表情本身就具有幽默的效果,哪些幼儿能够在幽默中感到快乐,哪些幼儿拥有幽默的家庭氛围,自己的幽默感是否影响了幼儿,自己是否有意识地与幼儿一起用幽默的方式进行交流,在集体活动中,幼儿对文学、艺术作品中的幽默感是否敏感,等等。

2. 教师进行哪些幽默情感教育指导与策略支持

幽默感是一种有影响力的积极情感,能够让人在社交过程中增加个人魅力,让他人感到轻松、自在、舒服。开心快乐的感觉也容易让人的精神得到释放,我们愿意相信快乐的人。"临床心理学家蒂策(M. Tize)将幽默作为一种治疗形式,'幽默疗法'相信幽默的视角能在自己和所要面对的挑战之间创设认知距离,产生心理上的保护性。"②对于幼儿来说,教师可以在一日生活中有意识地对幽默感进行专门的教育指导。

第一,幽默形象示范。教师是快乐的,班级里的幼儿就容易快乐,这一点都不夸张,因为幼儿最擅长的就是游戏与模仿,教师的风格就是班级里的情感风格。因此,教师有幽默感,孩子们也会学习这种幽默感。

第二,幽默的情感交流。有时教师可以与家长进行沟通,了解幼儿的情绪,特别是消极情绪情感的诱因,指导家长在日常生活中注重培养自己的孩子做一个快乐的人。

第三,幽默的班级氛围。教师创设充满温馨、认同、信任的情感氛围,

---

① [美]Janice J. Beaty.幼儿发展的观察与评价(第7版)[M].郑明福,费广洪,译.北京:高等教育出版社,2011:131-132.
② [美]威廉·鲍威尔,[印尼]欧辰·库苏玛-鲍威尔.做一名高情商教师[M].张园,译.北京:教育科学出版社,2015:26.

这种氛围容易让人产生幽默感。教师可以关注班级中幼儿幽默的情感表达技能，也可以在班级中创设专门的"幽默大师"表演区，与幼儿一起探究幽默感。

综上，通过对幼儿关爱、高兴、兴趣、幽默几种情感的观察、记录与解释，我们了解了学前儿童积极情感发展的关键内容。教师应学会观察幼儿的积极情感发展水平与内容，并基于观察，反思自己的教育行为、教育策略，努力在教育过程中提升自身的情感修养，成为一个快乐的幼儿园教师。

第三节　学前儿童消极情感及行为的观察、记录与解释

情感接纳是指人们将积极情绪体验和消极情绪体验都看成人的情感的必要组成部分，接纳而不是排斥消极情绪体验。情感接纳作为一种有效的情绪调节，是因为它允许伴随情感顺其自然的生理和心理过程。一个情感接纳困难的人，可能会避免或压抑自己的情感体验和表达，这也可能增加更严重攻击行为的可能性。[1]

——傅小兰

有经验的幼儿园教师会发现，有的幼儿能够借助于语言表达自己的情感，或者说能够调控自己的消极情感，他们已经能够把所发生的事情告诉自己或他人，这已经是迈向情感自我调控的第一步了，但是，很多幼儿并不具备这种情绪情感表达能力，仍然无法用语言表达自己的情绪情感。教师可以通过对学前儿童消极情感的观察、记录与解释，指导幼儿调节不良情

---

[1] 傅小兰.情绪心理学[M].上海：华东师范大学出版社，2016:391.

绪反应,学会自我调适与控制情感。教师还可以指导幼儿通过看别人的表情,了解自己的情绪情感状态;指导幼儿学习选择表达情绪情感的基本方法,积累一些用于表达自己情绪情感的词汇,如伤心、生气、失望、暴躁、嫉妒、激动、难过等,并给幼儿讲解这些词汇的含义。这里着重对学前儿童的忧伤、愤怒、攻击性、害怕这几种消极情绪情感进行观察、记录与解释,并提出幼儿园教师的情感教育指导策略。不要让情绪"遗传",更不能让不良情绪成为一种习惯,关注、接纳幼儿的消极情绪,让幼儿沐浴在爱的阳光下。

一、学前儿童忧伤情感的观察与教育指导

有的儿童遇到忧伤的事情会大声哭泣、喊叫等,也会缠着大人不放。有的儿童内心会产生自己被忽视、被排斥、被讨厌的情绪情感,但却在行为上没有任何反应。如果教师没有觉察、关注到幼儿消极的情绪情感,必然会导致这些负面情绪蔓延,甚至转化为消极行为。所以,教师需要在一日生活中进行观察、记录,并进行积极教育指导。

1. 教师如何观察幼儿的情感发展

教师作为学前儿童情感发展方面的专业指导者,需要通过观察了解幼儿的情感发展状况,并寻找方法和策略,帮助与指导幼儿学会情绪调节和表达。

教师需要在一日生活中观察幼儿是不是经常喜欢一个人独处,是不是能顺利加入同伴游戏,是不是会无理由地哭泣,会不会莫名地紧张,情绪爆发后会不会有踢打行为,会不会注意力无法集中,等等。

2. 教师进行哪些情感教育指导与策略支持

面对学前儿童的忧伤情绪,教师需要做好以下几个方面的帮助与指导。

第一,理解幼儿,允许哭泣。"哭泣不是一种伤害,而是免受伤害的过

程……有些幼儿在哭泣的时候经常被制止,有些幼儿则被允许尽情地流泪。从长远看,两者相比,后者幸福感会更高,在学校中也会感觉到更安全。"①对幼儿来说,哭泣往往是最直接的表达方式。通常,成人会通过安慰、讲道理的方式,让幼儿停止哭泣,可是往往安慰不但没有使幼儿停止哭泣,反而使幼儿哭得更"厉害"了。我们应明确,教师指导幼儿情感调节能力、控制能力不是通过多种方式控制幼儿,而是让幼儿自己学会控制情绪情感,允许其哭泣,释放其消极情绪,等其停止哭泣再给予安慰,并进行合适的沟通。

第二,引导幼儿表达忧伤情绪。情感需要疏导,否则会爆发得更加厉害。教师与幼儿互动的过程中,需要通过多种方式有意识地帮助与指导幼儿用语言表达自己的情绪。譬如,我心里好难过,好像心里有个大怪兽!我好想跳起来发泄一下!我无法午睡,因为我非常想念妈妈!我不喜欢和某某小朋友在一起,因为他总是欺负我,抢我的东西,我真想告诉他,我不喜欢他……教会幼儿用语言表达自己的情绪情感,本身就是自我情感调适与控制的方法。

第三,帮助幼儿释放情绪。有经验的教师都非常清楚,有的幼儿很难停止哭泣,是因为他们的自我意识不强,忧伤情绪非常强烈,无法平静下来。教师可以寻找适宜的材料转移其注意力,或者引导幼儿通过泼墨、绘画、挤压海绵等无害的方式宣泄情感。另外,教师还可以通过文学故事帮助幼儿寻找到"情感玩偶",教会幼儿与其对话,说出自己的感受。当然,教师也需要给予幼儿拥抱及语言安慰。

第四,同情幼儿。教师需要对幼儿的言语与行为表现表示同情,可以通过拥抱等方式让幼儿安静下来,给予幼儿思考时间,让幼儿通过自己的

---

① [美]Janice J. Beaty. 幼儿发展的观察与评价(第7版)[M]. 郑明福,费广洪,译. 北京:高等教育出版社,2011:111.

方式缓解情绪,然后再与幼儿进行个别交谈,让幼儿说出自己的感受,给予幼儿正向情感反馈。教师也可以通过"原始共情""情境共情""认知共情"[①]等多种策略,审视幼儿的忧伤情感反应,给予幼儿表达忧伤情感的机会。

二、学前儿童愤怒情感的观察与教育指导

愤怒这种情感需要教师密切关注,因为愤怒容易导致伤害,教师需要专门对幼儿进行教育指导,帮助幼儿明确什么事情能做,什么事情坚决不能做。在日常教育过程中,教师应教会幼儿控制、化解愤怒情绪的方法,减少愤怒给自己与他人带来的伤害,但是又不能过于压抑愤怒,因为压抑愤怒会给身心发展带来问题,甚至会让幼儿自己伤害自己。

1. 教师如何观察幼儿的情感发展

一日活动中,教师需要注意观察幼儿被拒绝、被忽视、被讨厌、被欺负的行为,了解幼儿因为什么被拒绝、被欺负,观察引起幼儿不开心的关键事件与过程,记录幼儿因为愤怒产生的各种情绪表现。教师通过观察了解哪些幼儿愤怒之后容易发生攻击性行为,频率如何,哪些幼儿能够通过劝说停止攻击性行为,哪些幼儿无法控制自己的攻击性行为,哪些幼儿习惯于表现攻击性行为,哪些幼儿表现出攻击性行为后并没有感到内疚。

2. 教师进行哪些情感教育指导与策略支持

教师应针对幼儿的愤怒情感,进行明确而有针对性的教育指导。具体而言,学前儿童愤怒情绪情感教育指导策略如下:

第一,示范控制愤怒情感的方法。"教育者率先垂范,当出现愤怒情绪时,要能够承认和接受,要敢于承担责任,并用直接而又非暴力的方式将其

---

① [美]威廉·鲍威尔,[印尼]欧辰·库苏玛-鲍威尔.做一名高情商教师[M].张园,译.北京:教育科学出版社,2015:136.

表达出来。"①教师应成为幼儿示范管理愤怒情绪的榜样。

第二,教幼儿学会表达愤怒情感。幼儿园教师应有意识地在一日活动中教幼儿学习表达愤怒情感的语言,如恼火、暴怒、心烦、生气、盛怒等词汇,幼儿便会模仿学习这些词汇表达自己的愤怒情绪。当然,这需要一个过程,需要将怒气化为语言,学会从内心控制愤怒。

第三,创设表达愤怒情绪的空间。教师可在班级里设置专门的"情感区域",有条件的幼儿园还可以有专门的情感宣泄教室,为幼儿提供情感发泄的场所。教师也可以和孩子们一起研究愤怒情感的脸谱,讲述有关愤怒情绪的故事,通过交流、讨论,让幼儿学习表达愤怒情感。

三、学前儿童攻击性行为的情感观察与教育指导

日常生活中,总会有个别幼儿发生攻击性行为,如在一日活动中有的幼儿会打人、骂人、抢东西、吐口水、咬人、推搡他人、破坏别人的东西或者公物等等。一般来说,自控能力差的幼儿更容易出现攻击性行为,如果成人不进行适宜的干预与指导,幼儿会习惯于用攻击性行为来满足自己的需要,引起别人的关注和认可。男孩子更容易通过攻击性行为表达自己的愤怒。

1. 教师如何观察幼儿的行为

教师在一日活动中需要特别留意男孩子与女孩子情感表达方式的差异,对自控能力较差的幼儿进行个别关注。如,幼儿是否经常性表现出打人、骂人、抢东西、吐口水、咬人、推搡他人、破坏别人的东西或者公物等行为?幼儿在游戏与表演过程中的情感表达方式是怎样的?攻击性行为被制止后幼儿的情感反应如何?等等。

---

① [美]Janice J. Beaty. 幼儿发展的观察与评价(第7版)[M]. 郑明福,费广洪,译. 北京:高等教育出版社,2011:115.

2. 教师进行哪些情感教育指导与策略支持

攻击性行为容易导致伤害,所以教师要在第一时间留意并进行教育指导。

第一,用语言制止幼儿的行为。教师要在攻击性行为发生后,用语言制止攻击性行为,"不许伤害同伴!""不许随意打人!""不许拿东西伤人!"等等。

第二,转移注意力,发泄能量。一般而言,对于容易产生攻击性行为的幼儿,可以让其通过运动、活动、完成有挑战性的任务等方式发泄能量,也可以让其通过绘画、听音乐、听文学故事等方式转移注意力,消除愤怒情绪带来的不良影响。

第三,提供替代物。有的幼儿的确难以控制自己的愤怒情绪与攻击性行为,教师可以给幼儿提供替代物,如可以给喜欢咬人的幼儿提供一个塑胶的小狗骨头,当幼儿很想通过咬人发泄情绪的时候,就可以咬这个替代物。其实,这些幼儿往往缺少关爱,教师可以常用拥抱的方式安慰幼儿,舒缓其内心的不安,并经常有意识地与其进行个别交流。

四、学前儿童害怕情感的观察与教育指导

一般而言,幼儿会因为外界环境或者自身想象而产生害怕的情绪,譬如,成人的喊叫、严厉的表情和过激的行为,火灾、水灾、地震等自然灾害等。幼儿有时也会担心自己、同伴、家人失去生命。教师对幼儿产生的这种消极情绪要进行合理干预与指导,以避免儿童在早期产生恐惧、退缩、逃避等消极的情绪情感。

1. 教师如何观察幼儿的情感发展

教师需要在一日活动中,有意识地留意幼儿害怕情绪的产生。如,在什么环境下幼儿容易害怕?自身的言行举止是否让幼儿产生害怕情绪?班级里有没有创设安全、信任、温馨的情感环境?有了情感环境后幼儿是

否仍然害怕,幼儿具体害怕什么?哪些是源于现实环境中的,哪些是源于幼儿想象的,哪些是因同伴语言吓唬、威胁而产生的?哪些幼儿会哭泣?哪些幼儿会忍住哭泣?哪些幼儿会非常暴躁?哪些是成人为了控制幼儿的行为而用语言进行的威胁与恐吓?譬如,"再不听话,老拐子就会来了把你拐走!""再不听话,妈妈就不来接你了!""再不听话,就给你送到幼儿园"……

2. 教师进行哪些情感教育指导与策略支持

第一,平静自若,教师正确示范。在一些容易产生害怕情绪的环境里,教师应保持平静自若,不慌张,让幼儿感受到教师的表情、声音、行动等都很平静,有足够的自信,幼儿也会"有底气"保持这种平静与镇定。

第二,情景模拟,教师正确引导。幼儿园可以经常对一些自然灾害进行情景模拟训练,教会幼儿应对危机的正确方法,提升其战胜恐惧的勇气。用真实的场景,消除幼儿通过想象而产生的莫名恐惧。

第三,情感安抚,教师正确关爱。无论是幼儿还是成人,都会害怕,产生害怕情绪情感之后,都需要安抚。教师可以通过言语抚慰,也可以通过抚摸、拥抱等方式与幼儿平静地交流,缓解幼儿的害怕情绪。同时,允许幼儿通过哭泣、讲话、绘画等多种方式表达害怕情绪。

第四,同伴互助,教师正确指导。有的幼儿能够在一种令人感到害怕的情境中帮助别人,帮助别人本身就有助于幼儿克服害怕心理。当然,教师可以有意识地发挥同伴互助的作用,给幼儿多提供一些可以转移注意力的游戏和游戏材料,让幼儿通过多种方式缓解害怕情绪,克服恐惧。

综上,本节论述了幼儿忧伤、愤怒、害怕几种消极情感的观察、记录与解释,也论述了因负面情绪引起的攻击性行为的观察记录及教育指导,目的是了解学前儿童消极情感发展的关键内容,学会观察幼儿的消极情感发展水平与内容。基于观察,教师对教育行为进行反思,并寻找情感教育的支持策略。教师在情感教育指导的过程中,修炼自身的情感修养,成为一个接纳消极情绪情感、在消极情绪情感中进行学习的高情商幼儿园教师。

本章小结

本章论述了学前儿童情感发展的观察、记录与解释,着重论述了幼儿园教师如何对学前儿童自尊、积极情感与消极情感及行为进行观察、记录与解释。如何关注幼儿自尊的发展?如何关注幼儿的核心情感(积极情感与消极情感)?针对这些情感发展的教育支持策略是什么?本章完成了对这些问题的解答。

其中,学前儿童自尊观察内容的解释与教育建议,包括亲子分离认知与行为、师幼安全的情感依恋、成功完成有挑战的任务、无教师帮助自主选择、主动加入群体一起玩耍、自信地进行角色扮演、充满热情地开心做事七个方面;学前儿童积极情感的观察、记录与解释包括关爱、兴趣、高兴、幽默情感的观察与教育指导;学前儿童消极情感的观察、记录与解释包括忧伤、愤怒、害怕情感的观察与教育指导,同时描述了攻击性行为的观察与指导。

对幼儿情感观察、记录与解释,即是期待教育者能够充满情感地看待每一个幼儿,并能够让自己的情感教育理念落实在行动中,落实到一日生活的各教育环节之中,能基于学前儿童情感发展探索多元的评估方式,继续关注与促进学前儿童情感发展,实现幼儿的身心和谐、人格完满。

第五章　21世纪幼儿园教师情感教育专业化与情感教育智慧

> 不是血肉联系,而是情感和精神的相通使一个人有权利去援助另一个。
>
> ——[俄]柴可夫斯基

前面几章对新时代学前儿童情感教育学,学前儿童情感世界的理解与情感教育逻辑分析,幼儿园情感课程行动与幼儿园情感观察、记录与解释等进行了阐述,这些内容都涉及教师如何开展学前儿童情感教育。教师是学前儿童情感教育的实践者,是学前儿童情感世界的探索者。"教师即课程",是幼儿园课程建构和实施的行动者,是幼儿情感发展的观察者、记录者、解释者与指导者……因此,我怀着强烈的情感,专门对新时代幼儿园教师情感教育专业化发展进行论述,因为幼儿园教师专业发展亟须重视,需要从情感教育视域进行分析与思考。

苏联教育家苏霍姆林斯基在其《育人三部曲》中强调:世界上没有比童年期、少年期和青年早期的教学更困难、更紧张的劳动。只有当人在认识和掌握知识的同时也获得了很高的情感修养,这种劳动才能达到预期的目的并丰富精神世界。① 他认为,没有可靠的情感基础,不仅不可能进行有成效的教学,连正常教学也不能开展。更何况,世界在变化,教育也必须变化。维护和增强个人在其他人和自然面前的尊严、能力和福祉,应是21世

---

① [苏]苏霍姆林斯基.育人三部曲[M].毕淑芝,等译.北京:人民教育出版社,1998.

纪教育的根本宗旨。① 新时代的教育生态,特别需要内在情感和精神世界丰富,并培养保持开放性的教师;需要具有榜样、咨询及情感教育修养的教师;需要在教育实践中能够敏锐发现儿童情感需求,并及时给予回应的教师;需要有较强情感沟通能力,给予儿童帮助与情感指导的高水平教师。我以为,这应是判断教师情感素质的重要指标,也是衡量教师专业成长的重要标志。

然而,幼儿园教师专业发展的理论和实践,仍过于强调教师在知识与技能意义上的"专业性",忽视和淡忘情感在教师职业活动及专业成长中的重要性。其实,如果教师本人没有对所教学科的挚爱甚至痴迷、执着的情感,没有在教学中获得自我肯定的积极体验,没有持续在教学中体验成功的愉悦,将无法引导儿童逐步形成积极的情感态度、正面的价值观。幼儿园教师情感教育专业化发展应成为一个重要的议题,我们需要从情感教育视域为一线幼儿园教师情感教育专业的发展提出操作性建议。

第一节　专业化:21世纪幼儿园教师情感素养提升的价值透视

教师敏锐和丰富的情感,教师在心里铭记和保存与学生交往情境的能力,是可以获得的,对儿童睿智的爱、热忱、温暖、关怀,是教师长久而艰巨的情感自我教育工作的结果。②

——[苏]苏霍姆林斯基

---

① 联合国教科文组织.反思教育:向"全球共同利益"的理念转变?[M].联合国教科文组织总部中文科,译.北京:教育科学出版社,2017:3.
② 蔡汀,王义高,祖晶.苏霍姆林斯基选集(五卷本):第5卷[M].北京:教育科学出版社,2001:434.

"专业的一个重要特点在于需要不断地面对变化,需要不断改进,并作出创新。"①21世纪,幼儿园教师需要应对瞬息万变的社会发展变化,需要更新知识结构,需要明确自身的核心教育角色,如做幼儿的好榜样、做好学前儿童家庭教育咨询、做好幼儿生活与情感教育指导等。"对儿童的喜爱和关心,高度的责任感,道义上的直觉能力,自我批评的开放性,智慧的成熟性,对儿童主体性的机智的敏感性,阐释的智力,对儿童需求的教育学理解力,与儿童相处时处理突发事件的果断性,探求世界奥秘的激情,坚定的道德观,对世界的某种洞察力,面对危机时刻乐观向上,幽默和朝气蓬勃力,等等。"②幼儿园教师情感教育专业素养提升愈加重要,因为幼儿园教师对幼儿的教育影响是多维的、全面的,这种影响力的产生在于双方情感与精神的相通,这种情感和精神的相通使一个人有权利去援助另一个人。但是,幼儿园教师不是天生就拥有与幼儿情感与精神的相通能力,他们是在做教师的过程中逐渐学习的。正因如此,我们更需要专门、系统地思考如何提升幼儿园教师情感教育专业能力与素养。

一、从政策角度看,落实新时代教师队伍改革精神是必需的

教育是国之大计、党之大计,教师是立教之本、兴教之源。2014年,习近平总书记考察北京师范大学时发表重要讲话,勉励广大师生做"有理想信念、有道德情操、有扎实学识、有仁爱之心的'四有'好老师"。2018年,中共中央、国务院印发的《关于全面深化新时代教师队伍建设改革的意见》(以下简称《意见》)将教师工作提到前所未有的政治高度,是新中国成立以来党中央出台的第一个专门面向教师队伍建设的里程碑式政策文件。《意见》强调,弘扬高尚师德。健全师德建设长效机制,推动师德建设常态化长

---

① 刘捷.专业化:挑战21世纪的教师[M].北京:教育科学出版社,2002:54.
② [加]马克斯·范梅南.教学机智——教育智慧的意蕴[M].李树英,译.北京:教育科学出版社,2001:12.

效化,创新师德教育,完善师德规范,引导广大教师以德立身、以德立学、以德施教、以德育德,坚持教书与育人相统一、言传与身教相统一、潜心问道与关注社会相统一、学术自由与学术规范相统一,争做"四有"好教师,全心全意做学生锤炼品格、学习知识、创新思维、奉献祖国的引路人。《意见》还强调,大力振兴教师教育,不断提升教师专业素质能力。倡导创新教师培养形态,突出教师教育特色,重点培养教育硕士,适度培养教育博士,造就学科知识扎实、专业能力突出、教育情怀深厚的高素质复合型教师。① 面对新时代、新形势对教育提出的新要求,面对建设社会主义现代化强国对教师队伍能力和水平提出的新要求,我们必须从战略高度认识加强教师队伍建设的重大意义。这些精神也都在强调新时代教师的情感专业素质与情感能力提升的重要性,强化培养德才兼备、理情兼修、钻研创新、情怀深厚的高素质与复合型教师,倡导"未来教师"培养的机制与路径创新。面对新时代、新形势对教育提出的新要求,重视与加强师范生情感教育,既是落实新时代教师队伍改革精神的需要,更是助力"未来学校"教师队伍专业化发展的需要。

二、从教师专业发展角度看,教师情感教育是必备的

(一)就师范生而言,加强未来教师情感教育是必备的

情感教育涉及师范生情感人文素养与能力提升。师范生情感教育的目标指向是着力培养师范生的情感素质,促进其情感能力与素养专业化发展。各类师范教育应系统设计情感教育内容,培养的"未来教师"能够与学生建立情感联系,能够走进儿童情感与心灵世界,善于创造性地营造情感环境,善于调适与管理自我情绪情感,不断提升自身情感文明修养。

---

① 中华人民共和国教育部.《中共中央 国务院关于全面深化新时代教师队伍建设改革的意见》.http://www.moe.gov.cn/jyb_xwfb/moe_1946/fj_2018/201801/t20180131_326148.html.2019 年 7 月 14 日浏览.

第一,就师范教育目标与内容来说,情感教育是必备课程。师范生在未来的教育实践中,需要明确儿童的情感培育不是靠理论灌输,而是需要营造丰富的情感环境,明确自己要成为善于走进儿童心灵世界的人,要通过心灵来感觉儿童,要与儿童建立情感联系。教师的教育力量是学校道德生活中最重要的力量,教师教育力量的源泉则是教师的行为和个性,教师利用人们关系中丰富多样的生活环境,有意识地创造培养情感素养的环境,这是教师素养的根本体现。换句话说,如果教师不能掌握对周围世界细腻地进行情感—美感观察的方法,就不能当一个教师。

第二,就师范教育现代化来说,师范生情感人文素养教育是必备的。我国教育家朱小蔓教授专门提出:"教师人文素养与教师教育,教师专业化成长,教师的情感—人格素质及其培养,教师的创造性以及创造性教师的研究,师范精神及现代师范教育专业化特征,需要创建情感师范教育。"①2017年,朱小蔓教授又明确提出了情感型师生关系的重要观点,她以情感教育思想为指导的"情感—交往"型课堂是融合情感教育、课程育人、情感德育为一体的,关心有生命质量的课堂教学。它注重课堂教学中教师、学生情感关系的顺畅、生命联系的牢固以及整个课堂教学环境的积极健康。我们可以看出,从师范教育本身看,加强师范生的情感教育是必备的。在一定程度上说,情感教育是使师范生顺利走进教育职场,理解、应对与创新教育实践的应然需求。

(二)就在职教师实践需求而言,加强情感教育是必备的

重视教师情感教育专业化发展,既是对一线教师实践需求的回应,也是教育实践对教师提出的新要求。我们仔细倾听幼儿园教育实践中面临的问题与挑战时,会听到教师们丰富多彩的"师说"。让我们来进入教师

---

① 朱小蔓.关注心灵成长的教育——道德与情感教育的哲思[M].北京:北京师范大学出版社,2012:222.

的情感世界吧！

情境一："入职后的情感失落"

有一位幼儿园教师说：

我开始以为幼儿园是最纯真的地方，幼儿园的孩子是可爱的、萌萌的，就如学前教育理论中所描述的，每个孩子都天生是哲学家、艺术家、科学家……我也憧憬能够和他们在一起，成为孩子王。可是走进幼儿园后，我却看到一些孩子顽皮、不投入、坐不住，还经常会有攻击性行为，很难管，很多时候我觉得力不从心，忙碌的幼儿园生活让我没有自己的空间……

一些刚入职的教师会对这位情绪沮丧的幼儿园教师说的话产生共鸣。大部分教师在刚入职时都带着体验快乐与成就的期望，可事与愿违，有时候却陷入一种矛盾、纠结状态，甚至觉得大学里学的教育理论，并没有让自己了解现实教育世界里的真相。有的教师还会认为这是自己的原因，认为自己天生不适合做教师。有的教师甚至没工作几年，就带着失败和遗憾，心灰意冷地离开教师岗位……我们真的需要去思考，这类教师的认知与情感冲突在哪里？他们的情感世界发生了什么？他们需要怎样的情感教育专业指导？

我们应清晰地认识到，一线教师了解儿童、走进儿童、指导儿童都充满着较大挑战，有必要从师范教育阶段开始系统加强情感教育。教师与儿童的每次互动，归根到底是为了激励儿童的内心活动，这种激励越细腻，来自儿童内心深处的力量就越大，儿童也就能在更大程度上成为情感丰富的人。师范生走上工作岗位后，首先需要做班主任工作，而班主任的教育能力与素养提升特别需要扎实的情感教育指导，情感教育能帮助教师明确：第一，儿童需要温情与仁爱的情感氛围。因为"在一个人的人格形成时期（一般0—20岁），如果有过严重的被人欺侮或欺侮别人的经历，那么就不太容易形成正直、光明和健康的人格。只有在充满温情与仁爱的氛围中,才能生长出和煦、细腻、体贴的心灵"①。第二,儿童的道德感、理智感、美感三者需要紧密联系在一起进行培养。只有当人们在认识事物和掌握知识的同时,逐步具备高度的情感素养,这种教育劳动才能达到预期效果并丰富自己的精神世界。"没有扎实的情感基础,连一般的正常训练都不可能进行,情感教育与对世界的认识不能统一起来,是造成对知识抱漠不关心态度并最后导致不想学习的最顽固也是最危险的根源之一。培养脑力劳动的情感素养和掌握知识的过程是学校生活中获得智力财富的一个重要方面。"②第三,儿童需要教师帮助与别人建立良好的关系。"学校应愿意进行学科、教学法、行政的改造,包括那有些有关师生关系和学校与社会生活关系的更大组织的改造。"③教师需要具备与儿童、家长进行情感沟通的基本技能,学会在班级层面关注儿童的情感发展,营造与创设班级情感环境,搜集情感教育资源,针对儿童面临的情绪情感问题与困惑进行沟通和指导,等等。因此需要系统地对教师进行情感教育指导。

三、从教师自身专业价值追求角度看,教师情感教育是必需的

教师的任务不仅仅是完成教学,还需要在教学中进行自我认同。譬如,教师对自身专业的价值判断、专业认同归根结底是教师对自我的认同。

教师自己的内心世界是什么样子的,自我情感如何,教师自己是最明白的。因为"幼儿就像'皇帝的新衣'中的儿童,他们不关心你接受过什么样的学校教育,谁是你的论文答辩委员会主席,或者你读了多少书,但是他们能够很快地感觉到你是否名副其实,并且相应地做出反应。理解幼儿的

---

① 张光林,张静.大师谈儿童情感教育[M].重庆:西南师范大学出版社,2009:199.
② 朱小蔓.关注心灵成长的教育——道德与情感教育的哲思[M].北京:北京师范大学出版社,2012:109.
③ [美]约翰·杜威.人的问题[M].傅统先,邱椿,译.南京:江苏教育出版社,2006:27.

天真无瑕,增强一个信念:在每个阶段,教师的自我是关键。"①新时代背景下,幼儿园教师"传道""授业""解惑"价值角色与方式在转变,教师需成为"全人教育"的领航者、引路人。因此,幼儿园教师必先以情滋养自我内在精神,以人文关怀和科学精神指引儿童,将师德融为教育情怀,将职业道德准则内化于心、外化于行,在教育工作中锤炼品格、磨炼意志。幼儿园教师更要在教学过程中做到"以情育人",用情感、知识与方法教育指导幼儿,提高自我幸福指数,给自己与世界带来更多光明和生机。

综上,无论是师范生还是一线在职教师,都需要情感教育培养自己的"育人之情",促进专业发展与人文素养养成,成为秉持情感教育基本价值观念、展现情感能力与高尚人格的教师,争做为教育而生存的良师益友。

第二节　时代化:21世纪幼儿园教师情感教育问题与挑战

教育的强大力量在于,它能在多大程度上区别对待地发展每一个学生的精神力量和形成他的个性特点,能在多大程度上以普遍的友爱和与人为善的精神感染他们中的每一个人。②

——[苏]阿莫纳什维利

新时代背景下,学前教育专业师范生的培养仍然主要由师范大学、师

---

① [英]帕克•帕尔默.教学勇气:漫步教师心灵[M].吴国珍,等译.上海:华东师范大学出版社,2013:7.
② [苏]W.A.阿莫纳什维利.孩子们,你们生活得怎么样?[M].朱佩荣,高文,译.北京:教育科学出版社,2005:86.

范学院、教育学院以及各类职业技术学校来完成,在职幼儿园教师的职责专业发展工作也主要由国家、各省、市、区教科研院所承担。从情感教育视域看,21世纪的幼儿园教师情感教育还存在很多问题与挑战。

一、师范生情感教育忽视的问题描述

(一)情感教育价值忽视:学校尚未明确情感教育对师范生的重要价值

传统师范生培养模式过于单调,缺乏变革与创新,归根结底是缺少教育价值的认同。师范生情感教育价值忽视具体表现为:情感教育的价值尚未明确,情感教育对儿童生命成长的价值分析不足,师范生情感教育理论依据不明确,对师范生自身的情感与心灵发展了解不足,对师范生情感教育能力提升的关注不足,等等。

(二)情感教育实践研究缺乏:师范生走进教育现场观察实践研究不足

目前,由于我国师范教育培养模式存在一些问题,导致师范教育培养方案缺乏与幼儿园实践的对接,即使要求师范生走进教育实践实习,师范生走进实践后仍然不知如何观察与研究。师范生情感教育实践研究缺乏具体表现在三个方面:走进教育现场对儿童进行情感观察的时间过少;走进教育现场进行情感教育研究的规划不足;对儿童情感教育观察研究的方法论与方法尚需进一步学习。

(三)情感教育宏观空洞:难以聚焦到师范生班级微观场域

幼儿园班级是师范生接触最早的场域,班级作为最重要的社会性群体组织,直接制约着儿童的行为,影响着儿童的发展。师范院校也在努力让师范生关注班级教育,多路径做好师范生在班级教育、班级活动体系、班级文化创建等方面的探索。但师范生的情感教育仍然是宏观理论较多,而对班级微观场域关注不足,具体表现为:师范生独立承担班级管理的时间过少,对班级情感教育的方法与技能缺乏,班级情感教育理论学习与实践操作脱节严重,班级情感教育中自身的角色定位模糊,班级情感教育专题学习欠缺。

(四)情感教育经验零散:没有专门的师范生情感教育课程

目前,师范教育仍然存在课程设置不合理的问题,没有针对师范生开设专门的情感教育课程。师范生情感教育仍然处于零散的状态,尚未形成系统的情感教育课程框架,即使有情感教育专题,也并没有形成具体的年级课程指南。师范学校中缺少情感教育师资,教师个人缺少主动研发情感教育课程的能力与热情。

(五)情感教育成效低下:师范生缺少情感教育的技能与方法训练

师范教育一直强调技能培养,各师范大学还专门成立教师教育学院,但尚未改善师范生技能培育与训练不到位的问题,而师范生情感教育方面仍存在基础技能淡化、常用技能训练不足等问题。具体而言,师范生培养缺少情感教育技能与方法训练的内容,因此走进教育现场后师范生因技能方法、能力不足,在教育过程中力不从心。

二、在职教师情感教育忽视的问题描述

(一)情感教育价值忽视:幼儿园无暇顾及教师的情感教育

幼儿园教师缺少系统专业的情感教育,归根结底是缺少对情感教育价值的认同。在职教师对情感教育价值的忽视具体表现为:没有明确幼儿园教师情感教育能力与素养提升研修机制,幼儿园教师情感教育专业化价值认同不足,幼儿园教师情感教育价值不明确,幼儿园教师对自身的情感能力了解不足,等等。

(二)情感教育研究缺乏:一日生活中情感教育观察研究不足

目前,幼儿园教师尚缺乏情感教育的研究意识与能力,如:幼儿园教师悉心了解与关心孩子的时间不足,幼儿园教师有意识地对儿童与自己进行情感教育研究的规划不足,幼儿园教师尚未掌握情感教育观察研究的方法。

(三)情感教育宏观空洞:缺乏班级情感管理与教育的系统思考

当下,幼儿园教师的班级情感教育仍然停留在经验层面,缺少理性思考。如:幼儿园班级情感管理与教育的理念尚未确立,幼儿园班级情感教育的方法与技能缺乏,幼儿园班级情感教育理论与实践操作脱节严重,教师在幼儿园班级情感教育中的角色定位模糊,对幼儿园班级情感教育缺少系统思考,等等。

(四)情感教育经验零散:幼儿园或相关部门缺少专门情感教育主题研修

幼儿园教师对情感教育的理解仍然处于模糊的状态,尚未形成系统的情感教育课程框架。幼儿园虽有情感教育主题课程,但并没有形成具体的教师情感教育指南。另外,由于质量评估、个人职业发展等压力,教师个人也缺少主动研发情感教育课程的能力与热情。

(五)情感教育成效低下:幼儿园教师缺少专门情感教育技能方法训练

幼儿园教师培训与继续教育学习缺少情感教育技能与方法训练的内容,平日生活中幼儿园教师缺少关于情感教育的技能与方法指导,幼儿园教师情感教育缺少家庭的支持与配合。

第三节 一体化:21世纪幼儿园教师情感教育专业化路径

一个好的教师,是一个懂得心理学和教育学的人。教育者的个性、思想信念及其精神生活的财富,是一种能激发每个受教育者检点自己、反省自己和控制自己的力量。

——[苏]苏霍姆林斯基

我国教育家朱小蔓教授在20世纪90年代就倡导的情感师范教育,具体是指"在各级师范教育中,加强对师范生情感素质方面的培养,使师范生不仅认知、技能水平达到师范教育目标,在一般的思想政治素质达到国家要求的目标,而且在情感素质方面具备其他类别目标没有的、特殊的职业条件,在未来的师范职业中,善于与学生顺利进行情感交往,能够胜任对学生情感导向的教育工作"[1]。因此,无论是学前教育专业的师范生,还是在职幼儿园教师,都需要基于教育中的各类关系,通过情感教育去寻找实现幸福教育的路径。

一、觉醒情感价值:明确教师情感教育价值与信念

德国教育家卡尔·雅斯贝尔斯认为:"教育是人的灵魂的教育,而非理智知识和认识的堆集。通过教育使具有天资的人,自己选择决定成为什么样的人以及自己把握安身立命之根。""所谓教育,不过是人对人的主体间灵肉交流活动(尤其是老一代对年轻一代),包括知识内容的传授、生命内涵的领悟、意志行为的规范,并通过文化传递功能,将文化遗产教给年轻一代,使他们自由地生成,并启迪其自由天性。因此教育的原则,是通过现存世界的全部文化导向人的灵魂觉醒之本源和根基,而不是导向由原初派生出来的东西和平庸的知识(当然,作为教育基础的能力、语言、记忆内容除外)。"[2]即,教育不仅是游戏、教学、环境、课程等对受教育者施加影响,更重要的是人的影响,尤其是教师的影响,而教师的影响力内核就是情感与精神。

我认为,情感与生命是家庭与学校教育的原点,幼儿园教师应明确把关怀儿童生命、情感与心灵的发展作为核心价值信念,并应用在教育活动

---

[1] 朱小蔓.创建情感师范教育[J].江苏高教.1994(3).
[2] [德]卡尔·雅斯贝尔斯.什么是教育[M].邹进,译.北京:生活·读书·新知三联书店,1991:3-4.

与班级管理过程中,明确学前儿童情感与其行为之间的关系,学会对学前儿童的情绪情感进行指导。

幼儿园教师需觉醒情感教育的重要价值,坚守关怀学前儿童情感与心灵成长的教育信念。具体而言:第一,明确学前儿童的情感与生命成长是家庭与幼儿园教育的基本原点,幼儿园需要建立情感教育价值信念系统。第二,明确学前儿童的情绪情感能指导其行为发展。儿童情绪状态与情感表达都是对亲身经历的、有意义事件的一种本能、暂时的反应,情绪情感不仅是释放能量的方式,也可以帮助儿童修正他们的行为,无论是积极的情感,还是消极的情绪都有助于学前儿童学习与发展。第三,明确幼儿园游戏、教学及一日生活中的情感教育机制,关注学前儿童身心发展层面、社会文化层面、精神价值层面的情感发展,关注儿童获得的安全感、归属感、责任感、认同感、尊严感与道德感。第四,明确在幼儿园层面搭建多维平台、寻找多元载体,促进幼儿园教师的情感教育能力素养的提升。

二、走进教育现场:学前儿童情感发展观察与调查研究

美国教育家杜威说:"在仅是教科书和教师才有发言权的时候,那发展智慧和性格的学习便不会发生;不管学生的经验背景在某处使其是如何贫乏和微薄的,只有当他有机会从其经验中做出一点贡献的时候,他才真正受到教育;最后,启发是从授受关系中,从经验和观念的交流中得来的。"① 幼儿园教师无论作为教育对象,还是教育者都一样,不是僵化地学习理论,听从专家建议,撰写反思日志,而是"沉在现场"。因为幼儿园教师情感教育能力的提升一定是在幼儿园班级中,在与幼儿的情感互动中,在与同行、专家交流对话之中,在与家长共同解决情感教育问题之中……幼儿园教师通过"沉在现场"学会对学前儿童进行情感观察与调查研究,形成受益终

---

① [美]约翰·杜威.人的问题[M].傅统先,邱椿,译.南京:江苏教育出版社,2006:16.

身的情感素养。

（一）学前教育专业师范生反复走进幼儿园教育现场

目前，各类师范教育也一直在办学方式上创新、优化，强调走进学校进行实习、观摩，提升师范生的教育实践能力。有的学校还充分利用互联网信息技术等远程教育的方式，对师范生进行教学方法训练。除此之外，他们还需走进教育现场，建立"幼儿园教师实践共同体"。Jean Lave认为："学习不是一个可以抽象独立的过程，而是随着新手的逐渐熟练或新手的共同体身份的不断增强而同时发生的。"[1]"幼儿园教师实践共同体"既是促进师范生基于理论学习实践性知识的一种有效策略，也是其充分深入教学一线、参与教育教学实践活动、提升自己的工作技能、获得幼儿园教师角色的身份意识与职业认同、完成幼儿园教师身份认同的重要支持。

就师范生情感教育而言，充分走进教育现场需进一步做到以下几点：其一，做好规划，带着目标任务走进教育现场，可以设计一项研究学前儿童情感的小课题；其二，做好目标分解，聚焦基于学前儿童观察的情感教育方法记录；其三，做好情感教育小调查，了解学前儿童身体、认知、情感社会发展现状，特别是学前教育专业的研究生们，可以通过研究设计与幼儿园教师一起进行项目研究；其四，做好交流与访谈准备，虚心请教幼儿园教师如何对学前儿童进行观察与行为指导；其五，专门与幼儿园教师结对学习，倾听他们的思想、思路、思考等，并能够主动请教、讨论不同的情感教育方法。

（二）在职幼儿园教师应时时"沉在班级"，适时走进家庭

第一，走进儿童。幼儿园教师要了解学前儿童情感发展及存在的问题，需要在一日生活中做好学前儿童情感发展现状调查的实证研究，定期通过问卷调查、个别访谈、集体访谈、班级情感叙事与案例研究等方法了解

---

[1] ［美］J.莱夫，E.温格.情景学习：合法的边缘性参与[M].王文静,译.上海：华东师范大学出版社，2004：54.

学前儿童情感发展现状,并基于现状进行调查分析,有针对性地明确班级与幼儿园情感教育方法。

第二,走进家庭。家庭是学前儿童情感发育与成长的第一场域,幼儿园教师潜心做好家访工作,是整体了解学前儿童情感、性格、性情等情况的重要方式。教师对家长的教养类型与风格、家庭情感环境、家庭情感沟通方式、家长参与孩子学习过程的形式等进行了解,皆有助于学习情感理解、情感沟通等。

三、开设专门课程:科学设计与实施情感教育课程

(一)师范生开设情感教育课程支持专业学习

我国教育家朱小蔓教授在其《情感德育论》中详细阐述了"情感师范教育操作思路",包含关怀伦理、"教师关怀"与道德教育,指明了情感师范教育应当注重培养未来教师充满教育爱,具有温情、理解、接纳的态度,积极的自我观念,善于了解并导向学生价值的思想人格素质。

师范大学、教育学院、职业技术学校等各类师范教育应开设儿童发展与教育、情感与道德教育、儿童观察与发展评价、家庭评估与咨询教育、幼儿园课程实践模式、管理心理学、社会心理学等专题类课程,采用必修与选修、理论与实践、线上与线下结合的方式,系统支持学前教育专业师范生建立完备的知识理论结构、拓展情感教育视野、提高情感教育课程意识能力、完成情感教育价值认同、提升情感教育素养。师范教育还应让师范生在入职前就建立起拥有"做一名有准备的情感型幼儿园教师"的价值观与方法论。同时,师范生也需要围绕走进教育现场后产生的问题、困惑,习得的经验与情感教育理论学习进行思考,才能具有扎实的情感教育理论基础,掌握走进教育现场进行情感教育的基本技能,拥有持续进行情感教育的勇气。

（二）在职幼儿园教师情感教育课程学习支持

在职幼儿园教师具有一定的教育教学经验，支持其情感教育能力与素养提升需要多类型的课程学习与研修。国家、各省市教科研院所需要搭建多种促进教师情感能力与素养提升的学习平台，如情感教育理论阅读学习、情感教育工作坊学习、情感型教师发展、情感教育项目研究学习、情感教育指导方法与技能学习等专业学习平台。幼儿园教师、管理者、课程专家、研究者、家庭、社区及其相关教育评估机构，应共同关注教育过程中儿童情感教育问题。幼儿园教师应特别关注如何在班级中支持幼儿的情感与社会能力发展，如何通过情感教育学习，强化情感教育效能，提升情感教育能力与修养，完成情感素养的修炼。

四、聚焦微观场域：做好情感班集体建设研究

（一）师范生情感班集体建设的专业学习

为了适应新时代、新形势的变化，关于幼儿园情感班集体建设的知识、技能、素养也应成为师范生教师专业培养的一项重要内容，从课程设计、教学策略和实习制度等方面系统培养师范生班级教育能力。目前很多幼儿园带班教师在工作中不善于与幼儿、家长进行顺利的情感沟通，不能胜任幼儿情感教育工作。因此，我们需要指导师范生做好情感班集体建设研究，形成理论、实践、培训、个人叙事一体化的班级情感教育智慧。

第一，开设班级情感教育的必修与选修课程，让师范生进行情感教育理论学习和情感班集体建设的技能与方法学习。师范生与一线教师师徒结对，撰写一份班级情感教育的调查与学习报告，并做好幼儿园班级心理与情感环境创设、班级情感教育资源收集、班级情感教育的规章制度制订等。

第二，充分发挥当地教育行政与教师发展中心培训的指导作用。师范生不仅实习期间能够接受当地教师发展中心培训的情感教育专题指导，整个在校学习期间都需要走进班级,与幼儿园有经验的带班教师、教师发展中心的专家等一起进行专题学习。在学习过程中,他们可以充分运用所学习的研究方法,进行调查研究、叙事研究;充分了解一日生活中幼儿游戏、学习、交往过程中情绪情感变化,以及存在的认知、情感困惑;思考从班级情感教育的角度如何进行情感教育,学会制定班级情感教育目标、设计班级情感教育活动、营造班级情感文化。

第三,要让师范生有单独带班的机会,真正开展班级活动、处理班级问题。在幼儿园有经验的带班老师的指导下,让师范生通过撰写班级情感教育故事、心得体会及教育报告等进行自我教育反思。

第四,师范生情感教育能力与专业素养,还应该与师德教育充分结合。有的学校对师范生在校的实践与表现进行专门的评价与考核,使其在入职前熟知班级情感教育的知识结构、操作与研究、情感人格素养等,以专业的身份,有准备地进入幼儿园教师工作岗位。

(二) 在职幼儿园教师情感班集体建设学习

目前,绝大多数幼儿园教师,仍缺乏情感班集体建设的教育智慧,也需要系统地进行情感教育理论学习和实践类培训,以提升班级情感教育能力。

第一,专门学习情感教育理论、情感班集体建设的技能与方法,思考如何做好幼儿园及班级情感环境创设、建立师幼情感关系与同伴关系、收集班级情感教育资源、制订班级情感教育的规章制度等。

第二,增加幼儿园情感班集体教育叙事研究。在职教师在情感教育理念指导下,制定班级情感教育目标、设计班级情感教育活动体系、营造班级情感文化等。

第三,幼儿园开展情感教育成果展。教师撰写班级情感教育故事、心得体会及教育报告。幼儿园可以通过个人课题、案例、叙事研究的方式,对教师的班级情感教育实践研究进行成果展示与交流。

五、教育效能训练：关注教师心灵世界与情感人格素养

"要培养国家的公民，教师首先应该是一个具有高尚道德品质的公民。要培养爱国主义者和国际主义者，教师首先应该是一个洋溢着深厚的爱国主义和国际主义感情的人。要培养个性，教师首先应该是一个具有鲜明的个性的人。真正人道的教育学要由具有人道心肠的人来创建。"[1]我坚信，幼儿园教师经过心灵与情感人格的完善，能够富有情感地完成教育任务，更能培养出充满情感的人。

我们知道，每位幼儿园教师都会因为幼儿获得一些新知识、学会一项新技能、获得一份褒奖荣誉、对某一领域有了新的兴趣等感到高兴，并且非常享受这种快乐体验。也正是这种持续的快乐体验累积起来的积极正能量，让幼儿园教师热爱教育工作，感受教育给自己、他人带来的快乐与幸福。但是，教育绝对不仅仅只有快乐，或者说我们享受的快乐里还会夹杂着其他情感体验，甚至还会有些许沮丧、灰心、难过、失望、气愤、厌倦。我们积极地教儿童，而儿童却偏偏厌学；我们满怀热情，而儿童却没有求知欲；我们非常用心努力，而儿童却拒绝抵抗……用老师们的话来说，教育教学有时又毫无快乐而言……

老师们的话语经常让我陷入深思，是什么原因导致这两种截然不同的效果呢？教师的教育效能为何如此不同？教师如何帮助儿童拥有健康情感与自我意识？如何进行情感教育？幼儿园教师的教育效能如何体现？是否能形成可以参照的情感教育行动指南，让广大一线幼儿园教师用于实际操作呢？

一般而言，"教育效能是指人们有效获取和充分利用对培养人有利的

---

① ［苏］W. A. 阿莫纳什维利. 孩子们，祝你们一路平安！[M]. 朱佩荣，译. 北京：教育科学出版社，2005：199.

各种资源,在学校、家庭和社会教育中,通过有效的管理和实施过程,以实现培养人的目标为核心,并能不断满足教育系统内外各方面的要求,进而使其得到相应发展的特性、有效作用及其状态"[1]。幼儿园教师如何通过一日活动,使幼儿的学习变得生动有趣,充满激情?情感教育的实施,"就是要让每个儿童在其天赋所在的领域里优先地、充分地表现自己,产生自尊心、自信心和自豪感,从而推动其全面、和谐的发展。在具体的实施中,父母与教师就要注意从小训练孩子心灵上和身体上的和谐美,智育与情感培养同步,美育的实施等,争取用更多的方法从更多的方面对孩子进行情感培养,真正达到理想的教育目标"[2]。从幼儿园教师教育生活状态看,幼儿园教师自身的心灵世界更需要受到关注,每位教师都想在教育教学过程中具有饱满的热情、创造的激情、爱儿童的真情,但是完成教育这一创造性劳动,做一名高情商教师需要教师通过自主学习提升情感教育能力,并进行自我情感教养修炼,幼儿园也要通过多种方式支持教师掌握情感教育的基本技能与方法。

因此,基于幼儿园教师的需要,反观各类师范教育与职后教师教育现状,我认为需要"一体化""系统化"做好幼儿园教师情感教育效能训练。第一,通过多学科学习了解学前儿童情感发展趋势,如:通过学习儿童发展心理学,了解幼儿社会性与情感发展一般趋势。第二,通过反复走进教育现场,沉浸教育情境,观察、讨论与分析各种现象体现出的社会情感发展特征,明白学前儿童情感社会性发展的多元化特征。第三,营造多元情感教育氛围。儿童需要充满关爱、理解、尊重的情感教育氛围。进步教育之父贺拉斯·曼主张:"在学校中和师生关系上应有一种亲切的和人道的气

---

[1] 李莎.教育效能:教师教育的必修课[J].教育研究与实验,2018(6).
[2] 张光林,张静.大师谈儿童情感教育[M].重庆:西南师范大学出版社,2009:224.

氛。"①充满情感的教育交往,需要人性、爱、尊重、同情与乐观的情感交互作用,这种教育交往应该是情感教育目标实现过程中的重要的"新陈代谢",不容破坏。师范生与在职教师都需要学习如何营造良好的积极的班级情感氛围,并学会机智幽默地调节教育现场氛围。第四,主动寻找资源鼓励幼儿学会表达情感,如讨论文学作品、反省日志等,给予幼儿表达情感的机会,了解幼儿的情绪情感。第五,通过言语与非言语的方式回应幼儿的丰富情感。用正面的、鼓励的语言,以及体态、手势、微笑、眼神等非言语行为回应儿童的积极情感,指导其保持积极的情感状态,接纳消极情感。第六,对有特殊情感需要的幼儿进行帮助与指导。学会观察与识别幼儿的情绪反应,对需要干预、治疗的情绪情感心理问题能够做到早发现,并寻求专家帮助。第七,通过情感咨询技巧的学习,学会自我情绪管理。教师除了完成教育任务,还需具备自我情绪情感调节能力,以应对多样的日常教育情境。

第四节　行动化:21世纪幼儿园教师情感教育智慧

教师,愿你像光芒四射的太阳一样,把人的温暖遍输给你的每一个学生,愿你像滋生万物的沃土一样,浸透着人的感情,把知识不仅传播到你的学生记忆里和意识里,而且,首先要传播到他们的灵魂里和心田里。

——[苏]阿莫纳什维利

幼儿园教师拥有的情感能力对提高学前儿童的社会情感能力至关重要。

---

① [美]约翰·杜威.人的问题[M].傅统先,邱椿,译.南京:江苏教育出版社,2006:16,25.

一、教育关系：建立积极倾听的情感关系

幼儿园教师与幼儿之间拥有良好的情感关系，幼儿才能主动学习。师幼关系的核心重在情感联结，教师不必伪装自己的情感，不必从一个角色转换到另一个角色，而是真实地做自己，将自己真实的行为展现给幼儿，施加教育影响。教师应有意识地谱写充满信任的师幼关系协奏曲，创造支持性的学习环境。正如日本教育家佐藤学先生所言："令几乎所有教师着迷的往往是一个幼儿园教师的教学是在娴雅的关系之中相互倾听彼此的心声，每一个人的细腻思考得到细致的交流的教学。"[①]"成人与幼儿心灵上的交流在于双方对事物的兴趣，一致地全身心投入工作的过程中，探索想法、技巧与材料的使用，以及项目本身的进行。在这种师幼关系里，幼儿的角色属于见习者而不是接受指导的对象。"[②]让幼儿始终全身心地投入到挑战性的工作中，教师也始终保持投入状态，倾听幼儿的建议、问题，保持对幼儿童心的呵护，理解他们的思维，感受他们的体验，营造与他们和谐共处的关系氛围。

（一）相互积极倾听的师幼情感关系核心特征

3—6岁正是儿童汲取外界养分而不断奠定人生底色的关键期，良好的师幼情感关系对其影响具有深远意义。爱、尊重、信任、同情、关心等这些普适情感品质正是奠定幼儿健全人格与未来发展的宝贵精神内核。因此，良好的师幼情感关系非常重要。

1. 高期待。幼儿特别需要教师的信任，即教师相信幼儿能够参与学习，相信他们能够积极与同伴相处，并且把这种高期待传递给幼儿家长，这

---

① ［日］佐藤学.教师的挑战：宁静的课堂革命[M].钟启泉，陈静静，译.上海：华东师范大学出版社，2012：15.
② ［美］爱德华兹，等.儿童的一百种语言[M].罗雅芬，等译.南京：南京师范大学出版社，2006：35.

样幼儿会在学习与游戏过程中把自己看作积极的、有能力的参与者,全身心地投入到活动中去,即使遇到有挑战性的任务,也会有信心尝试与挑战。

2. 尊重。幼儿是充满好奇、喜爱模仿、热爱游戏、喜欢被鼓励与肯定、喜欢挑战、具有反思能力的,即"儿童是有他特有的看法、想法和感情的,如果想用我们的看法、想法和感情去代替他们的看法、想法和感情,简直是最愚蠢的事情"①。教师承认并尊重幼儿的这些特质,尊重每一个幼儿的尊严,不要根据成人的标准给幼儿贴标签,尊重幼儿的身心发展规律与一日生活中的多元表达方式,并让幼儿知道他们是被尊重的。同时,教师学会尊重幼儿,幼儿就能学会尊重教师,相互尊重的师幼关系会让教育充满影响力。

3. 信任。"任何人类集体的努力中,影响最大的变量是信任关系,学校和课堂也不例外。讨论关系管理及创造支持性的学习环境时,我们实际上就是在讨论如何发展和保持相互之间的信任。缺乏信任关系的学校难以令人愉悦,到处充满怀疑和焦虑的情绪,缺少真诚……"②幼儿园中,幼儿需要教师的信任,特别是幼儿因为与家庭分离而产生焦虑、悲伤、恐惧、害怕等情感。教师需要建立起对幼儿的信任,以使幼儿化解这些因为不确定而产生的情绪情感;教师应允许幼儿适当地按照自己的节奏在班级或活动区游戏;教师在参与活动的过程中,应平静、礼貌地与幼儿互动,不能大声训斥幼儿、批评幼儿或对幼儿做出无礼行为,更不能当着幼儿的面议论他们的行为;教师应鼓励幼儿的照料者加入班级活动,有意识地帮助幼儿与教师或同伴建立情感联系。

4. 依恋。良好的师幼情感关系在某种程度是建立一种依恋关系。幼儿

---

① [法]卢梭.爱弥儿:论教育[M].李平沤,译.北京:商务印书馆,2009:91.
② [美]威廉·鲍尔,[印尼]欧辰·库苏玛-鲍威尔.做一名高情商教师[M].张园,译.北京:教育科学出版社,2015:163.

园是幼儿第一次走出家庭,走进公共教育机构。在一日生活中幼儿持续地与教师进行学习,与教师建立起依恋关系,有利于幼儿形成安全感、归属感。

积极倾听应该成为教师有效完成教育教学的重要前提。那么,幼儿园教师要成为一个善于倾听的人,需要做哪些方面的自我反思呢? 如:发现幼儿感兴趣的领域,根据幼儿学习内容而不是表达方式进行判断,倾听幼儿的创造性想法,智慧地参与,思考可以选择的信息,对所讲的内容提出挑战、预见及总结。

(二)幼儿园教师情感沟通的基本方式

幼儿的情感识别、情感理解、情感表达能力受到认知、思维、语言等方面的影响,特别需要教师着力于以下几种情感沟通方式。

1. 沉默与真诚鼓励

良好的情感沟通也需要教师保持适度的沉默,沉默是鼓励、接纳幼儿的表现,如果再加上真诚的言语鼓励更能够体现教师的情感教育素养。这样的沟通方式,会让幼儿有机会把话说完。

2. 专心与自然应答

专心而自然地应答,能让幼儿感受到幼儿园教师在专心倾听、用心关注自己。更多的情感接纳,让幼儿愿意与教师进一步交流,表达自己的想法。

3. 相互倾听与积极反馈

"教师拥有不折不扣地接纳每一个人的专心态度。在教师创造教学的力量中,专业知识和教学经验不过是占了三成而已,剩下的七成就取决于教师能够在何种程度上尊重每一个儿童的思考和感情,能够在何种程度上引发每一个儿童潜在的可能性。"[①]相互倾听与积极反馈指一日生活中教

---

① [日]佐藤学.教师的挑战:宁静的课堂革命[M].钟启泉,陈静静,译.上海:华东师范大学出版社,2012:34.

师积极倾听幼儿的想法、看法,并能够通过言语、眼神、表情等进行回应。

从幼儿角度来说,倾听有助于幼儿养成敢于表达的习惯,特别是那些性格比较内向的幼儿,倾听能够让他们平复情绪,有进一步交流的勇气,获得被尊重的感受。同时,教师积极倾听和反馈,能够让幼儿确认自己被理解、尊重,被带入到美好的情感关系之中。从教师角度来说,教师积极倾听每一个儿童的心声,有利于对幼儿进行观察,有利于培养幼儿相互倾听的关系,帮助幼儿与家长建立良好的情感关系。

二、教育环境:支持与营造幼儿园平等、合理的情感环境

植物的生长需要阳光、水、肥沃的土壤,幼儿也如植物一样需要教育的阳光与土壤,而高质量的教育情感关系和合理的情感氛围就如阳光和土壤,能够帮助幼儿获得社会技能、社交本领,有利于其性格与情商发展。高质量的教育情感氛围,能够让幼儿感到安全,使幼儿的积极行为增多。

(一)幼儿园充满关爱、尊重的情感环境

我深刻地体会到,儿童早期所处的情感支持环境,会为其今后在社会性、数学和阅读上取得更好的成绩奠定基础。更为重要的是,支持的情感关系能够积极地影响幼儿的学习习惯,即使对学习有困难的幼儿来说,情感支持也十分必要。另外,成人能够对幼儿的情感进行积极回应,承认和回应幼儿的情感需求,会有利于其成长与交往习惯的养成,缺少情感回应则会不利于儿童开朗性格的养成。

成人对幼儿进行情感回应,会帮助幼儿的大脑发育,而缺少情感回应则会抑制大脑发育。当我们感到压力时,身体会产生肾上腺素和皮质醇,这两种荷尔蒙有助于身体对威胁做出反应,长期频繁地激发它们,会对大脑造成消极影响。正如美国科学理事会所说:"就像免疫系统,它保护身体抵抗威胁性感染,但当它转变成抵抗身体自身的细胞时,就会导致自身免疫性疾病。过多或过久地激发一个对压力缺少控制的反应,会损害一个人的健康和幸福感。"①压力过大更会患上与压力相关的疾病,如焦虑、抑郁等。教师虽然对幼儿所在的其他环境的影响不大,但对班级环境造成控制性影响,一个有教师情感支持的班级环境,不但能够让幼儿获得归属感、安全感、依恋感,而且能让幼儿的学习兴趣与积极性更高,更能够提升幼儿的幸福感。

美国布兰德特罗、布洛克莱格、范鲍肯等提出"勇气圈"作为一种帮助教师创设环境的模型,针对归属、掌控、独立和慷慨这四种需求得以满足:②

体验了归属感的儿童知道"我被爱"。这对满足其他所有需求很重要。为了体验归属感,儿童需要相互团结,或建立相互尊重的积极关系。由于归属感具有周期循环性,有归属感的儿童也知道如何识别和团结他人。

体验了掌控感的儿童知道"我能成功"。掌控包括学习和社会能力。它有助于儿童建立积极的自我概念。

体验了独立感的儿童知道"我有能力做决定"。这为儿童提供了自我控制和内在规范的能力,便于他们建立目标,并实现理想。

体验了慷慨感的儿童知道"我有一个生活目标"。慷慨使儿童为"社区中他人的幸福负责",并用爱心和同情心为团体做出积极的贡献。

与以上四种需求相对应,教师在环境创设的过程中,主要发挥着四种作用:

1. 建立归属感。帮助每个孩子建立依恋感,建立班级社区,回应来自不同文化的儿童,回应有特殊需求的儿童。

2. 帮助儿童实现掌控。通过活动帮助儿童实现掌控感,通过提供各种挑战性的活动,提高儿童的自我效能感,给予他们目标和技能的支持,鼓

---

① [美]朱莉·布拉德.0—8岁儿童学习环境创设[M].陈妃燕,彭楚芸,译.南京:南京师范大学出版社,2014:26.
② [美]朱莉·布拉德.0—8岁儿童学习环境创设[M].陈妃燕,彭楚芸,译.南京:南京师范大学出版社,2014:27.

励儿童不断努力。

3. 帮助儿童独立。教师通过创设情境，与儿童一起建立清晰一贯的指导规则，允许儿童选择并在结果中学习，允许儿童独立自主，使他们感到有力量，体验内在的纪律。

4. 帮助儿童展示慷慨。帮助儿童觉察和控制自己的情绪，帮助儿童学习识别情感技能并用语言进行描述，帮助儿童管理行为。教师可以示范亲社会技能，就如鲍曼强调的："正如儿童为习得语言而与成人进行言语交流，他们需要通过情感和社会互动来发展关系。成人之间的积极关系，有助于发展儿童对他人想法和情感的见解，并帮助他们学会积极地与他人互动。这为儿童现在和未来的关系发展奠定了基础。"①利用教育契机设计活动发展儿童的亲社会行为技能。

平等合理的情感支持环境测评的框架参考(见表5-1)。

表5-1 一个平等、合理的情感支持环境测评②

教师通过以下哪种方式，与班级里的儿童建立温暖的教养关系 □ 尊重每个儿童，并且能够及时回应他的需求。 □ 观察和回应儿童言语和非言语的暗示。 □ 花时间与每个儿童高质量地单独相处。 □ 主张儿童和教养者之间建立持续稳定的关系。 教师通过以下哪些方式建立友好关爱的集体？ □ 发展一个全纳的物质和社会环境。 □ 期待儿童之间的友善。 □ 通过班级材料呈现所有教师、儿童和家长的情况。

---

① [美]朱莉·布拉德.0—8岁儿童学习环境创设[M].陈妃燕,彭楚芸,译.南京:南京师范大学出版社,2014:42-43.
② Permission is granted by the publisher to reproduce this figure for evaluation and record-keeping. From Julie Bullard, *Creating Environments for Learning: Birth to Age Eight*. Copyright © 2010 by Pearson Education, Inc. ALL rights reserved.

续表

　　□ 为儿童提供活动,以帮助他们相互了解并建立紧密相连的集体。
　　□ 留时间给儿童进行系统的相互分享。
　　□ 留时间给儿童进行正式的和非正式的小组活动。
　　□ 创设一个鼓励儿童合作的班级环境。
　　□ 现实地面对分享,提供充足数量的同种材料和玩具,以及充足数量的为所有儿童所喜爱的有趣材料。
　　□ 创设能使儿童为完成共同目标而一起工作的活动。
　　□ 营造独特的地方感。

　　教师提供的材料反映了教育项目的多样性,并使儿童处于他们尚未经历过的多样性中。这些材料:
　　□ 使儿童沉浸在不同形式的多样性中。
　　□ 积极且现实地描述所有儿童的文化。
　　□ 成为环境和课程的一部分,而不仅是偶尔被使用或者被割裂地使用。
　　□ 挑战各种形式的刻板观念。
　　□ 在集体里重视差异性和多样性。

　　教师同意用以下哪些方式帮助儿童学习和管理情绪?
　　□ 创设能坚守儿童体验挫败的环境。例如,身体活动和安静放松的空间,集体活动和独处的空间,一系列具有挑战性的有趣活动,以及能使所有儿童参与活动的充足的材料。
　　□ 设定一个能减少挫败的作息时间表。例如,留有时间放松休息,当儿童难以入睡时可以不要求他们待在席子上。
　　□ 给他们的情绪贴上标签。
　　□ 用有关情感的词语描述自己的情绪。
　　□ 为儿童解读他人情感。
　　□ 提供能帮助儿童识别情绪的活动。
　　□ 提供能帮助儿童处理强烈情绪的活动。
　　□ 运用积极的儿童纪律。

　　教师通过以下哪些方式,帮助儿童发展亲社会技能?
　　□ 设定亲社会目标。
　　□ 提供榜样。
　　□ 指导儿童的亲社会技能。
　　□ 教儿童解决冲突的技能。
　　□ 关注和鼓励儿童的亲社会技能。
　　□ 帮助儿童发展文化能力。
　　□ 立即处理富有伤害性的和带有偏见的言语。

　　教师为帮助儿童实现自我控制,可以提供:
　　□ 不同领域的挑战。
　　□ 不同难易水平的材料,使儿童能看到自己的进步。

续表

> □ 选择活动机会,满足所有儿童的兴趣和发展需求。
> □ 个体和小组活动,占一天的大多数时间。
> □ 成功的技巧。
> □ 鼓励性的评价。
> □ 帮助儿童设立和满足个体目标。
> □ 肯定儿童的目标实现。
> □ 个体而不是集体竞争。
>
> 教师通过以下哪些方式,帮助儿童实现独立?
> □ 创设环境,鼓励独立。
> □ 允许儿童做自己能做的事,决定他们能决定的事。和儿童一起设立清晰一贯的规则。
> □ 允许儿童做选择并从结果中学习。

(二) 幼儿园充满审美、艺术的情感环境

"所谓感情,乃是对某一个人、对他的所作所为、对自然界、对艺术作品等所抱的情绪上的态度。审美发展和道德发展是密切联系的。对于美的欣赏可以使人变得高尚起来,美能唤起人的善良的感情,如同情心、忠诚、爱、温柔等。感情会在人的行为中成为一种起积极作用的力量。"[1]即通过优美的艺术作品激发幼儿的审美情趣与美感至关重要。"艺术作品首先要激发儿童的思想感情,其余工作都应当是这些思想感情的自然的后果。"[2]通过优美的艺术情感营造,使幼儿的情感得到完善,即"以更高尚的、更善良的、对人们的福利更需要的情感排挤掉低级的、不善良的、对人民的福利不需要的感情。"[3]这也是艺术教育的使命,它能培养儿童的理智,促进其情感发展,更有助于培养其信念。越是依靠情感为基础,信念就越坚定。

幼儿园采用绘画、音乐、造型、手工、文学等艺术教学,展览艺术作品和幼儿自己创作的作品,为幼儿呈现优美的艺术情感环境。在幼儿对艺术的

---

① [苏]赞可夫.和教师的谈话[M].杜殿坤,译.北京:教育科学出版社,1980:116.
② [苏]赞可夫.和教师的谈话[M].杜殿坤,译.北京:教育科学出版社,1980:13.
③ [苏]赞可夫.和教师的谈话[M].杜殿坤,译.北京:教育科学出版社,1980:116.

敏感期阶段,教师通过让幼儿感知与欣赏、理解与交流、创造与表现,让艺术成为幼儿内心深处的精神需要,支持其审美情感与道德发展。教师让班级成为一个"美丽世界",让幼儿与美的环境互动起来,让师幼之间借助于游戏活动互动起来,让相互关爱、尊重的情感气氛映照在幼儿审美的精神世界中,在其情感世界点亮明灯,儿童自然会以美的方式回报教师对他们的关爱。通过美的艺术情感环境,教师会富有灵感地拨动儿童情感的心弦,也会激起幼儿表现出对班级的关切感与责任感。

三、教育对话:幼儿园师幼情感互动

充满情感的师幼互动过程,是教师发现幼儿的过程,也是反思自我情感教育行为的过程,创生情感教育技能方法与智慧的过程,更是通过教育对话对幼儿发生情感教育影响的过程。

(一) 教师对幼儿的情绪安抚

人的发展不仅涉及智力的发展、语言的发展、道德的发展和人格的发展,同时也包括情绪的发展。情绪,通常是指个体受到某种刺激时所产生的一种身心激动状态。① 综合医学、心理学、教育学、社会学等多学科的研究成果,我们知道:"一个人的情绪所处的状态不仅关系着他的身心健康,而且影响着他认知潜能的发挥与人格的和谐发展,特别是对于幼儿来说更为明显。"②由于受神经系统机能尚未发育成熟的影响,加之个体的社会生活经验与阅历有限,"幼儿的情绪带有明显的易变性——容易为外界事物的变化所控制,两种对立的情绪经常在很短的时间内相互转换;易感性——容易为别人的情绪所感染;易冲动——情绪完全表露于外,很少有内心的情绪体验与外部的表情不一致的时候的特点。"③情绪心理学的有

---

① 张春兴.现代心理学[M].上海:上海人民出版社,1994:533.
② 朱小蔓.情感教育论纲[M].北京:人民出版社,2007:49.
③ 叶奕乾,等.图解心理学[M].南昌:江西人民出版社,1982:116.

关研究表明,"个体的情绪的发生、发展经历了一个从最初的未分化的弥散性状态到基本的快乐和痛苦的分化再到具体化、复杂化的过程。在幼儿阶段,只要有合适的外界诱因出现,个体就已经能体验到高兴、亲爱以及恐惧、厌恶、焦虑、愤怒等一些积极或是消极的基本情绪"。① 鉴于情绪在人类个体发展过程中所具有的价值以及幼儿的情绪特征,幼儿园教师就要担负起安抚幼儿情绪的职责,促进其情感、生命、性格的健康发展。

(二) 教师对幼儿的情感表达

人是有感情的。"人类社会中人与人之间的互动行为与关系状况总是附带着某种情感方面的关联,对自己喜爱的人,人们会因为几日不见而朝思暮想,在对方遇到麻烦时不遗余力上前相助,尽管筋疲力尽却会为自己的尽心尽力感到欣慰……而对于自己厌恶的人情况就截然不同了,不仅不会对他们有思念之情、亲近关怀之意,甚至连见面说话都感到厌烦。"②情感对人与人之间的行为以及在此基础上形成的人际关系状态,有着非常重要的影响。人与人之间的喜爱或厌恶之情不仅存在于个体内在的心理体验层面,而且也会通过人与人之间的行为表现出来。

师幼互动过程中,教师与幼儿各自的行为总是蕴含着某种情感特征。为把握这些特征并加深对师幼互动行为的理解,我国幼儿教育专家刘晶波教授专门以情感特征作为界定教师与幼儿行为性质的维度,"教师指向幼儿的情感有三种——正向、负向、中性,幼儿指向教师的情感也有三种——进取、畏惧、平和"③。她通过对589个师幼互动行为事件进行分析,发现这些情感特征在绝大多数事件中基本上都是与具体的施动或是反馈行为相伴而生、作为行为的附属而存在,但是在教师开启的互动行为中却有一

---

① [美]托马斯.情绪心理学[M].张燕云,译.沈阳:辽宁人民出版社,1987:271-273.
② [日]齐藤勇.人际关系心理学[M].弓海旺,等译.北京:中国和平出版社,1987:86.
③ 刘晶波.师幼互动行为研究:我在幼儿园里看到了什么[M].南京:南京师范大学出版社,1999:185.

项指标侧重于表达情感的主题。

"表达情感是指教师在开启与幼儿的互动行为时,多数情况下只是单纯地表达教师个人对某个幼儿所怀有的好感或是反感,不带有任何指导、管理、照顾幼儿的目的,有时这类互动中我们也会看到教师指向幼儿的一些其他意愿,但从根本上说它们只是教师借以表白自己情感的一种方式和手段。"[①]教师对幼儿怀有喜爱的情感,那么不管教师还是幼儿都会有一次开心的、愉快的经历。相反,如果教师带着厌恶的情感去与幼儿互动,则不仅教师一个人感到不快,而且幼儿也体验着不安。

四、教育情绪:教师情感压力调适与自身情绪管理

幼儿园教师自身的情感也需要指导,教师长期面临育儿工作压力,进而引发紧张、焦虑、不知所措等心理问题。一线幼儿园教师的工作往往存在"四多四少"现象,四多即指"孩子数量多""业务要求多""家长期望多""教育评价多",四少即指"工资少""沟通少""爱护少""关怀少",这些都直接导致教师自身情绪情感冲突强、自我意识弱的问题。

(一) 尊重幼儿园教师:拥有积极的情感体验

教育是"直面人的生命、为了人的生命质量的提高而进行的社会活动,是以人为本的社会中最体现生命关怀的事业"[②]。教育的发生是以教师这一重要主体的生命价值、生命质量获得尊重与关注为前提的。幼儿园教师只有拥有被尊重的情感,才能对幼师工作保持热情。所以,提升其薪资待遇,职称晋升公平化,全社会形成对幼儿园教师的尊重与理解、包容与体恤、支持与关爱,才能让教师有动力、有激情地从事幼儿园教育工作。

---

① 刘晶波.师幼互动行为研究:我在幼儿园里看到了什么[M].南京:南京师范大学出版社,1999:185.
② 本刊记者.为"生命·实践教育学派"的创建而努力——叶澜教授言谈寻[J].教育研究,2004(2).

(二）关怀幼儿园教师：搭建教师情感调适平台

"幼儿园教师的情感体验提升，不能忽视组织与人际的作用。"①幼儿园管理者需要主动了解教师情绪情感状况，有意识地为教师搭建多元平台，探索人本、德行管理的手段与方法，并注重幼儿园人际情感氛围营造，建立和谐、温暖、认同、信任的情感人际关系，促进教师积极的情感体验。有研究表明："一日工作中教师总体情感体验受积极的充实感与消极的疲惫感影响较大。"②譬如，负面情绪体验和生理资源的耗竭感、长期高强度工作压力产生的疲倦感与失落感。幼儿园应多在教师的业务学习、专业发展、情感态度等方面给予帮助与指导，满足幼儿园教师追求的愉悦与快乐情感体验，提升其职业生活的幸福感。

（三）成就幼儿园教师：指导教师自我情绪管理

教师情绪管理对自身、幼儿以及师幼关系建立都具有重要价值。教师维持积极的情绪状态，拥有良好的人际关系，较高的自我效能感等都需要自我情绪管理来实现。《幼儿园教育指导纲要（试行）》中指出："建立良好的师幼关系、同伴关系，让幼儿在集体中感到温暖，心情愉快，形成安全感、信赖感"③。幼儿园教师在工作中可能会感到疲惫不堪、身心负担沉重、工作效率低下，也会产生愉悦、骄傲、愤怒、失望、沮丧、委屈等多种情绪，这些情绪对自己的思想行为有促进作用，也会有反作用。有研究表明："消极的情绪往往会产生诸多负面影响，长期受情绪困扰有可能会对教师和幼儿的身心健康造成危害，而积极的情绪会利于教师自身的发展和提高幼儿的积极性。"④《幼儿园教师专业标准》也指出"教师要善于自我调节情绪，保持

---

① ［苏］彼得罗夫斯基，等.普通心理学［M］.龚浩然，等译.北京：人民教育出版社，1991:412.
② 林媛媛，孟迎芳，等.幼儿园教师一日工作情感体验分析：基于日重现法的研究［J］.学前教育研究，2017(8).
③ 中华人民共和国教育部.幼儿园教育指导纲要［S］.2001.
④ 邹燕.小学教师情绪管理的个案研究［D］.天津：天津师范大学，2010.

平和的心态"①。因此,幼儿园需要充分关注与指导教师对自我情绪进行管理,适当表达自己的情绪,能够运用适切的情感教育方法和策略,缓解与消除消极的自我情绪,维持与发展积极的自我情绪,使自我身心处于和谐状态。教师还可以通过团体情感教育指导方式进行情感调适,如阅读、工作坊、对话等,提高自我对情绪情感的认知,提升情绪管理能力。

五、教育机智:幼儿园教师情感教育行动指南

近年来,通过对幼儿园教师的调查与访谈,我一直与教师们共同探讨:幼儿园教师意识到自己的社会能力和个人能力了吗?"你需要理解儿童和家长,同时和管理者等人的态度和情绪、情感,还需要理解如何与这些人协调合作。"②阿奎那把教师的职业描绘成信念、爱和学习的结合。他说:"教师需要成为沉思的学者、积极学习的代理人、他们自己科目上的专家、有经验的教师和人性的热爱者。"③我觉得,幼儿园教师还要成为情感教育专家,幼儿园教师是儿童在情感发育关键期阶段最懂孩子的人,他们关心孩子、热爱孩子。

朱小蔓教授认为:"教师的情感特征会影响师生关系,而师生关系直接影响孩子的安全感、依恋感、信任感,影响他们对社会与他人的亲切感,这些品质是一个人道德成长最为重要的基础。"④2013 年 5 月,美国哥伦比亚大学弗朗西斯·休恩梅克来中国参加情感教育论坛时说:"教师情感不能也不用去隐藏,不要去故意隐藏,关键是要恰当地表达。教师对学生造成伤害,往往是因为不恰当的情感表达。比如,一个学生表现不好,教师说你这个小孩坏透了,我不想看到你,你出去,等等。这样的话会贬低学生的人

---

① 中华人民共和国教育部.幼儿园教师专业标准[S].2012.
② [美]艾伦·C.奥恩斯坦.当代美国课堂教学[M].严文蕃,等译.南京:江苏教育出版社,2009:57.
③ [美]艾伦·C.奥恩斯坦.教育基础[M].杨树兵,等译.南京:江苏教育出版社,2012:105.
④ 朱小蔓.与世界著名教育学者对话(第一辑)[M].北京:教育科学出版社,2014:5.

格,其实,我们可以换一种方式。比如,当学生行为方式不当时,我们可以说,我担心你这样做对你自己的成长会造成伤害。教师应该成为一个真实的人,他们可能会犯错误,但应该勇敢承认错误,学生会记得一位承认自己犯错误并与他共享仁爱的教师。同情与原谅使我们和学生一起同欢乐、共痛苦,而不是在学生的心目中削弱我们作为教师的威严和积极影响。"[1]所以,我们要关注教师的情感人文素质,培养其情感能力,强调教师作为独立、独特的生命个体,尊重教师情感方面的正当需求。

幼儿园教师是支持者,是主导者,是指导者……教师拥有的多种角色也决定其有无比重要的价值。因此,对教师的情感教育经验积累、情感教育认识与信念、教育风格与个性等最根本、最切实的情感教育智慧进行阐释至关重要。

(一)幼儿园教师的情感教育意识觉醒

教育是一门关系的学问,教师与儿童之间拥有良好的情感关系,儿童才能主动地学习。良好情感教育效能的基本假设是:"不论你教的是什么(任何学科、任何内容、任何技能、任何价值或信念),要想使教学有效,师生关系的质量是关键。"[2]良好的师生关系也是教师获得教育自信与职场幸福的关键。师生关系的核心是情感联结,教师不必伪装自己的情感,不必从一个角色转换到另一个角色,也不必让自己伪装成道德完备的人,而是真实地做自己,给予儿童教育影响。

在日常的保教工作中,幼儿园教师始终保持对学前儿童的呵护和理解,理解他们的思维,感受他们的体验,营造与他们和谐共处的亲密氛围。"利用人们之间关系的无限丰富的生活情境,有意识地创造培养情感修养

---

[1] 朱小蔓.与世界著名教育学者对话(第一辑)[M].北京:教育科学出版社,2014:5.
[2] [美]托马斯·戈登.T.E.T.教师效能训练:一个已被证明能让所有年龄学生做到最好的培训项目[M].李明霞,译.北京:中国青年出版社,2015:21.

的情境,这是最细腻的教育技艺领域,是教育修养的本质。"①幼儿园教师通过对周围世界进行细腻的情感观察,形成自身的情感能力与修养,成为学前儿童的心灵导师,引导儿童用智慧和心灵细腻、敏感地去观察周围世界。"人的情感修养的源泉,是教师用心灵去感觉儿童、少年、小伙子、大姑娘的内心精神世界的能力。孩子常常有自己的恐惧、欢乐、忧虑和痛苦。有高度情感修养的教师能够根据孩子眼神中流露出的思想、情感、体验去感觉他的内心世界。一个敏感的教师会让孩子感觉到老师已猜到了他心中的恐惧、悲哀、忧虑和痛苦。当确信孩子需要帮助后教师就会与他单独交谈。善于进行这样的谈话,是情感修养的一个重要特点。"②即培养幼儿园教师成为一个情感细腻的人,能深刻地体验快乐和悲伤、痛苦和忧愁、愤怒和气愤,并能用自己的言行举止向儿童表达与示范,儿童也以教师为榜样,学会用"轻声细语"表达丰富的情感。

1. 幼儿园教师拥有情感与道德教育意识

美国教育家杜威说:"每一门学科、每一种教学方法,学校中的每一偶发事件都孕育着培养道德的可能性。"③但幼儿园情感教育仍然具有较强的挑战性,幼儿园教师的情感与道德教育的意识和自觉性需要被激发出来。如,教师相信每个儿童都持有"做好孩子"的真诚愿望,饱有信心,能看到每一个儿童都有道德学习的潜能,自己也饱有情感与道德教育热情。

幼儿园教师对学前儿童情感状态、认知、智力发展及信念形成之间的关系是明确的,能够细腻感知学前儿童的理智与情感、情感与道德意识、对周围世界的情感态度与现实这三者之间的关系,并支持幼儿适当地表达自

---

① [苏]苏霍姆林斯基.育人三部曲[M].毕淑芝,等译.北京:人民教育出版社,1998:579.
② [苏]苏霍姆林斯基.育人三部曲[M].毕淑芝,等译.北京:人民教育出版社,1998:599.
③ [美]约翰·杜威.学校与社会·明日之学校[M].赵祥麟,等译.北京:人民教育出版社,1994:164.

己的情感,认识自我,建立积极的自我概念。他们尽力为每个幼儿创造做自己喜爱的、感兴趣的事情的机会,让幼儿将心灵的情感能迁移到学习之中,迁移到集体中的社会情感学习之中。

幼儿园教师在其自主生命情感成长的过程中,不仅仅会拥有情感教育热情,还会自觉利用和挖掘情感道德教育资源,主动创造情感与道德教育的多元角色。朱小蔓教授曾对课堂教学中教师角色的道德品质引导进行梳理(见表5-2)。

表5-2 课堂教学中教师角色的道德教育品质引导[①]

道德价值	教师角色	要点	学生的体验与可能成效	期望传达的道德品质
真诚	榜样	真实展示给学生。	归属感、同感共受	真诚
平等	伙伴	平等对待学生并给学生提供平等机会。	安全、分享、自信	平等
尊重	倾听者 欣赏者	重视学生的当下感受,不伤害学生自尊心,给学生自主权。	自由表达意见、敢于质疑、独立见解、责任感	尊重
公正	提问者	将评价原则及依据的理由向学生公示。	安全感、正义感	公正
宽容	引导者	将学生的错误看出是其成长中的正常现象;给学生成长"留有时间"。	合作意识、创造力	宽容
同情	关怀者	丰富的情感,为身处学习、心理、交往等困境的学生提供帮助。	依恋感、关注他人、感恩	同情
关爱	激励者	表扬与批评对事不对人。称赞只指向德行本身。	感恩、积极改正、不骄傲	关爱

幼儿园教师可以对照表格中的内容,反思一日生活中自己多元的情感与道德角色。当然,我并不是说一定要机械地与幼儿专门谈论情感。斯坦

---

① 朱小蔓.情感德育论[M].北京:人民教育出版社,2005:270.

尼·斯拉夫斯基多次说过"情感是不能命令的",我更不想在幼儿园日常教育情境中过多地矫揉造作或故意制造点什么,只是希望幼儿园教师能够自觉觉察自身拥有的多元教育角色,在各种教育情境中,主动借用丰富的情感道德资源,对学前儿童进行情感引导,激发他们情感与道德学习的热情。

2. 幼儿园教师拥有道德成熟与"慈爱"

教师若能够完成情感与道德教育,自己首先要成为"道德成熟"的人,拥有道德成熟的"慈爱"。美国课程督导与课程开发联合会(The Association for Supervision and Curriculum Development)曾对道德成熟者进行了描述。①

尊重人类尊严。包括尊重所有人的价值和权利;避免欺骗和不诚实;促进人类平等;尊重良心的自由;和持不同观点的人们合作;制止带有偏见的行为。

关心他人的安康。包括认识到人与人之间是相互依赖的;关心自己的国家;寻找社会正义;乐于助人;致力于帮助别人提升道德。

把个人的利益和社会的责任整合起来。包括投身于社区生活;义务从事社区工作;在日常生活中展示出关心自身权益和其他的美德——自我控制、勤奋、平常心、友善、诚实和彬彬有礼;履行承诺;通过和其他人的关系建立自尊。

证明自己的完整性。勤奋工作;践行道德原则;为自己的选择承担责任。

反思道德选择。能够识别出在某个情境中的道德原则;当进行道德判断的时候应有道德原则;思考道德决策的后果;了解社会和世界上重大的

---

① [美]艾伦·C.奥恩斯坦.当代美国课堂教学[M].严文蕃,等译.南京:江苏教育出版社,2009:124.资料来源:ASCD Panel on Moral Education. Moral Education and the Life of the School [J]. Education Leadership,1998(5):5.

道德问题。

寻求冲突的和平解决方式。寻求公平的方式来解决个人和社会冲突；避免身体和言语上的攻击；用心倾听别人；鼓励别人进行沟通；为和平而努力。

幼儿园教师通过学习理解"道德成熟"的内涵，认识到人的情感最为纯洁与崇高。人的情感具有思想性与方向性，是培养道德富有、全面发展、思想积极的人的重要源泉之一，是个人精神生活复杂规律的内核。教师通过认同情感的价值，明确"如果人们之间的相互关系没有渗透一种最纯洁、最崇高的情感——人的情感，只有当情感的自由来自于强大的内心情感的约束，情感的自由才能带来普遍的幸福。必须发展一个人对其他人的责任感，这在任何精神生活领域中都非常重要。必须通过情感的约束，通过自我教育和自我制约去引导少年理解'情感的自由'。"[①]对学前儿童系统进行道德感、理智感、审美感培养，使其成为高尚的人。

幼儿园教师拥有"慈爱"就不难理解了。著名教育家苏霍姆林斯基说："因为在我们教师这一行业里，教育者是能施影响于他人精神世界的一种力量，而这种力量具体体现于对学生的爱。教师不爱学生，无异于歌手没有嗓音，乐师没有听觉，画家没有色彩感。不爱儿童，就不可能了解儿童。古往今来一切杰出的教育家之所以成为教育文明和人道主义的灯塔，首先正是因为他们热爱儿童。"[②]教师爱孩子意味着他总是感到跟孩子交往是一种乐趣，相信每个孩子能成为一个好人，善于跟他们交朋友，关心孩子的快乐和悲伤，了解孩子的心灵，时刻都不忘自己也曾是个孩子。

教师对儿童的热忱、温暖、关怀，可以用"善良"这个词来概括，"它是教

---

① [苏]苏霍姆林斯基.育人三部曲[M].毕淑芝,等译.北京:人民教育出版社,1998:557.
② 蔡汀,王义高,等.苏霍姆林斯基选集(五卷本)·第5卷[M].北京:教育科学出版社,2001:423-424.

师长久而艰巨的情感自我教育的结果;它不是抽象的,而是人性的、现实的,充满了对人信任的和善、亲切和热爱,这是一股强大的力量,能在人身上树立起一切美好的东西,使他成为理想的人。"①教师对儿童的这种爱,苏霍姆林斯基称为"慈爱"。他认为唯有慈爱才是有奇效的精神力量,它能保护儿童心灵免遭粗俗和凶狠、冷漠和残忍的侵蚀,能防止孩子对善良、慈爱、诚挚的话语麻木不仁。他相信:"慈爱,假如它能在人身上确立起自尊,就会具有一种奇特的性质:它能使儿童养成内心的羞耻感和良心的责备感。要善于找到这样一种语言,并善于说出这样一种语言,以便既不贬低儿童,同时又能使他感到羞耻——这是培育心灵最重要的不容违背的准则之一。这种语言不会从教育学教材中背会,也不会写在教授的讲义里。它产生于教师的心田,因他的感情而具有某种特殊的情调。只有当教师用心灵说话时,学生才会听到教师的心声……可就是这些语句,也会触到最敏感的心灵深处,迫使他们去体验自己的行为,激发出心灵的高尚活动。语言的奇特力量,产生于教师的爱和他对人的深刻信心。对人的爱,对人的信心,形象地说,是慈爱的翅膀赖以飞翔的空气。没有这种空气,鸟儿就会像石头一样坠落地上,而似乎是慈爱的语言也是死板板的声音。"②实践也已证明,只要师生情感顺畅,教师"道德成熟",充满"慈爱",对儿童不良行为的矫正也会事半功倍。"因为师生之间的浓厚的感情,利于儿童消除疑惧心理和对立情绪。譬如,犯错误的学生常常在心里有一道防线,对别人存有戒心、敌意,且心虚、敏感。此时,教师不要急于批评,而是要更加关心他、爱护他、信任他,使之深受感动,从而消除其心理防线。"③这种情感教

---

① 孙孔懿.和谐的追求:苏霍姆林斯基教育思想述要[M].南京:江苏凤凰科学技术出版社,2017:155.
② 蔡汀,王义高,等.苏霍姆林斯基选集(五卷本)·第5卷[M].北京:教育科学出版社,2001:520-521.
③ 陈琦,刘儒德.当代教育心理学(第2版)[M].北京:北京师范大学出版社,2007:437.

育智慧，正是教师有诚心、耐心和细心的表现，更是其"道德成熟"与"慈爱"的具体表现。

(二) 幼儿园教师语言修养的提升

在日常生活中，有的幼儿园教师说的话能让人"笑起来"。教师的话语能成为强有力的教育手段，他们对儿童的影响潜移默化，充满力量。同样，有的幼儿园教师说的话能让人"跳起来"，他们的话语对学前儿童来说是难以忍受的折磨，他们对学前儿童的影响不但没有产生，反而会遭到儿童的反感，甚至厌恶。我们已经强烈意识到教师的语言表达与情感修养亟须重视。教师的语言，是影响儿童心灵不可替代的手段。情感教育的艺术，首先是语言的艺术。因为教师在语言表达的过程中，表现着自己的情感态度与修养，有感染力的教师能充分利用语言表达出情感教育的力量，既能表达出对儿童行为的称赞、激励，又能表达出对儿童行为的劝诫、禁止、惩罚等，还能为儿童创设一种精神饱满、积极向上的情感氛围，在这样的情感氛围中，儿童会快乐地游戏、好奇地探究、自由地玩耍、友好地遵守规则……

同时，语言本身也具有情绪情感教育的力量。人们以各种方式通过语言来激发幸福感。语言对听者来说是一种安慰，即用言语表示同情，语言甚至是抗抑郁的良药；语言还具有娱乐的作用，譬如讲故事和笑话，故事中虚构的信息让人获得满足，笑话迎合了人们的幽默感。语言对说者来说具有释放情绪的作用，即通过倾诉来消除不愉快的情感。宣泄是一种高级智力活动，在这一活动中情绪与人类活动的关系通过体验和反思过程逐渐清晰起来。① 因此，幼儿园教师通过精巧的教育艺术，让幼儿对教师的"美丽语言"具有敏感性，然后再用美来激发幼儿的心灵，让自己的教育语言具有

---

① ［英］Dylan Evans. 解读情感［M］. 石林，译. 北京：外语教学与研究出版社，2007：6.

疗愈,并把这些"活力语言"运用到幼儿的创造活动与游戏中去。

教育家苏霍姆林斯基把语言称为教育中最精细的工具。他认为:"如果不能用人的教育中最精细的工具——语言去触及人的心灵的最敏感的角落,那么这种教育力量将是沉睡的壮士。不重视语言,不相信语言的力量,会导致教师缺乏教育修养和教育上的简化。教师不善于从语言的宝库中选择恰恰需要的词汇,从而找到同乡人的心灵(心灵是独一无二的,每个人都不一样的)的道路。不经意地想起几句毫不起作用地被学生的意识弹了回去。教师的话学生一个字也听不进去,他的心灵对这些话语就像聋子一样。"① 学前儿童正处于认知、情感、语言发展的关键期,他们有掌握复杂现象和关系的愿望,对语言及其色彩也十分敏感。因此,通过语言对其进行情感与审美教育,使其感觉到语言的丰富与情感的色彩,方能培养其对语言的敏感性,进而从语言修养到情感修养,从情感修养再到语言修养,循环往复,相互促进。

幼儿园教师需要提升语言表达能力与情感修养,努力让温柔、美丽、灵动、好听的语言进驻学前儿童的心灵,让幼儿并产生情感共鸣,提升情感—审美修养。

具体而言,幼儿园教师语言修养提升,还需注意两点:

1. 多运用接纳语言,切忌运用不接纳的语言

接纳的语言有利于实现顺畅、和谐的沟通与对话,可以产生沟通的力量,有利于实现教育目的。"积极聆听使学生感受到他们得到了尊重、理解和接纳。它促进更深入的交流、平复情绪、提供宣泄情绪的渠道。"② 譬如,在一日活动过程中,积极聆听还可以作为幼儿园教师的一种情感激励策

---

① [苏]苏霍姆林斯基.育人三部曲[M].毕淑芝,等译.北京:人民教育出版社,1998:565.
② [美]托马斯·戈登.T.E.T.教师效能训练:一个已被证明能让所有年龄学生做到最好的培训项目[M].李明霞,译.北京:中国青年出版社,2015:64.

略,教师以真挚的爱去关心幼儿、帮助幼儿。这种爱是开启幼儿心灵之门的钥匙,幼儿一定会感受到教师的关心和爱护,也自然会产生一种肯定的情感反应,所以幼儿经常会把教师的要求转化为自己的自觉行动,并能在集体活动中积极主动回答教师提出的问题,此时,教师非常有成就感,能体会到"高峰情感体验",产生情感"连锁反应"。因此,通过运用接纳性语言,与幼儿建立积极的情感关系,让幼儿拥有理解、尊重、关心等情感品质,教师自己也学会保持真诚、信任、接纳,避免呆板、做作与虚伪之嫌。

相反,幼儿园教师使用不接纳语言将难以实现情感教育。因为这些语言有碍于师生进一步沟通,阻碍双方谈话的进程,抑制甚至阻断双方的沟通,成为情感沟通的绊脚石。托马斯·戈登先生研究并概括出教师不接纳语言,具体包括以下内容:①

① 命令、控制、指挥。(学生觉得自己的感受不重要,必须遵从老师的感觉或需要)

② 警告、威胁。(控制遵从,并增加拒绝服从的后果)

③ 说教,总是说"应该""必须"。(容易导致学生防守、更加维护原来的姿态,觉得老师不信任自己,自己也觉得自己很"差劲")

④ 建议,提供解决方法。(觉得老师不相信自己独立解决问题的能力,容易产生依赖和误解)

⑤ 教导、讲理、推理、摆事实。(有问题的学生容易产生自卑)

⑥ 判断、批评、不认可、职责。(容易让学生觉得自己不足、无价值、糟糕,会隐藏自己的情感以免被苛责)

⑦ 谩骂、归类、嘲笑。(负面评价容易让学生建立消极自我概念,并学会找借口与自我开脱)

---

① [美]托马斯·戈登.T.E.T.教师效能训练:一个已被证明能让所有年龄学生做到最好的培训项目[M].李明霞,译.北京:中国青年出版社,2015:62-64.

⑧ 说明、分析、诊断。(学生容易觉得教师自作聪明,被教师说中之后产生不安与失望情绪,以及被看透的慌张)

⑨ 赞扬、肯定,给予正面评价。(评价不符合学生的自我认知时,可能会使学生产生反感情绪,有被控制的感觉。公开表扬也会让人惶恐不安)

⑩ 解忧、同情、安慰、支持。(学生感受到教师不想看到自己的样子,对自己不信任)

幼儿园教师可以对照以上十种不接纳语言,反思自己在一日生活中的语言表达,学会多用接纳语言,让自己成为高情商的人。

2. 教师运用适宜的非言语行为实现师幼情感互动

自古以来,人们就非常认同言传身教是有效的教育方式。对于幼儿园教师而言,教育教学实践中存在言语和非言语两种教学行为。幼儿园教师的语言能调动幼儿的听觉,而微笑、眼神、面部表情、手势、身体等体态语则能更多地调动幼儿的视觉。体态语形象、生动是信息沟通的重要方式与手段,有效实现教师与幼儿之间的情感表达。

(1) 体态语:无声的情感语言

在游戏活动过程中,教师恰当地运用体态语能激发幼儿的思考能力,帮助幼儿准确地掌握知识、理解内容。尤其是幼儿不容易理解的内容,教师可运用恰当的体态语,帮助幼儿加深理解,达到"此时无声胜有声"的教育效果。然而,在实践中不少教师却常常表现出现"重言传"而"轻身教"的倾向。其实,在幼儿园的游戏中,教师的非言语行为至关重要。研究表明:在绝大多数情况下,语言的交流仅仅表达了我们思想最小的部分——在30%～35%。另外,艾尔特·麦拉比恩也提出,信息传递交流的总效果＝7%言语＋38%音调＋55%脸部表情。在教学过程中,几乎一切非言语的声音和动作都可以用作沟通手段。

首先,教师应有意识地运用体态语。在幼儿园日常生活中,有些教师经常会用手势来提醒幼儿活动开始、活动结束、注意等,幼儿很容易就明白了教师的行动指令。

其次,教师应有智慧地运用体态语。在一日生活中,教师要时刻关注幼儿的表现,恰当地使用体态语。当个别幼儿注意力不集中时,教师可用眼神来暗示他;或者,教师可以站起身来,走到该幼儿旁边,使他将注意力集中于活动中。当个别幼儿胆小不敢回答问题时,教师可走到幼儿面前,蹲下来,握着幼儿的手,用鼓励的眼神看着幼儿,激发幼儿表达的欲望。另外,教师可结合平时的教学活动内容,用动作提醒幼儿,引发幼儿的思考。例如,在引导幼儿学习反义词时,问到"高"的反义词是什么时,教师就可以踮起脚,高举双手来暗示幼儿,幼儿就会想到"矮",即使幼儿表达不出来,幼儿也会用正确的动作来回应。

最后,教师一定要恰如其分地使用体态语。体态语是教学语言的一部分,教师的一颦一笑都在潜移默化地影响幼儿,正所谓"于无声处见精神"。因此,使用好体态语是每位教师都应该具备的教育教学技能。不过,需要注意的是,教师在使用体态语时一定要恰如其分,符合教学实际,与教学内容协调一致。

(2) 微笑:最美的情感语言

大三班的班长张老师性格开朗、活泼,关心和爱护班级中的每位幼儿。每天清晨,她走进班级活动室的时候,都是满面春风,面带微笑,让幼儿感到轻松与愉悦。全班幼儿和家长也都十分喜欢她。

几个月前,张老师所在的班级来了一位刚从幼师毕业的新老师。这位新老师专业技能技巧高超,业务能力也比较强,只是她很少对幼儿微笑,偶尔才会对一些她很喜欢的、乖巧的幼儿露出笑脸。看着这位新来的年轻老师,作为班长的张老师总觉得她的身上缺少点什么,但她并没有对此太在意。然而,有一天,张老师收到的一封信却让她对这位新老师存在的问题有了更深入的思考。

这封信是班中一位小女孩的爸爸写来的。他在信中讲述了自己现在是单身一人带着女儿生活，而女儿由于父母的离婚变得特别敏感。有一次，女儿对他说，幼儿园来了一个新老师，她每次来到班级门口时都对这位新老师笑，向这位新老师问好，可是这位新老师却总是板着脸，对她不理不睬，而这位新老师对有些小朋友却是笑脸相迎。女儿经常对父亲说："我知道，新老师不对我笑，是因为新老师不喜欢我，因为我的爸爸妈妈离婚了，新老师不喜欢那些爸爸妈妈离婚的孩子。"鉴于女儿的这些感受和想法，爸爸想通过书信的方式让作为班长的张老师了解到这一情况，希望她能和那位新老师沟通一下，希望孩子以后能看到那位新老师的笑脸。

张老师读着这封信，心情开始变得沉重起来，她真切地感受到了一个父母离异的幼儿那种特殊的敏感与苦闷，同时，她更加深刻地意识到了教师责任的重大，因为教师的一颦一笑都会影响到幼儿身心的健康发展。于是，张老师把这封信交给了那位新老师，与她进行了一番长谈，帮助她意识到了自己存在的问题。此外，张老师还给那位父亲回了一封长信，在信中，张老师真诚地告诉家长，教师也是一个普通的人，也需要一个日渐成熟的过程，那位新老师从教不过几个月，还有很多东西需要学习，在这个过程中，肯定会有不当之处，希望家长能以宽容的心去对待她，并相信她终究能够学会爱所有的孩子，能够把微笑献给所有的孩子。

这件事终于得到了圆满的解决，小女孩的心结在老师和家长的共同努力下被解开了，灿烂的微笑重新洋溢在每位老师和幼儿的脸上。通过这件事，张老师也对微笑的意义有了更深切的感悟，她在日志中这样写道："衷心地希望，天下所有的老师，把你的微笑真诚地、无条件地给予所有孩子吧！他们需要老师的微笑！"

许多人都知道这样一个童话故事，它的题目叫《微笑》，主要内容是：

森林里的动物们都是好朋友,小鸟为朋友唱歌,大象为朋友盖房子,小兔为朋友送信。大家都在想可以为朋友干点什么。小蜗牛很着急,自己除了整天背着沉重的壳,在地上慢慢地爬以外,别的什么也干不了。

小兔走过小蜗牛的身边,小蜗牛友好地向她微笑。小兔说:"小蜗牛,你的微笑真甜!"小蜗牛想:"对呀,我可以对朋友们微笑!"可一想又不对:"难道让朋友们放下手中的活,跑来看我微笑吗?"忽然,小蜗牛想出了一个好办法。

第二天,小蜗牛把厚厚的一沓信交给小兔子,让她给森林里的每一位朋友送去。朋友们拆开信,里面是一张画,画上的小蜗牛正在甜甜地微笑。森林里的朋友们也都微笑起来,他们说:"小蜗牛真了不起,他把微笑送给了大家。"

结合上文教育细节,我们是否应该重新思考微笑的意义呢?在幼儿园教育实践中,教师的微笑具有哪些意义和作用?教师的微笑会对幼儿产生什么样的影响?会带给幼儿什么样的感受?或许,很多教师从未仔细思考过这些问题。

俗话说,"一日之计在于晨"。幼儿园的晨间接待对幼儿来说具有特殊的意义。对于每个人来说,朝阳升起的时候是一天中充满希望的时刻,每个人都在为自己即将拥有的新的一天祝福。家长们也是满怀希望地把自己的孩子送入幼儿园,每个家长都希望自己的孩子能在幼儿园中度过轻松、愉快的一天。当然,这一天应该是以孩子带着灿烂的笑脸和父母挥手再见为起点的。然而,很多时候,由于各种原因,如:有的幼儿因为不熟悉幼儿园的环境,有的幼儿因为分离焦虑严重,等等,幼儿们在入园时常常会出现哭闹、不让亲人离去、排斥老师等情况。家长们更是焦虑不安,不知如何面对哭闹不止的孩子。

当发生上述情形时,接待幼儿入园的老师应该如何处理呢?一般来说,除了教师的角色之外,教师还应扮演好幼儿亲人的角色。教师关切的问候、微笑的面容、轻柔的声音、温婉的动作、亲切的拥抱,都会成为幼儿最佳的心理安慰剂。例如,教师可以关切地问候幼儿:"你早啊!"同时,从家长手中亲切地拉过幼儿的小手。教师还可以夸奖幼儿:"今天,你的小辫子好神气哦!让老师看看是怎么梳的。"对于特别害羞的幼儿,教师更应该主动上前,通过爱抚的动作和微笑的表情,赶走幼儿内心恐惧感和陌生感,让幼儿体验到教师那种犹如亲人一样的关爱之情,在最短的时间内找回快乐的心情。总之,教师应该通过创设愉悦的氛围,来打开幼儿心中的"快乐之门",让他们在幼儿园里度过美好的一天。

上述案例就反映了一位新入职教师由于没有做好晨间接待工作,尤其是没能做到微笑地面对所有幼儿,而给一个离异家庭的幼儿造成了不良的心理影响。其实,这位新教师如果能够面带微笑地去接待所有幼儿,那么,小女孩就不至于产生幼儿园老师不喜欢她的想法,尽管这种伤害是无意识的。虽然该班的班长张老师采取了一些补救措施,但是,对于那个小女孩来说,新老师的行为还是对她的情感产生了消极影响。

每一位幼儿教师都应该认识到:人的面部表情是表达个人信息的重要载体之一。如,展眉表示欢欣,皱眉表示愁苦,扬眉表示得意,满面笑容表示高兴,等等。可以说,人的面部表情是最能传情达意的。心理学家艾尔特·麦拉比恩在一系列实验研究的基础上证实:人类有55%的信息是通过面部表情来进行交流的。许多学者发现,儿童有一个显著的特点,那就是他们首先把注意力集中在人的面部。在幼儿园中,很多时候幼儿是通过教师的面部表情来获得信息的。例如,某一名幼儿回答问题后,如果教师对该幼儿的答案不满意,不经意间做出了皱眉、摇头、噘嘴等表情,那么,尽管教师没有说任何话,但是幼儿还是会从教师的这些面部表情中接收到信息,心理会受到一定影响。

微笑是最好的非语言性信号,是一种具有强烈感染力的体态语。对于幼儿教师来说,不论是晨间接待,还是组织游戏和教学活动,能够成功地运用微笑这种非语言行为非常重要。教师的微笑会对幼儿的心理成长以及师幼关系的发展产生不可替代的重要影响。

微笑是教师与幼儿之间形成良好交往关系的重要因素。如果教师面带笑容地组织教育教学活动,幼儿就会感到亲切,就会愿意接受教师的教育,师幼互动也会更为频繁,教育效果会更好。据专家调查,经常面带笑容、举止适度得体、年轻活泼漂亮的教师最受幼儿欢迎。相反,经常一本正经、面色阴沉的教师,会使幼儿望而生畏。幼儿不喜欢教师,教育效果自然也会受到影响。

微笑是教师为幼儿创设良好心理环境的重要因素,也是使幼儿保持平静、祥和心境的关键所在。如果教师面带微笑走进活动室,就会让哭闹的幼儿慢慢平静下来,就会让紧张的气氛逐渐变得轻松起来,更会让幼儿在轻松愉悦的氛围中开始一天的学习与生活。如果教师能面带真诚的笑容与幼儿交流,就会拉近师生间的距离,消除幼儿的胆怯心理。离园时,如果教师能用真诚的微笑目送每一名幼儿离去,那么,幼儿会对教师产生不舍之情。

微笑是教师与幼儿沟通情感的桥梁。教师要用自信、轻松、真诚的微笑让幼儿动起来、乐起来,建立自信,打开心扉,消除自卑,每一天都快乐健康地成长。微笑是教师最美丽的语言,它并不需要教师花费多少力气,但是它却具有无穷的魅力!

综上,情感教育就是要"关注人的情感层面如何在教育的影响下不断产生新质,走向新的高度,也是关注作为人的生命机制之一的情绪机制,如何与生理机制、思维机制一道协调发挥作用,以达到最佳的功能状态"①。幼儿园教师基于幼儿情感表达的语言修养提升,是其拥有较高情感修养的重要前提。

(三) 幸福班级情感文化环境创设

创设幸福班级情感文化环境是幼儿园教师情感能力的重要部分,是幼儿园教师情感教育的智慧行动。教育往往是先天遗传与后天环境影响共同作用的结果。情感教育也是一样,既要关注儿童拥有的情感,也要注重情感教育的目标达成。正如马克思、恩格斯在其《神圣家族》中所说:"既然人是从感性世界和感性世界中的经验中汲取自己的一切知识、感觉,那就必须这样安排周围的世界,使人在其中能认识和领会真正合乎人性的东西,使他能认识到自己是人……既然人的性格是由环境造成的,那就必须使环境成为合乎人性的环境……"②今天谈幼儿园幸福情感文化环境创设,目的是让教育环境成为合乎人性的情感环境。

杰弗里·布卢姆认为:"源自热情的各种行为、操作都包含着创造力。那些因热爱而着手操作的人总爱为自己制定很高的标准,能够持之以恒且愿意冒险。"③幼儿园教师需要在了解幼儿内在需要的基础上,最大限度地为儿童创设一个充满积极、尊重、认同且富有支持性和挑战性的环境。"如果儿童没有这种环境,他的精神生命就不能发展,而一直处于虚弱、乖戾和与世隔绝的状态。这种儿童会成为一个不可思议的人。他是不能自助的、缺乏智谋的、厌烦的、易于陷入怪念头和非社会化的。"④英国教育学者彼

---

① 朱小蔓.情感教育论纲[M].北京:人民出版社,2007:5.
② [苏]W. A. 阿莫纳什维利.孩子们,你们生活得怎么样?[M].朱佩荣,高文,译.北京:教育科学出版社,2005:60.
③ [美]伊森伯格,等.创造性思维和基于艺术的学习:学前阶段到小学四年级(第5版)[M].叶平枝,杨宁,译.北京:高等教育出版社,2012:266.
④ [意]玛利亚·蒙台梭利.童年的秘密[M].马荣根,译.北京:人民教育出版社,2004:164.

得·朗认为,"情感教育不应该仅仅将一些内容从外部告诉学生,要他们这样做。学校教育应该创造一种让教师展现出他如何关心学生的环境和气氛,展现出是如何尊重学生、如何尊重人的,那么学生在一种尊重型的关系中就会自我前进,就会找到自己的道德方向,然后自己就会做出决定,形成新的想法"①。幼儿园情感教育从空间上来说,具体包含个人的领域、群体关系领域及整个幼儿园氛围创设三个方面;从时间上来说,一种是当下幼儿就感觉到高兴、愉悦的情感氛围,一种是幼儿持续地(月、年衡量)身心愉悦、幸福。幼儿园情感教育,要让幼儿从生命早期就拥有持续幸福的能力。

1. 幼儿园幸福班级情感环境与文化因素分析

班级是最重要的情感环境,可以让学前儿童拥有强壮的"情感之根"。在班级情感教育环境中,这个"根"会长出诸如活泼、关怀、尊重、信任等生机勃勃的枝条。但这个"根"需要一定的环境,让儿童明白日常生活中学会爱人、宽容,并拥有积极的情感态度。"班级情感环境创设为儿童用智慧与心灵认识周围世界、人际关系等提供教育学条件。当儿童观察到成人的亲社会行为,并感受到自己在小团体中被接纳时,他不但能自发产生合作、主动和负责的亲社会行为,而且在经历中学会了自我尊重,在创造性的学习环境中,教师和儿童之间是相互尊重的。"②因此,幼儿园幸福班级情感文化环境的营造,是对情感教育的深度思考和行动。

幼儿园班级情感环境教育本质上是一种情感教育手段,幼儿园教师每天在班级中用心去感觉幼儿心灵细微的运动,并用自己的心灵运动去回应,教会幼儿逐渐用心灵去感觉别人的内心世界。教师用高尚的情感体验

---

① 朱小蔓.与世界著名教育学者对话(第一辑)[M].北京:教育科学出版社,2014:129.
② [美]伊森伯格,等.创造性思维和基于艺术的学习:学前阶段到小学四年级(第5版)[M].叶平枝,杨宁,译.北京:高等教育出版社,2012:82.

丰富学前儿童储存"情感记忆",在其思想与情感上留下痕迹,为其打开看待世界的视野,实现情感教育的目的与任务。当幼儿园教师开始信任幼儿时,自己就从评价者转变为儿童学习的促进者、引领者与指导者。

幼儿园幸福班级情感环境创设,首先强调幼儿园教师对幼儿的信任与尊重,在班级中形成相互关心、尊重、友善、鼓励、信任的情感文化氛围。"有了这种文化氛围,孩子的表现一般为积极、兴致勃勃、喜欢与教师互动合作。"①因此,幼儿园教师可以尝试思考幼儿园幸福班级情感文化因素图谱创设自己的幸福班级情感文化(见图5-1)。

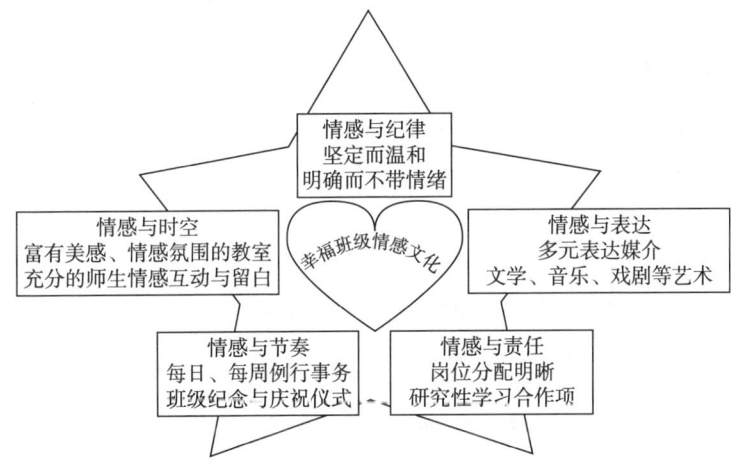

图5-1 幼儿园幸福班级情感文化因素图谱

幼儿园教师明确情感教育的价值信念,清楚幸福既是情感教育的目的,也是情感教育的手段,教师与幼儿"在幸福中成长"。因此,我用五角星来表现幼儿园幸福班级情感文化的图谱,这五个角分别为时空、表达、节奏、责任和纪律。其中节奏与责任相当于星星的"脚",这是基础,是幼儿园幸福情感班级文化的基本支撑;时空与表达相当于星星的"手臂",这是幼儿学会带着情感触及世界的双手;这四个角就像班级的"双脚"和"双手",

---

① 朱小蔓.与世界著名教育学者对话(第一辑)[M].北京:教育科学出版社,2014:5.

创造出具体的空间给纪律这个区域,这个区域相当于班级的"头部",这是幼儿形成自尊、建立积极的自我概念的内容,我们也可以称其为纪律,或者叫形成自我情感管理。对幼儿园教师营造幸福班级情感文化来说,四个区域均衡发展,纪律就在微妙的班级情感氛围中诞生,并发展成为"自律""自由",这种自律与自由有爱跟随,由爱而生,因爱而驻足。

因此,幼儿园教师可以通过这一"幸福图谱"检视自己的班级文化建设。我们相信,"一种精神支持的氛围具有信任及彼此关心的特征"[①]。温馨、认同和信任、舒适的班级环境作为幼儿园情感教育的"隐性课程",会持续支持学前儿童养成善良、宽容、勇敢与公正的情感与品格。对教师来讲,积极的相互依恋、正面的评语、对幼儿做出回应、用放松而舒适的节奏支持学前儿童建立起积极情绪情感,在学习和活动中体验成功的感觉,建立起积极的自我概念。

2. 幼儿园幸福教师的情感沟通与表达智慧

幼儿园班级中的情感沟通有两个层面的含义。

第一层面是指幼儿园教师学会基于同理心与幼儿进行情感沟通,这是班级层面最重要的情感教育。"同理心(Empathy),亦译为设身处地理解、感情移入、神入、共感、共情,泛指心理换位、将心比心,亦即设身处地对他人的情绪情感的认知性觉知、把握与理解。"[②]主要体现在情绪自控、换位思考、倾听能力以及表达尊重等。

第二层面是指幼儿园教师基于同理心与家长进行情感沟通。由于幼儿的情感发展水平较低,情感沟通能力较弱,因此教师需要对幼儿的情感和行为问题与家长进行沟通、交流。每次与家长沟通时,教师不局限、不重

---

① [美]沃尔特·C.帕克.美国小学社会与公民教育[M].谢竹艳,译.南京:江苏教育出版社,2009:350.
② 车文博.当代西方心理学新词典[M].长春:吉林人民出版社,2001:10.

复,从情感教育的角度,提出不同问题。这种充满情感的沟通方式,能够让教师与家长富有创造性。同时,幼儿园教师应与家长共同探究幼儿情感发展问题,拓展观察儿童的视野,加深对学前儿童情感世界的理解;关注与觉察幼儿的情感发展,理解幼儿的情感社会性发展特征,理解幼儿的情感表达方式。在此过程中,教师不断修炼情感教育智慧,提升情感教育修养,让幼儿在充满爱与幸福的班级和家庭中拥有安全感与归属感、获得感与幸福感。

另外,幼儿园教师"必须真诚地接纳学生所表达的情感,不管他们的情感与老师认为学生应有的情感相差有多大。当学生能公开表达他们的感受、释放情绪时,他往往无形中就摆脱了这份困扰的情感"①。幼儿可能通过"一百种语言"进行情感表达,教师可以提供多种媒介支持表达,如游戏、文学、艺术、戏剧等。同时,幼儿园教师自身情感表达也需要借助于丰富的教育载体,如书信、教育日志、幼儿学习故事、班级教育故事等。

3. 帮助幼儿学习情绪情感观察技能

借助多种媒介帮助幼儿学习情绪情感观察技能。

幼儿园一方面可以通过主题活动进行情感教育,关注学前儿童在游戏、学习、交往及生活中的积极情感、消极情感,指导学前儿童学会用恰当的方式表达自己的想法与感受等。另一方面,可以利用一些情感教育活动,如文学故事欣赏、艺术欣赏、儿童戏剧表演等帮助幼儿习得情绪情感观察技能。

综上,营造幸福班级情感文化环境,是指教师心怀仁爱地为学前儿童创造一个能体验美好、崇高的情感世界。因为"儿童把周围发生的一切都放在心上,他对周围世界的现象就越关心,他的心灵对教师的话语、对道德

---

① [美]托马斯·戈登.T.E.T.教师效能训练:一个已被证明能让所有年龄学生做到最好的培训项目[M].李明霞,译.北京:中国青年出版社,2015:89.

教诲、对道德观念的词语表达的敏感性和感受性就越细腻。用智慧和心灵去感受周围世界是形成道德修养极其重要的前提条件"①。教师通过营造幸福班级情感文化环境，为学前儿童提供一个能够愉快学习的轻松的环境，有利于幼儿形成关爱、尊重、信任的情感品质，让每个幼儿感到自己在班级中的价值，获得成功、喜悦的经验，合理安排学习时间。

（四）幼儿园教师的生命情感叙事与教育幸福

我们往往比较关注机智的教学设计、精彩的教学方法，而忽略了教育本真就是情感。"让孩子生活在爱和关心之中，让孩子拥有希望，让孩子懂得他们的责任。爱，是教育的责任，也是教育的终极目标。"②在教育教学过程中，教师自身的价值观、情感特质、情感素养对儿童生命成长有重要影响。情感型教师似乎天生具有教育的"天赋"，他们总是能够在认知、情感、行为、价值方面遵循情感教育的原则。"他们总是在生命叙事的过程中发现，教育的力量与影响来自于其内在生命，来自于我倾心努力过程中的深层愉悦与外部世界深层渴望之间相遇交融的圣地。"③

1. 教师实施情感教育的总体原则

教师实施情感教育一般应遵循以下原则：④

（1）对儿童的幸福表现出真诚的关心，考虑男生与女生的独特需要。

（2）促进儿童在班级任务中获得成功，给予建设性和鼓励性的反馈。

（3）对儿童保持合理的高期望，给予儿童积极反馈。

（4）给儿童尝试各种与成人相似角色的机会。

（5）了解对个别儿童而言最重要的领域，引导儿童把注意力集中在自

---

① [苏]苏霍姆林斯基.育人三部曲[M].毕淑芝，等译.北京：人民教育出版社，1998：579.
② 肖芙，王林发.情感教育的体验与引导[M].北京：教育科学出版社，2013：3.
③ Frederick Buechner. *Wishful Thinking: A Seeker's ABC* (San Francisco: HarperSanFrancisco, 1993：119.
④ 张光林，张静.大师谈儿童情感教育[M].重庆：西南师范大学出版社，2009：229.

己的进步上，而不是别人的表现。

坚持与实施这些原则的目的是为了帮助与指导学前儿童形成积极的自我概念、积极的情感能力与情感品质。

2. 教师的生命情感叙事与情感品质

每位有情怀的教育工作者，他们都注重进行生命情感叙事，教师的情感修养对促进儿童行为的改进具有"惊人"的效果。教师把"叙事自我"作为理解教育工作环境和存在的一种方式。"自我变成了一个反思性计划，一个连续不断的叙事计划。"[①]幼儿园教师在一日生活中时时刻刻与幼儿在一起，很多时候，她们在心理上重返童年，自己的成长经历与眼前儿童的状态进行对话，这种真诚的生命情感卷入、敞开、分享，让教师的情感力量继续生长。

幼儿园教师一日生活中的情感品质包括以下几个方面：

（1）真诚。幼儿园教师不掩饰自身的真实的需要和情感，为幼儿做出最好的情感示范榜样，在形成与表达自己的想法、情感时表现出真心与坦诚，用行为表现呈现出幼儿园教师的"道德成熟"与"慈爱"。

（2）接纳、信任幼儿。接纳、信任是影响幼儿园教师与幼儿进行良好情感互动、沟通交流的重要因素。一日活动中，幼儿园教师尊重与接纳幼儿的好奇、冒险、情感与行为，幼儿才愿意与其分享自己的情感。师幼双方建立彼此信任的关系，避免幼儿产生害怕、退缩等情感及行为。

（3）移情性理解。移情性理解是一种非判断性的，与理智、洞察力一样的情感品质，它架起教师与幼儿之间的情感桥梁，有利于师幼互动，有利于幸福班级情感氛围营造。在这种真诚的情感氛围中，幼儿通过模仿学会带着情感表达自己的观点和决策。

---

① [美]威廉·F.派纳.课程：走向新的身份[M].陈时见，等译.北京：教育科学出版社，2008：2.

(4) 积极主动倾听。教师主动倾听是一种通过觉察表达出来的理解彼此感受的能力。

综上,幼儿园教师的情感品质有利于让幼儿获得尊重、满足、快乐,也会让自己在教的过程中享受幸福。鲁洁教授认为:"学生在课堂中学得愉快、满足,从而得到自我的充分发展与自由,得到唯独人才有的一种最高享受。"①情感教育的最大魅力就是教育者与受教育者彼此获得自我价值感,彼此感受到生命力量的影响。幼儿园教师因为幼儿的愉悦、幸福而拥有愉悦感、幸福感,这种师幼之间的情感共振、精神愉悦不言而喻,彼此共同沉浸在真善美的教育世界里。

3. 幼儿园教师自我精神关怀与情感幸福

每位教师都需要精神与情感关怀。精神关怀是师生"双向情感交流的过程",教师获得了精神关怀,享受到了快乐工作、快乐生活的乐趣。教师成为富有情感的人,才能引发、激励儿童富有情感,教师的心灵的情感流向儿童的心灵,才能帮助儿童通过情感与道德学习,成为充满爱心、宽容、友善、乐观幸福的道德主体。为了学生得到好的教育引领与发展,需要对班主任进行精神关怀,提升他们对学生的精神关怀。② 全社会都应该敬畏教育,关怀幼儿园教师,让幼儿园教师成为精神关怀者。

当然,幼儿园教师也要学会做自我精神关怀者,在关怀幼儿成长过程中进行自我精神关怀,通过自身的教育劳动能力提升精神生活质量,获得教育的快乐。捷克大教育家夸美纽斯说:"快乐的本身就是一种甜蜜的喜悦,这种喜悦是一个沉浸于德行的人由于做好了公道所要求的一切事情。喜见自己诚笃心的时候所发生的。"③幼儿园教师怀着对教育的热爱,对儿

---

① 鲁洁. 试论德育之个体享用性功能[J]. 教育研究,1994(6).
② 班华. 享受和班主任朋友共同成长的快乐[M]. 南京:南京师范大学出版社,2014:260.
③ [捷克]夸美纽斯. 大教学论[M]. 傅任敢,译. 北京:教育科学出版社,1999:43.

童的喜爱,不断提升自我情感教育水平,不断提升自身的精神生活品质。研究表明:教师能否创造性地解决问题,也和自我情感关怀与情绪状态有关。教师具有问题解决的良好动机,就能够以愉悦的心情、积极的态度去发现问题并解决问题。仔细回想我们自己的教育与受教育过程中,会深切体会到:"愉悦、放松、平静的积极情绪,加上适度的焦虑会使问题解决思维活跃、敏捷,思路开阔而且有独创性,易于发现问题解决的方法,一旦问题解决,又会产生巨大的快慰和自信心,增强解决更多问题的勇气和动力。相反,紧张、烦躁、惶恐、压抑等消极情绪会使问题解决者思路闭塞,缺乏流畅性,这样就降低了问题解决的速度和效率。特别是解决不了之后引起的苦恼、急躁不安等更加剧不良情绪反应,由此造成解决问题活动的中断。"① 同时,幼儿园教师在自我情感与精神关怀的过程中,也会经历心灵蜕变,以美好的心灵看待幼儿、看待自己、看待教育,体悟教育劳动中的爱,创造教育中的美,享受教育的幸福。在人生价值的实现过程中,生命也会不断地从求知境界到达道德境界与审美境界。哪个教师不想成为幸福的人呢? 在教育劳动与自我情感关怀过程中获得的幸福,就是教育的幸福,也是人生的幸福。

(五) 幼儿园教师的情感专业判断智慧

教育研究者、教师与父母都需要将所有理念和方法运用到对学前儿童的关注与教育细节上面,即"教育的人性化上"②。这些细致、富有人性的情感教育过程能体现出幼儿园教师的情感专业判断智慧。

情感教育视野能让幼儿园教师"透视"学前儿童的身心发展特点、独有的天性,省察自我拥有的尊重、敬畏、信任情感,憧憬教育中的关爱,让儿童

---

① 王民川,娄红.教师创造力拓展训练[M].南京:江苏美术出版社,2011:56.
② [德]赫尔穆特·埃勒.与孩子共处的八年:一位华德福资深教师的探索[M].田达生,译.天津:天津教育出版社,2011:2.

内心获得源源不断的力量。

教育过程中存在诸多关键事件，教师需要用情感教育视野进行专业判断，以做好儿童的行为观察，改进教育与管理过程的行为。什么是教育过程中的关键事件呢？我认为关键事件是在幼儿的游戏、学习、交往与一日生活中，对幼儿与教师双方都非常有意义的事件，这种意义来自于双方对事件的价值判断，教师要能够看到这些关键事件，能够描述其产生的深层原因，发现其对幼儿与教师重要隐性意义。学前儿童往往存在发展的关键期，教师需要在教育过程中，对深层教育教学问题进行研究，学会专业判断。

上海教育科学院研究院顾泠沅先生认为，"专业教学中需要四种必需的专业判断，即实践性判断（即刻做出的基础性判断）、诊断性判断（用具体、专业知识认识、描述、理解、解释实践性判断）、反思性判断（个人和道德判断，包括判断的认同、描述、探讨、证明等，还隐含价值观及解释）、批判性判断（通过实证做出的判断和反思解释的价值观挑战与评价）"①。那么，幼儿园教师是否具备专业判断能力？如何才能拥有专业判断能力？

幼儿园教师如果拥有专业判断智慧，对幼儿的情感世界充满好奇心，拥有开放、包容的心态与情感，对幼儿情感经验与思维具有思辨力，就一定会创造性地完成情感教育过程。他们能从情感教育的视角对教育情境中的关键性事件进行分析与判断，用情感教育机智与行动去创造性处理教育教学中的关键事件。一线幼儿园教师，需要改变日常看待问题的"工作"方式，形成自己教育的专业意识，把日常教育生活中的教育意识与教育难题整合起来进行思考，成为"专家型"教师。教师专业意识的形成过程就是积极为自己做事情的过程，通过教育反思这一关键环节实现"自我引导""自

---

① ［美］David Tripp.教学中的关键事件[M].邓妍妍,郑汉文,译.石家庄:河北人民出版社，2007:165.

我发展""自我成长",即情感教育专业判断智慧,让自己在教育生活与生命成长过程中,提升职业道德、教育教学知识和技能、教育实践能力和教育科研能力,成为不仅仅是有知识、有学问的人,还是"有理想信念、有道德情操、有扎实学识、有仁爱之心"的终身学习者和自我革新者,这样的专家型幼儿园教师永远不会被取代。

本章小结

本章主要围绕幼儿园教师情感教育专业化与情感教育智慧进行主题探讨。从幼儿园情感教育专业化、时代化、一体化、行动化四个维度探讨了21世纪幼儿园教师的情感素养价值、面临的问题与挑战、情感教育专业化路径与教育智慧。从师范生、在职教师一体化情感教育角度明确教育关系、教育环境、教育对话、教育情绪、教育机智五个方面的情感教育智慧。特别提出幼儿园教师情感教育行动需注重情感关系建立,情感教育意识提升,语言修养提升,情感环境创设,情感教育与生命情感叙事研究,拥有情感专业判断智慧。

第六章　学前儿童家庭情感教育行动与家长情感素养修炼

> 儿童应该接受良好的教育,这是一般做父母的责任,也是他们关心的事,而且国家的幸福与繁荣也靠儿童具有良好的教育。
>
> ——[英]洛克

人类情感的源泉是父母和家庭。"哪里有比父母的心这个最仁慈的法官、这个最体贴的至友、这个爱的太阳——它以自己的火焰来温暖我们愿望的最隐秘的中心——更为神圣的珍藏之所!"① 家庭是情感教育的第一所学校。"家庭应该是教育的中心,孩子仍应当由他们双亲抚育……这种亲密的情感也只能从家庭里特有的亲属关系中得到。这是保持内部密切关系的基础。"②《3—6 岁儿童学习与发展指南》明确指出,"家庭、幼儿园和社会应共同努力,为幼儿创设温暖、关爱、平等的家庭和集体生活氛围,建立良好的亲子关系、师生关系和同伴关系,让幼儿在积极健康的人际关系中获得安全感和信任感,发展自信和自尊,在良好的社会环境及文化的熏陶中学会遵守规则,形成基本的认同感和归属感"③。儿童早期的情感发展是在家里完成的,从出生开始,父母与孩子的互动方式、依恋关系就会影

---

① 中共中央马克思恩格斯列宁斯大林著作编译局. 马克思恩格斯全集:第 40 卷[M]. 北京:人民出版社,1982:8.
② [美]罗斯·埃什尔曼. 家庭导论[M]. 潘允康,等译. 北京:中国社会科学出版社,1991:13-14.
③ 中华人民共和国教育部. 3—6 岁儿童学习与发展指南[M]. 北京:首都师范大学出版社,2012:28.

响其情感的发展。父母在日常生活中说话、歌唱、走路、逗乐等,都是在帮助孩子与周围世界建立情感联系。父母通过相对安全、活泼、充满关爱的方式,如与幼儿一起游戏、玩耍、制作、对话等,增加儿童早期的情感稳定性。家庭是儿童安全的情感港湾,父母觉醒情感,做好家庭情感教育,促进学前儿童情感健康发展。

学前儿童家庭情感教育不仅需要理念的觉醒,更重要的是情感教育的实施与行动。家庭中情感教育行动应指向亲子情感关系的建立,父母给予儿童安全感、归属感、幸福感,用温暖、温情而又充满关爱的教育指导,培养学前儿童积极的情绪情感。父母应营造富有感染力的家庭情感氛围,以积极、有力的情感家庭教育实现夫妻之间、亲子之间的情感平衡,为学前儿童一生的性格、品格、道德与人格发展奠定基础。

第一节 学前儿童家庭情感教育的核心价值理念

> 幸福是儿童进步的条件,母亲是最好的幼儿教师,童年时期影响人的一生,父母应该对儿童学什么、如何学有自己的判断与教育理念。
>
> ——[英]夏洛特·梅森

价值是行动的先导,讨论学前儿童家庭情感教育,必先追问其核心价值是什么,这是对学前儿童情感教育实践叩问的关键所在。

一、学前儿童家庭情感教育核心价值理念谱系图

学前儿童家庭情感教育的理念具体有哪些?结合十几年养育女儿的过程,以及多年志愿心理咨询、婚姻与家庭心理咨询的实践经验,我总结出家庭情感教育核心价值理念的"太阳"谱系图。在"爱"的学前儿童家庭情

感教育核心价值理念下,从"浴""昱""预""域""裕"五个方面来具体阐释学前儿童家庭情感教育的核心价值(见图6-1)。

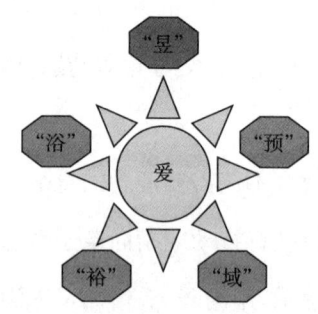

图6-1　学前儿童家庭情感教育理念谱系图

二、学前儿童家庭情感教育核心价值理念内涵与关系阐释

(一)"爱":学前儿童家庭情感教育的核心价值观

我一直认为,对学前儿童来说,家庭情感教育没有比"爱"这一核心理念更重要的了,我称它为家庭情感教育的核心价值观。怎么理解"爱"呢?首先,父母珍视儿童的童年,用爱呵护儿童的幸福童年。其次,父母自然承袭原生家庭中情感精神内核,接纳儿童成长过程中的状态,用爱感化儿童,用情教育儿童。再次,家庭成员之间彼此尊重、珍视、信任,并能在陪伴孩子成长的过程中不断进行情感学习。最后,父母拥有一颗敏感的心,走进学前儿童的内心世界,理解其情感变化与发展,并给予其情感教育指导。总之,家庭情感教育强调让儿童拥有幸福、甜蜜的童年生活,让家中充满快乐、甜蜜的力量,让儿童因爱而生,为爱而活。

(二)"浴":情感润泽

"浴"本义为洗澡,沐浴即"受润泽",亦有沉浸、浸染的意思。家是充满爱的港湾。学前儿童情感教育最关键、最首要的任务就是使儿童生活在一个充满爱的家庭氛围中。家里关于幼儿的每个角落,每件物品,每种收藏,都让幼儿感受到被关爱与尊重。父母通过情感润泽把"珍视每个儿童个性,相信每个儿童都是独特的、不一样的,每个儿童都是我们最珍贵的宝贝儿"的价值理念传递给孩子,并且让孩子能够体会到这种情感传递,进而形成积极的自我认识。在这种家庭氛围中成长起来的孩子,在未来的社交与家庭生活中,也会主动进行这种情感润泽的氛围感知与营造。

(三)"昱":情感温暖

"昱"即日光、光明、照耀,明亮的样子。家应是充满阳光的港湾。家长需明确,家中应充满阳光与温暖,当孩子遇到不开心、不高兴、难过、被拒绝、被欺负等关键性事件时,家庭的情感温暖有利于化解孩子的情感冲突。温馨的家庭不但有助于启迪孩子的心智,也会让孩子拥有阳光的性格,健康的人格。

(四)"预":情感调适

"预"有预先、事先的意思,作形容词亦用本意,表快乐的意思;作动词时,有参与、干预的意思,也有预见、预测、预警、预演、预料、预期、预制等意思。家是彼此情感卷入、相互关爱与帮助的港湾,但并不是所有家庭、所有儿童都拥有健康的情绪情感,这就需要家庭有意识地对幼儿进行情感观察、预测、判断、参与、卷入甚至是情感干预,有意识地帮助幼儿学会情感调适。家长需要掌握情感教育方法,既做好情感的预判,又要对已发生的情绪情感问题做好引导与干预,帮助儿童学会情感调适,共同享受健康、快乐、幸福的家庭生活。

(五)"域":情感关系

"域"本意为疆土、疆域,也有地区、区域及局限等意思。此处可以引申为家庭成员之间、亲子之间、隔代之间的关系,也可以引申为家庭与幼儿园、社区等其他教育环境之间的关系。

家人之间定期的情感互动、情感交流与情感对话至关重要。有的家庭家庭成员之间缺乏情感互动,有的家庭,家庭成员之间的关系过于紧密。

新时代的家庭情感教育需要掌握"域"这一情感关系特质,学前儿童情感的发育与成长需要在民主、平等、和谐、信任的情感关系中完成,但父母也需要与幼儿保持适当的距离,建立适度的教育"边界"意识。

(六)"裕":情感文明

"裕"本义指衣物丰饶、富饶,即丰富、宽绰、富绰、富裕之义,亦作宽裕、自如、松弛、不紧张之义。"裕"作动词时,还有"教导"的意思。

家庭情感教育应围绕家庭成员"情感富裕""情感丰盈""情感独立""情感自如""情感丰富"等目标而努力,创造家庭情感文明。情感富裕的家庭,会关注儿童的情感认知、体验、意志与行为,学会应对生活中的问题、焦虑、压力,拥有丰富的情感体验、较高的情感能力。

综上,在"爱"的学前儿童家庭情感教育核心价值理念下,用"浴""昱""预""域""裕"阐释学前儿童家庭情感教育的核心价值。"爱"如太阳一样照耀着家庭;"浴"指情感润泽,即让家庭成员沐浴着爱与阳光,使儿童拥有明亮的性格;"昱"指情感温暖,即让家庭成员,特别是正在成长中的儿童感受温暖、传递爱、释放能量;"预"指情感调适,即让家庭成员之间相互影响、相互尊重、相互支持,每个人都成为情绪情感的主人;"域"指情感关系,即健康的家庭一定拥有良性、健康的情感关系,注重情感沟通与交流,利用持续的情感对话进一步优化情感关系;"裕"指情感文明,即家庭教育的最理想的理念,"裕"也会与其他要素共同建构着"爱"。

第二节　学前儿童家庭情感教育现状与挑战

我们对孩子的态度决定着我们与孩子的关系。让孩子高兴就是养育孩子的原则。如果孩子快乐，他就会成为好孩子，在很大程度上的确如此。①

——[英]夏洛特·梅森

前文对学前儿童家庭情感教育理念与价值进行了阐释，既是应然的向往，更是对现实状况的关注；既有理论的思考，更有解决现实问题的指向。这里着重对当下学前儿童家庭情感教育现状进行梳理与分析。

2019年12月，我们对6 518名家长进行问卷调查，共收回有效问卷6 518份，其中，男性为1 483人，女性为5 035人，幼儿园幼儿1 728份，占比26.52%。通过调查我们发现以下问题。

一、父母了解儿童情绪情感状态的占比相对较低

通过对"父母最了解孩子哪些方面"进行整理，我们发现父母对儿童情绪情感状态了解的比例为66.83%，相对于家长对学业成绩、兴趣爱好等方面的了解与关注来说较低（见图6-2）。

---

① [英]夏洛特·梅森.父母与孩子：父母在孩子教育中的角色[M].赵昌荣，等译.北京：中国发展出版社，2013:144.

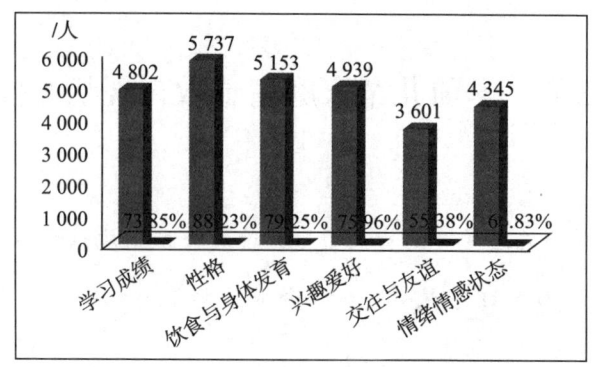

图 6-2　父母了解孩子的情绪情感发展状况

二、家庭中父母营造温馨、认同的家庭情感氛围的意识较弱

调查发现,经常有意识地营造温馨、认同的家庭情感氛围的父母占比仅为 45.76%(见图 6-3)。

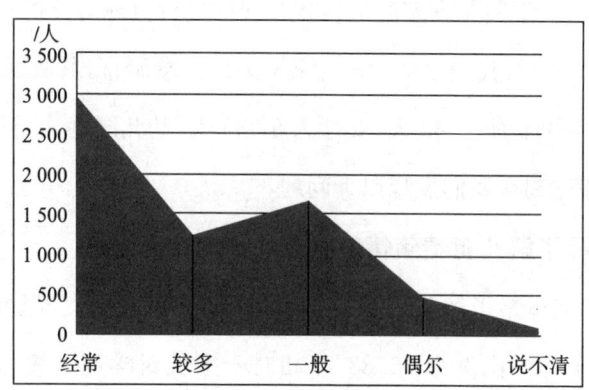

图 6-3　父母营造家庭情感氛围意识状况

三、父母在日常教养中情感意识相对薄弱

在教育中,家长的情感教育意识相对薄弱,经常习惯性地命令孩子。调查发现,对孩子较少使用消极命令语气、恐吓和威胁的家长占比为 30.36%(见图 6-4)。

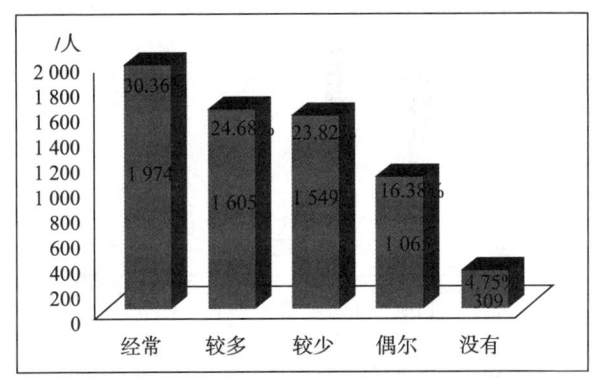

图 6-4　家长情感教育意识情况

四、家庭教育中,父母忽视儿童情绪情感状态的客观存在

调查发现,能够经常意识到孩子有情绪问题并允许孩子进行情绪表达的父母仅占 15.2%(见图 6-5)。

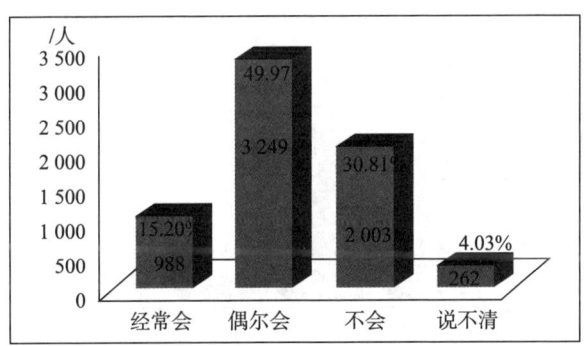

图 6-5　儿童情绪情感被忽视状况

五、家庭教育中,父母处理情感教育问题以言语说教为主

当孩子伤心难过时,父母主要采用讲道理、拥抱、劝说的方式,其中讲道理占比为 41.16%,拥抱占 33.73%,劝说占 16.83%(见图 6-6)。

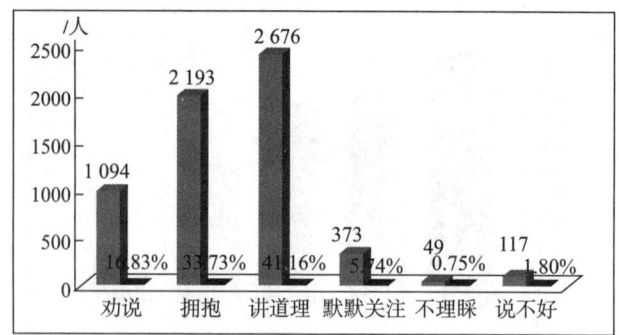

图 6-6 父母处理情感教育问题的方式

六、家庭教育中,父母尚未做到与孩子直接沟通情感问题

家庭教育过程中,一些父母尚未能够做到与孩子直接沟通情感问题。调查发现,在家中能够做到经常与孩子沟通情感问题的父母仅有 55.71%(见图 6-7)。

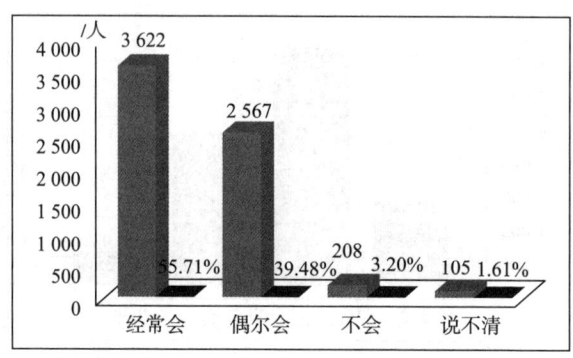

图 6-7 父母与孩子沟通情感的情况

七、家庭教育中,父母往往忽视孩子的消极情感

调查发现,孩子犯错时,父母选择忽视孩子消极情感占比约为 66.58%,这种选择的背后意味着他们并不清楚孩子在犯错过程中的情感状态,如内疚、羞耻(见图 6-8)。

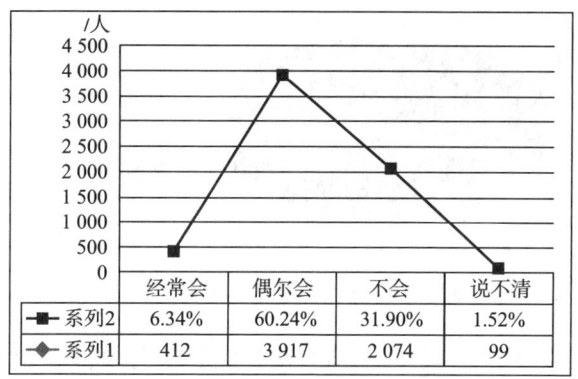

图 6-8　父母忽视孩子的消极情感

八、家庭教育中,父母自我情绪情感调控能力、情感沟通能力相对较弱

调查发现,在家庭教育中,父母心情不好时,会迁怒于孩子的比例占 53.88%,超过半数(见图 6-9)。

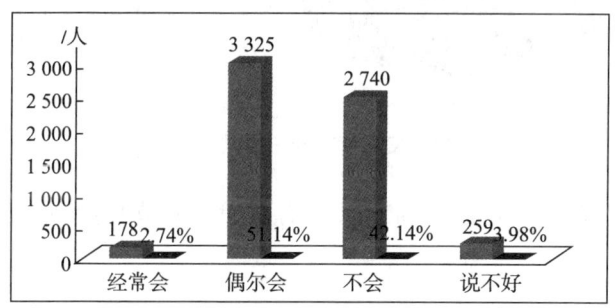

图 6-9　家长控制情绪情感能力情况

夫妻之间发生冲突时,能够主动沟通的仅占 50%,寻找第三方调解的仅占 3%,生气、愤怒、冷战、不理会,等待对方道歉的共占 47%(见图 6-10)。

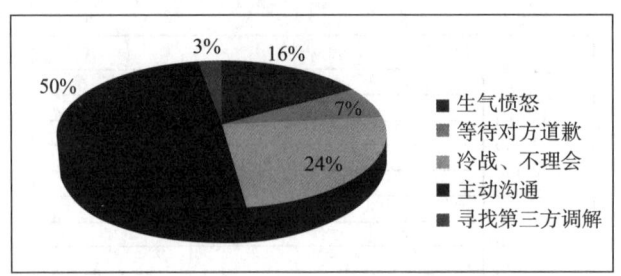

图 6-10　夫妻解决情感冲突的方式

家庭中,亲子之间发生冲突时,父母能够主动沟通解决的占比为 45%,运用温和的方式主动沟通的占比为 36%,等着孩子来给自己道歉,以及生气、愤怒、难过、漠视、不理会,说不清的占比为 19%(见图 6-11)。

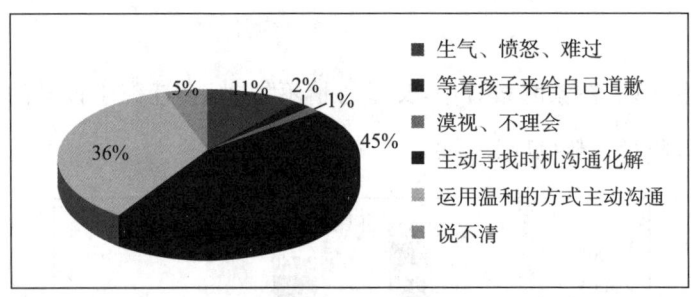

图 6-11　父母解决亲子情感冲突的方式

调查发现,家庭教育中,家长经常有意识地调节与控制自己的情绪情感的仅占 47.69%(见图 6-12)。

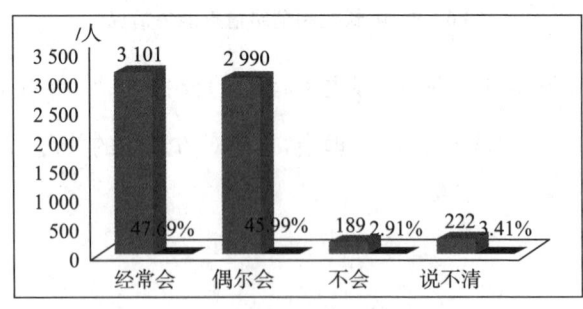

图 6-12　家长调节与控制自我情绪情感的情况

九、家长对专门情感教育需求较强

家长认为教育者需要进行的情感教育的比例达 97.43%（见图 6-13）。

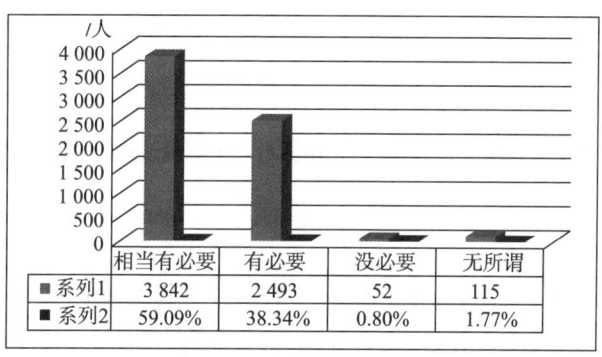

图 6-13 家长认为教育者需要进行自我情感教育的情况

十、家长需要专门的情感教育指导，需要亲子情感沟通的指导

调查发现，家长需要家庭情感教育理论指导的占 57.32%，需要婚姻情感教育指导占 20.24%，需要亲子情感沟通技巧指导占 80.31%，需要个别情感、心理指导占 28.84%，需要艺术情感治疗占 18.87%，其他占 11.58%（见图 6-14）。

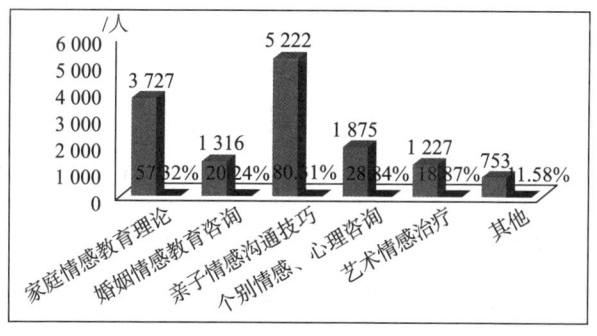

图 6-14 家长需要情感教育指导的情况

综上，通过调查，我们发现家庭情感教育存在着十种现象。父母需要在行动中不断学习与改进教育行为。当然家庭情感教育没有固定的模式，

所以,家庭情感教育也不应过分苛责父母,而是提醒父母能在理念认知、行为反思中不断提升自我情感教育能力,让家成为爱的港湾,成为生命与情感的栖息地。

第三节 学前儿童家庭情感教育行动

教育终于和家庭联系在一起思考了。对于教育的认识的提高只能算是重建家庭这场伟大运动中的一个阶段,教育终于把父母同子女在各个年龄阶段的关系作为完整的体系进行综合考虑了。人们对于这些关系的认识深刻全面,强烈地希望建立更加密切、更加亲切的关系,形成温情不断、长相厮守的氛围。①

——[法]马 奈

学前儿童家庭情感教育必须在家庭成员共同卷入、参与、学习、反思与行动中进行。没有行动的理念是空洞的想象,没有行动的思考是教条的规训,没有行动的解释是无味的说教。家庭情感教育倡导父母与孩子共同学习,创设温馨情感环境,形成优雅与文明的情感仪式。

学前儿童家庭情感教育倡导三大行动,即家庭情感意识与情感关系建立行动、家庭情感环境营造行动、家庭情感仪式传承与创新行动。

一、学前儿童家庭情感教育意识与情感关系建立行动

父母应基于家庭情感关系思考情感教育效果,强化家庭情感教育意识,明确家庭情感关系建立是家庭情感教育的先决条件。

---

① [英]夏洛特·梅森.父母与孩子:父母在孩子教育中的角色[M].赵昌荣,等译.北京:中国发展出版社,2013:1.

(一) 基于学前儿童安全感与归属感的依恋关系建立行动

社会心理学家谢弗等人指出："婴幼儿期望得到爱抚,分离时会感到沮丧,重聚时会表现出强烈的情感反应,并会由于对方的注意和支持而表现出强烈的喜悦情绪。"[1]因此,家庭情感教育过程中的第一个重要情感关系即为亲密的依恋关系。美国著名心理学家马斯洛提出的"需要层次理论"将"归属与爱的需要"列为人的重要心理需要,这是一种精神需要,一种对"心灵家园"的渴望(见图 6-15)。

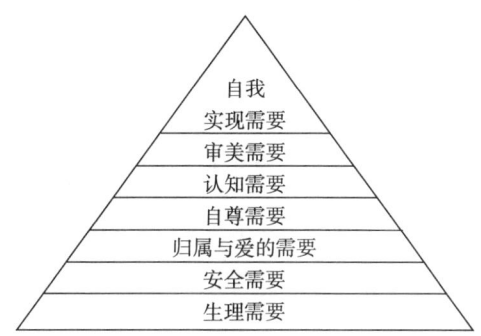

图 6-15 马斯洛需要层次金字塔模型[2]

基于学前儿童安全感与归属感的亲密依恋关系的建立是家庭情感教育实施的关键所在。在教育过程中,我们经常要有意识地关注儿童产生负面情绪的关键事件,譬如孩子孤僻、淡漠、冷淡、经常发生攻击性行为、注意力不集中等。从情感教育角度看,这些行为的产生往往是因为儿童早期没有建立亲密的亲子依恋关系,所以我们仅凭经验去判断和处理,很难解决问题,即使求助很多专家,但效果仍不明显。

其实,在家庭中要培养健康、快乐的儿童,并不需要心理大师、教育专家,只需要父母共同营造充满关爱的家庭氛围,让儿童拥有安全感与归属

---

[1] [美]戴维·迈尔斯.社会心理学(第11版)[M].侯玉波,等译.北京:人民邮电出版社,2016:420.
[2] 黄希庭.心理学导论[M].北京:人民教育出版社,2007:173.

感,亲子之间建立起亲密无间的安全依恋关系。父母尊重孩子的"需要"与"不需要",就能够为儿童性格、个性的健康发展奠定基础。

约翰·鲍比花费了几千个小时观察亲子互动,认为:"家长如何能够在儿童早期有效地辨认其情感需求,并且满足这样的情感需求,就会在彼此间形成安全的依恋关系,而且这种基础性关系会延续一生,这种最初的依恋关系,是个人在日后构成正面自我形象的基础。父母要拥有三种基本情感技巧:第一,父母能够让孩子感觉到情感上的联结;第二,父母能够把注意力放在孩子身上,将他看成一个独特且独立的个体,而不是自己的延续、财产或是负担;第三,运用情感联结和注意力,父母能够充分地回应孩子的情感需求。"①

我坚信持续的家庭情感教育,会让我们的孩子顺其自然地成长,成为情感健康的人。当然我们还需要继续学习,在教育过程中不断反思,相互监督与提醒,使家庭成员之间形成稳固的安全感与归属感,享受家庭情感互动的快乐与幸福。

也许有人会说,我们已经错过了儿童早期的安全依恋关系建立,怎么办呢?我只想提醒大家,家庭教育过程不会暂停,只要意识到问题,去关注、去行动、去坚持,总会有积极的变化。关键是家长要提升自己的情感理性,学会自我觉察与反思:"孩子当下有没有被忽略的感受,孩子年幼时是否有离开母亲身边,孩子是否感受到家里的气氛不太稳定,父母或照顾者是否说过唤起孩子被抛弃的语言……"②这些反思,会促使家长改进行为。当然,家长也可以通过多种方式来完善、创新家庭情感教育的方法。

(二)基于学前儿童认同感与自尊感的亲切责任关系建立行动

家庭情感教育过程中第二个重要情感关系为亲切的责任关系,这一关

---

① [美]钟妮斯·韦伯(Jonicen webb).童年情感忽视:为何我们总是渴望亲密,却又难以承受?[M].张佳莱,译.台北:橡实文化出版社,2018:26-27.
② 许皓宜.教出情绪不暴走的孩子[M].台北:城邦文化出版,2013:80.

系的建立也是通过情感教育。

在家庭中培养儿童的认同感与自尊感有利于儿童的责任意识的形成,有利于儿童主动参与家庭事务,不断强化责任行为。其中表扬与肯定就是非常有效的反馈方式。"肯定和表扬及其所带来的感受——对自我的肯定——是一种社会现象。它是在人际关系中展现出来的某种特质。"[①]学前儿童因为受到表扬会产生自豪感,这种自豪感与认同、自尊的情感元素相似,驱使儿童去完成一些挑战性的活动与工作。在两个女儿上幼儿园时,我经常"无条件"地表扬她们,诸如"南京市所有的小朋友都做不到你们这样,从小帮助妈妈做家务""你们两个人,一个就像维尼熊,一个就像跳跳虎,总是能够想到好主意,妈妈听到你们的好主意就开心!""你们画的作品可以在幼儿园大班毕业时开个画展!而且我们去明故宫博物馆去展览!"……姐妹俩听到这种评价会非常开心。平时,我非常"懒惰",家务事总是要孩子们帮我做,孩子们的自我认同感与自尊越来越强。孩子们在形成自我认同的过程中,一定会开始思考"我是谁?""我将成为谁?"当然,我们也要警惕表扬不当带来的影响,特别是多子女家庭,表扬可能会让受表扬的孩子有优越感,却给其他孩子带来压力。

(三)基于学前儿童尊严与价值感的亲和权利关系建立行动

家庭情感教育过程中第三个重要情感关系为亲和权利关系,这一关系建立的过程,也是儿童建立积极的自我概念、自尊与道德感的过程。

家庭情感教育需要特别关注儿童的尊严与价值感,特别是亲子之间因为彼此需求不同、立场不同引起冲突时,最考验父母的情感关系意识。父母一定要形成自己的情感理性,不要仅仅凭经验进行命令、禁止、威胁与恶意惩罚等。因为儿童的尊严与价值感,容易被父母的"强势"压制,而且被

---

① [加]马克斯·范梅南,李树英.教育的情调[M].李树英,译.北京:教育科学出版社,2019:55.

压制的越厉害,越可能走极端:一个极端是越来越懦弱、退缩、胆怯,另一个极端便是越来越暴躁、易怒。

若想建立家庭成员之间的亲和权利关系,家长需要特别关注两个方面。第一,尊重儿童的自由与选择的权利。家长需有意识地教会儿童进行选择、判断与决定,父母给予儿童自由与选择的空间越大,就越容易建立起相互之间的信任关系,儿童的自我价值感就越强。第二,遵守原则。儿童不是所有的情绪都被允许,实在无理取闹或威胁身心安全时,父母需要坚定地带儿童离开。因为"过分的关怀使儿童萌生的不是互相同情和关心,而是冷漠无情和粗暴;过分的迁就使儿童发展的不是心灵的仁慈,而是意志薄弱和性格的怯懦;经常使儿童感到,只有他才是家庭的快乐和骄傲,这培养的不是他对家庭的责任感,而是自高自大和自满自足"[①]。但是,父母需要注意不要恶语相加,以免儿童用负面情绪来表现被惩罚、批评带来的愤怒。

二、学前儿童成长的家庭情感环境营造行动

学前儿童情感健康发展需要良好的家庭情感环境。社会心理学家勒温提出"个体行为公式为 $B=f(PE)$。公式中 B 指行为,f 为函数,P 指人,E 指环境。即人的行为随着人与环境两个因素的变化而变化。环境既包括客观环境,还包括心理环境,心理环境与个体的需求、愿望、情绪、情感状态有关"[②]。儿童对世界的认识,是从家庭开始的。我国著名教育家陈鹤琴先生言:"环境好,小孩子就容易变好;环境坏,孩子就容易变坏。一个小孩子生长在诡诈恶劣的环境里,长大了也会变成诡诈恶劣的。一个小孩子生

---

① [苏]W. A. 阿莫纳什维利. 孩子们,你们生活得怎么样?[M]. 朱佩荣,高文,译. 北京:教育科学出版社,2005:172.
② 高觉敷. 西方近代心理学史[M]. 北京:人民教育出版社,1982:348.

长在忠厚勤俭的环境里,长大了也是忠厚勤俭的。"①即儿童的生长环境,直接影响其生长发育状态,更影响其成长的结果。学前儿童处于能力、性格等发展的关键期,家庭情感教育环境营造至关重要,影响孩子的言行举止、性情、为人处事风格、心境。学前儿童受到良好的外界情感刺激,会产生良好的行为。下面具体阐述八大情感教育的时空环境。

(一)游戏的时空环境

游戏可以增强幼儿在象征层面与世界打交道的能力。"游戏增强儿童的社交能力和信心,有助于儿童与同伴及成人关系的建立,促进儿童情感的发展,并对儿童学业成就及日后工作中的成功有着深远的影响。游戏为儿童提供了表达与管理积极和消极情感的途径,促进儿童情感的发展。"②对儿童而言,"人生最好的开端就是通过有想象力的游戏来模拟周围的世界。只有在童年时代才会有真正有想象力的游戏"③。游戏也是家庭教育最好的开始。

家庭中父母与幼儿一起玩游戏应像呼吸一样自然,因为游戏是幼儿最基本的学习方式与生活方式,儿童的快乐、关爱、友善、同理心等积极的情绪情感,都能够在游戏的过程中获得。游戏可以调动幼儿的情感,促进幼儿情感的成熟,还可以让幼儿获得很多社交技能。"因为游戏最明显的一个特征就是趣味性和愉悦性,笑容与笑声总是伴随着游戏。当儿童将学习技能和内容纳入他们的游戏时,这些快乐情感就与教育科目相关起来,这反过来可促进积极的学习态度。而且游戏所具有的快乐也可以促进儿童

---

① 陈鹤琴.家庭教育与父母教育(第2版)[M].上海:上海人民出版社,2016:193.
② [美]伊森伯格,等.创造性思维和基于艺术的学习:学前阶段到小学四年级(第5版)[M].叶平枝,杨宁,译.北京:高等教育出版社,2012:44-45.
③ [英]哈维-扎赫拉.华德福的快乐家庭教育[M].刘申静,译.北京:台海出版社,2015:108.

从事教育性活动,游戏活动具有自发的内在动机快乐。"①同时,游戏是幼儿获得精神愉悦,潜能发挥,学习能力提升的重要方式;游戏能使幼儿保持一种良好的心境,激发幼儿对自己、他人、集体与周围世界保持兴趣,并让幼儿通过与同伴及成人互动,习得关心、关爱、同理心等情感;游戏也是能让幼儿持续保持探究习惯的重要媒介。

  心理学研究表明:"游戏对儿童自我形成与情绪发展具有重要作用。缺乏机会、缺少鼓励以及性格上不喜欢参与假装游戏的儿童会失去一个重要阶段,正是这个阶段有助于使他成为一名真正全面的个人,并发展复杂的自我计划,以及学习如何表达情绪。剥夺早期游戏的机会将不可避免地严重破坏成人时期的社会情绪。"②"当儿童在他们控制的情境下表演生气、难过等焦虑情绪时,游戏除了有益于情感表达还能帮助他们学会管理自己的情绪。"③因此,家长需要有意识地在家庭中营造游戏的环境,支持幼儿进行充分游戏。游戏中,孩子们可以大胆想象、冒险、玩耍、合作、探究、运动、模仿……这些都是重要的学习品质。不仅如此,成人也会在游戏中变得情感丰富,能够听得见、看得到幼儿在游戏中的进步与创造力,也会自然而然地去提供更适宜的材料。你会发现,在游戏中幼儿通过动手操作完成学习,家长不会再停留在传统的"要求""禁止""应该""不该"上面,而是齐心协力地去寻找时机、空间、媒介、方法支持儿童充满创造力地进行游戏。成人也会自然地与儿童一起融入游戏,有时甚至自己变成了儿童最好的"玩具"。与儿童一起游戏应该是新时代学前儿童家庭情感教育首要坚

---

① [美]约翰逊,等.游戏与儿童早期发展(第2版)[M].华爱华,郭力萍,译.上海:华东师范大学出版社,2006:336.
② [美]约翰逊,等.游戏与儿童早期发展(第2版)[M].华爱华,郭力萍,译.上海:华东师范大学出版社,2006:49.
③ [美]伊森伯格,等.创造性思维和基于艺术的学习:学前阶段到小学四年级(第5版)[M].叶平枝,杨宁,译.北京:高等教育出版社,2012:45.

持的价值观。

学前儿童家庭情感教育需要坚持"孩子们自由玩耍,即是在运动",不仅仅是身体在运动,思维也在运功。因此,家庭应为幼儿提供充足的游戏空间、多元的游戏材料,鼓励幼儿动手操作。但,并不一定要求家里多么奢华、面积多么大,而是要把家庭的每个角落都充分利用起来,让幼儿有机会与家庭中的任何事物互动,对家中的事物感兴趣、表示关心,这也是最重要情感教育。

(二) 阅读的环境

阅读环境是家庭中最重要的情感理解时空。阅读为儿童的思想和情感提供"无线扩展"与"自由生长"的时空,特别是优秀的儿童文学作品,会以独特的方式给予儿童一个完整的世界。在这个世界里,儿童尽情呼吸,习得善,远离恶。

要想使儿童喜欢阅读,家庭必定要有阅读的环境,父母每天以身示范。"应该尽量布置阅读的环境,使小孩子从小就喜欢看书,并做出榜样来提高孩子的阅读兴趣,养成喜欢阅读的良好习惯。"[1]我在与我的双胞胎女儿每天一起成长的过程中,一直有阅读相伴,每天有固定的家庭阅读时间。每天晚上共读的时光,赋予了我们家庭最美的阅读记忆。在充满爱与期待的阅读环境中,孩子的语言、记忆、表情、想象都变得那么温情、可爱与美丽。

同样,家庭阅读环境的创建也不一定要有多大的书房,重要的是家中的每个角落、每个台面、每个柜子里都有书籍,让书籍成为儿童世界里面最重要的一种"玩具""材料"。让儿童随时随地都可以读书,家人共同读过的所有书都会成为每个成员的重要"情感资本",也会是每个家庭可以传承的"文化资本"。家庭阅读环境是家庭情感教育资本,这种"资本"是

---

[1] 北京市教育科学研究所.陈鹤琴教育文集:上卷[M].北京:北京出版社,1983:743-748.

可以再生的。

(三) 艺术的环境

艺术环境是家庭最重要的情感环境。幼儿具有一种欣赏美和创造美的强烈需要,但审美情感不会自发形成。要想使儿童拥有艺术能力,家庭也必定要先营造艺术的环境,培养幼儿的审美情感,让儿童生活在一个美的家庭环境里。

第一,音乐的环境。我在家中为孩子提供了钢琴、架子鼓、吉他、笛子等,为两个女儿提供丰富的器乐环境。我发现,不以考级为目的的艺术学习会让孩子顺其自然地去弹奏,这种音乐学习环境激发了孩子的审美情趣。

第二,美术的环境。我的女儿们非常喜欢画画,但没有去机构里专门学习,家里有足够多的绘画工具,她们总是在家中尽情绘画,绘画作品给人超强的现场感。记得在幼儿园阶段,我们家的墙壁上布满"原创"儿童画,我曾问孩子们:看咱家的墙壁,哪里还有空白处让你们画画?!她们异口同声地说:"妈妈!还有房顶!"我很无奈,但也非常开心,墙壁可以"牺牲",但幼儿大胆去动手创作的能力绝对不能"牺牲"。另外,女儿们还养成了"行走中绘画"的习惯,每当去郊游时,她们都会背着自己的绘画工具,在栖霞山、明城墙、明孝陵等风景区创作绘画作品。每次绘画的过程中,游人们都被吸引过来欣赏,孩子们也感到高兴和自豪。

第三,舞蹈的环境。女儿们从四岁开始学习舞蹈,如今仍然坚持中国舞学习。在孩子们的影响下,我现在也重新开始研究中国舞了,家中有各类民族舞服装,时不时我们穿起来跳舞。这种融合着坚持、创造、毅力、韧性品质的舞蹈环境,让孩子们树立起"当中国舞老师,传承中国文化"的理想目标。

第四,戏剧的环境。家庭戏剧环境强调在家中,父母要坚持儿童戏剧的精神,借助于生活中的工具与媒介,进行各种戏剧化游戏和角色表演。父母充分支持、鼓励与肯定幼儿的表演,与孩子一起欣赏名家名作,交流戏剧表演过程中的情感表达与情感控制等。

第五,审美的环境。家庭里的环境布置、色调、房间物品摆放等等,都应该体现秩序感。学前阶段,幼儿是最追求秩序感的,幼儿的审美观念就在日复一日的家庭审美环境中养成的。有审美情趣的家庭审美环境,会让幼儿自然而然地养成审美的习惯,拥有审美情趣。

综上,父母在家庭中持之以恒地进行艺术环境熏陶,给予幼儿情感表达的空间,将使幼儿不仅仅学会一门艺术技能,更重要的是使幼儿在艺术学习、艺术欣赏的过程中提升能力与素养,增强"心理弹性",为幼儿的性格、性情、情感、道德与品格的发展助力。

(四)劳动的环境

家长应充分相信儿童动手的能力,支持儿童自我服务,独立吃饭、穿衣、如厕、洗澡,帮助父母亲做一些简单的家务。在劳动的过程中,儿童学习基本的劳动技能,感受劳动的快乐,探究有趣的活动。记得我的女儿们小时候在洗碗、洗菜的过程中,发现不同类型蔬菜的漂浮与下沉,不同材质的碗、碟的漂浮与下沉,装水的盆的大小、装水多少决定蔬菜的沉浮,等等。幼儿能在早期对家务感兴趣,对家庭有责任心,认识到自己是家庭的一员,有责任通过劳动让自己的家变得美丽。

(五)幽默的环境

幽默环境是家庭中最重要的情感渲染时空。幽默情感是可以"传染"的。前文论述了幼儿园教师对幼儿进行积极情感的观察、记录与解释,说明了幽默情感是一种有影响力的积极情感。幽默疗法的创始人临床心理学家蒂策(M. Titze)将幽默作为一种治疗方式,"相信幽默的视角能在自己和所要面对的障碍与挑战之间创造认知距离,产生心理上的保护性"[1]。其实,幼儿的幽默情感一定程度上受父母影响,家庭生活中,父母做好以下几方面有利于儿童幽默情感的培养。

第一,父母幽默情感示范。父母快乐,孩子就容易快乐,父母幽默,孩子也会喜欢幽默。我的孩子们从小就喜欢看小品,特别是东北地区的言语类节目,她们在愉快欣赏的过程中,习得幽默的语言表达方式。家长还可以借助于一些娱乐的方式,教会儿童幽默快乐地生活。

第二,幽默风趣的亲子情感交流。家长应与幼儿进行幽默风趣的情感沟通,了解幼儿的情绪,特别是儿童消极的情绪情感。在日常生活中家长应注重培养孩子做一个快乐的人。

第三,幽默温暖的家庭情感氛围。父母应有意识地创设幽默温馨的家庭情感氛围,可以与幼儿一起欣赏娱乐类节目,与孩子交流幽默的重要性,也可以与孩子探讨幽默是否应成为每个家庭成员必须传承的情感价值,讨论幽默是否能够让他人觉得舒服、开心、愉悦。当然,幽默也需要一定的情境,不能成为让人反感的哗众取宠。我告诉自己的女儿们,一个人需要有幽默感,这是个人情绪情感调适的重要能力。我曾经对她们说:"你们又在搞破坏,真讨厌!"她们开心地说:"讨厌我的人多了,你算老几!"我特别喜欢这种幽默的家庭情感沟通方式。

(六) 对话的环境

对话不仅停留在日常的聊天层面,对话"意味着对他人的意见作一种反思性的探索和努力去了解其中的含义,在过程中谈话的几方有假设性地面对彼此,历经冲突及在不断改变观念的过程中寻求立足点"[2]。对话环

---

[1] [美]威廉·鲍威尔,[印尼]欧辰·库苏玛-鲍威尔.做一名高情商教师[M].张园,译.北京:教育科学出版社,2015:26.
[2] [美]爱德华兹,等.儿童的一百种语言[M].罗雅芬,等译.南京:南京师范大学出版社,2006:241.

境是家庭中最重要的情感互动时空。人的心理成熟不仅仅是在自我世界中完成,更多的是通过对话的方式来进行,不断实现认知、情感与行为的成熟。但是,对话却已经成为现代社会一项"缺失的技能"。[①] 家庭需要有意识地营造对话的环境,珍视夫妻之间、亲子之间的情感交流,养成对话的习惯,营造民主、和谐、温情的家庭情感氛围。通过对话,家庭成员之间会对思维碰撞与问题解决、情感的冲突与情感和谐、搁置己见与固执己见、参与分享与敏感记忆等进行理性思考,无论是讨论严肃的话题,还是开展娱乐游戏,对话的环境要能够让家庭成员在互动过程中实现情感共鸣。因此,一方面,父母应有意识地做好自己原生家庭的情感互动,做好情感沟通示范;另一方面,父母应做好小家庭的亲子情感互动,直接与孩子围绕情感问题进行对话交流,教会孩子进行情感沟通。女儿在幼儿园阶段,因为哭泣拒绝让其他人抱,我说:"果果的心情不好了,谁能够理解呢?"果果非常坚定地说:"妈妈!"我经常会在孩子们心情不好的时候,抱着她们说:"妈妈也会和你一样,也会心情不好,心情不好的时候,我就大哭!"说着说着,孩子就会安静下来,有时候还会破涕而笑……"情感悄悄话"让孩子们知道,每个人都是有情绪的,都可以通过哭泣来表达。同时,家庭的对话环境也需要明确对话的目的,特别是对话双方在情绪非常激烈时的关键对话,要注意维护彼此的安全感,进行理性情感互动。

(七) 运动的环境

父母认识到人既是身体存在,也是精神的存在。从物质存在来说,身体除了体型、身高、体征外,还有体能,如速度、耐力、平衡、抗挫等。家庭需要根据幼儿的性别、体能状况,有意识地为幼儿提供运动的时间、空间、材料、器材。理想状况下,家庭应该有1—2项集体运动项目,如游泳、球类、

---

① [英]戴维·伯姆.论对话[M].王松涛,译.北京:教育科学出版社,2004:11.

跳绳等,这不仅仅能够锻炼身体,提升体能,也能让家庭生活充满生机与健康。多与孩子一起到户外运动,户外的野餐、风景、绘画、自然、地理、坏天气、游戏、田野、乡村的空气、博物馆等都可以成为他们的"成长时刻",可以"让他们从泥土与天空之美中吸收他们能获得的东西"①。

人更是一种精神的存在。运动的环境是家庭的"精神心理场",通过运动,幼儿能形成健康的生活习惯。运动也是最好的心理调适媒介,使人的情感得到释放和宣泄,运动对人的潜能开发、心理品质的养成、道德情操培育等也至关重要。运动还是最好的家庭精神与心理健康的"保护伞"。在女儿上幼儿园时,我们每周都会有两天郊游、运动的时间,训练女儿们的体能,使其从儿童早期就拥有健康心态。

(八) 表达的环境

表达的环境是家庭中最重要的情感流动时空。家庭是讲"情"的地方,不是讲"理"的地方,这是最传统的中国情感文明表达方式。讲"情"即情感表达,学前儿童需要生活在一个"积极情感流动"的家庭,夫妻之间、亲子之间都应有积极的情感表达,这是整个家庭亲密关系建立的基础,也是幼儿心性品质养成的基础。我与两个女儿之间的"晚安吻"仪式一直持续到女儿小学四年级,对女儿们"无条件赞美",允许她们在家中四壁"乱涂乱画"……同时,家庭中的情感表达,也包括消极情感的接纳,不良情绪的转化与调控。父母应允许幼儿进行情感表达,并给予幼儿情感表达的指导与支持。

综上,家庭成员之间的信任、支持、尊重,会给予幼儿坚定的爱的信念,让幼儿尽情地感受爱、表达爱。

三、学前儿童情感品格涵养的仪式传承与创新行动

培育学前儿童的善良之心、同情之感,既是儿童的立身之根,也是家庭

---

① [英]夏洛特·梅森.家庭教育:0～9岁儿童训练与培养方案[M].程红艳,李春玲,译.北京:中国发展出版社,2013:16.

的情感教育之本。学前儿童家庭情感教育需关注情感品格涵养的仪式感，学前儿童家庭情感教育需要仪式感。

(一) 情感约定仪式

情感约定仪式是家庭情感教育的第一种仪式。它能让每个家庭成员觉醒主体意识，让家长意识到"儿童不是自己的附属品""儿童是正在成长的人""儿童有自己的思想、认知与情感"。

家庭是一个集体，儿童在家庭中可以进行社会情感学习。其实，中国家庭一直都通过有仪式感的家庭教育，来延续与传承家风、家训，家庭情感教育也应坚持中国传统延续下来的"家风""家训"与"家庭公约"。譬如，亲子之间产生冲突时，家长就可以与儿童一起讨论，怎样做才能既满足自己的需要，又考虑别人的感受，形成"家庭情感约定"。约定过程中，家长要给予幼儿自由选择、参与讨论、提出建议的权利，在讨论的过程中相互尊重，坚守原则。家长可以尝试根据自己家庭的实际情况，进行不同的情感约定。但也提醒大家，如果约定的仍然是命令，是单方面的，就无意义。

情感约定仪式的过程本身就是家长与儿童一起建立家庭归属感的过程。在此过程中，亲子之间建立起安全、亲密的依恋关系，亲切的责任关系，亲和的权利关系。

(二) 情感庆祝仪式

情感庆祝仪式是家庭情感教育的第二种仪式，即对家庭成员付出的努力与取得的成绩举行庆祝仪式。它能让每个家庭成员获得自我胜任感，为儿童提供感受幸福、创造幸福的机会。日常家庭庆祝仪式往往充满着亲子活跃的情感与创意，这些情感与创意也会成为家庭共同体的精神内核，"活跃的创意精神是我们安康的一个部分"①。的确,有创意的家庭日常仪式,会让家庭的幸福感倍增。特别是城市中的人生活节奏快,没有闲暇去感受与体会生活中的仪式美,而家庭日常情感庆祝仪式,则能增强人们生活的仪式感。我相信,家庭情感庆祝仪式能给孩子带来幸福,也能让孩子将这种幸福传递下去。

1. 父母的庆祝仪式

父母是孩子的第一任老师,也是终身教师,父母如何生活直接影响着孩子未来的生活。父母不仅要学会情感教育,还要坚持进行一些庆祝仪式,如结婚纪念日、夫妻双方的生日以及值得庆祝的日子。这些特殊的日子通过庆祝的方式度过,会给儿童留下深刻的印象。记得在孩子们上中班时,有一天我们一起过"家庭日",那天是结婚纪念日,我们一家人开着车子到郊外,我穿着结婚时的婚纱,先生穿着西装,孩子们穿着纱裙,我们在草地上拍照、拥抱、画画、欢笑、舞蹈……孩子们问我:"妈妈,你是不是觉得自己是世界上最幸福的女人?"我非常坚定地笑着说:"必须的!"于是,孩子们画下了当天美丽的妈妈和帅气的爸爸……这幅画,将成为我们永恒的记忆,也会在孩子们心中留下最幸福的画面。

2. 孩子的庆祝仪式

西班牙著名大提琴演奏家巴勃罗·卡萨尔斯曾说:"我们必须让孩子相信,它是生命的奇迹,是全世界独一无二的宝贝。"②家庭中给孩子的庆祝仪式首先是让孩子相信,他是家里独一无二的宝贝;其次让孩子知道,父母无限珍视他们。我的双胞女儿出生后,母亲每年都会嘱咐我:"双胞生日时,一定要买两个蛋糕!"仔细想想,妈妈教给我的其实就是"每个儿童都是

---

① [美]阿曼达·布莱克·索尔.培养孩子创意从家庭开始[M].管晏,译.北京:中国城市出版社,2011:117.
② [美]阿曼达·布莱克·索尔.培养孩子创意从家庭开始[M].管晏,译.北京:中国城市出版社,2011:131.

独一无二的"教育理念,即使我同时拥有两个宝贝,但是她们各自都是"独一无二"的。

家庭中有很多机会来举行孩子的庆祝仪式,譬如孩子的生日、入园仪式、国旗下的讲话、幼儿园毕业仪式、儿童节……这些庆祝仪式的举行,重要的不是大人做什么,而是儿童做什么。家长可以鼓励儿童在家里召开"被窝首脑议事会""儿童公益行动""家庭自制工艺品""家庭餐饮礼仪公约制定"等等,给儿童足够的自我掌控感,也可以明确地与儿童说,每个庆祝的仪式都代表我们在长大,每一次长大的庆祝就相当于珍珠,所有珍珠串联在一起就成为我们的生活之路。

家庭为孩子们庆祝的过程,也会让父母体悟生命,体会作为父母对孩子的关照、投入、行动;慢慢学会做情感成熟的父母,用最"接地气"的方式与孩子建立情感联系,并慢慢学会放手……

通过独特的"孩子的庆祝仪式",父母学会真诚为幼儿建造起充满情感的"原生家庭",促进幼儿的情感发展。"原生家庭对家里子女的影响越深刻,子女长大之后就越倾向于按照幼年时小小世界观来观察和感受成年人的大世界。"①生命历程中,因庆祝而独特,因独特而美丽,因美丽而庆祝。基于家庭幸福感的孩子的庆祝仪式值得家长坚持。

3. 节日的庆祝仪式

儿童同家人一起欢度节日,进行庆祝仪式,能增强家庭幸福感。如春节、中秋节、端午节、元宵节等节日里,我们可以创编"家庭菜谱""家庭祝酒词""家庭诗歌""家庭灯谜""家庭新鲜事""家庭创意布置"……通过这些节日庆祝仪式,家庭成员缓解了生活压力与不快,体会了共同创意的无限力量。

---

① [美]罗纳德·理查森.超越原生家庭[M].牛振宇,译.北京:机械工业出版社,2018:1.

(三) 家庭情感表达仪式

一些家长、儿童能够在交流中顺利表达自己的情感,而一些家长、儿童或许由于各种原因,很难做到恰当的情感表达,这就需要借用一些媒介。家庭情感教育的媒介可以成为家庭情感表达的载体,也可以成为传承下去的家庭情感表达仪式,如新家书与新纪录就是很有意义的情感表达仪式。

1. 新家书

什么叫新家书呢?新家书即在新时代背景下,家长为儿童撰写的书或者信,借此表达家庭情感教育的新观点、新价值、新思想。有条件的家长可以根据自己的家庭情感教育经历撰写著作,也可以给儿童写"书信",有一些可以读给孩子听,有一些可以留存,还有一些可以做成儿童绘本,在幼儿园毕业的时候,作为"特殊礼物"送给孩子。这些关于学前儿童阶段成长的新家书,汇聚着家庭情感教育的独特历程,诠释着父母秉持的教育理念,叙述着父母自身的情感教育经历,饱含着亲子之间深刻的情感体验。有了这种家庭情感表达仪式,本身就证明了我们的家庭情感教育觉醒与智慧。

2. 新纪录

与新家书一样,新纪录可以成为家庭情感表达的重要仪式。新纪录,一方面让儿童的成长看得见,如收集儿童成长过程中的作品、照片……体现了父母感受与接纳孩子成长过程中的情感;另一方面,新纪录还可以让父母对儿童的情感教育看得见,父母可以对儿童成长过程进行观察记录,选择合适时机分享给儿童,与儿童一起回味成长趣事。

第四节　学前儿童家长情感教育素养的"三项修炼"

> 孩子是天生的宽恕者。这促使我们担起责任,努力做一个好家长、好老师。从某种意义说,这项任务很紧迫。作为父母或教师,我们意识到了无条件的原谅和宽恕,这让我们愧疚。我们必须永远为真正的教育努力奋斗,不辜负孩子们给予我们的信任,不滥用他们的原谅和宽恕。[①]
>
> ——[加拿大]马克斯·范梅南

前文曾列举过学前儿童家庭情感教育存在的十种现象,概括起来讲,这十种现象主要表现在三个方面:一是家长了解儿童情感需求意识与能力不足。绝大多数家长的情感教育意识较弱,忽视儿童情感需求;二是家长与儿童进行情感沟通的能力缺乏,家长仍然停留在言语说教上面,不能对儿童的情感进行积极关注;三是家长自身情绪情感调控能力较弱,需要教育指导与自我修炼。

因此,这里我专门讨论与论述家长的情感素养的"三项修炼",即读懂儿童情感需求素养的修炼,情感沟通素养的修炼,情感调适与控制素养的修炼。

一、"第一项修炼":读懂儿童情感需求素养的修炼

问卷中有一个问题是为了了解家长对教育目的的认知情况:"你觉得教育孩子是为了明天的幸福?还是为了现在的幸福?"调查结果统计情况(如图 6-15 所示)。

---

① [加]马克斯·范梅南,李树英.教育的情调[M].李树英,译.北京:教育科学出版社,2019:127.

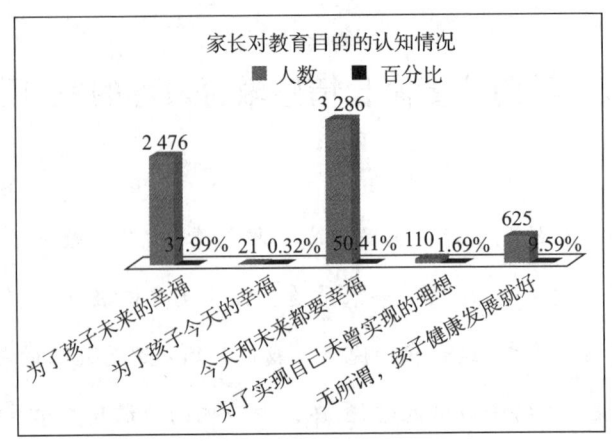

图 6-15　家长对教育目的的认知情况

调查显示,"为了孩子未来的幸福"占比为 37.99%,"为了孩子今天的幸福"占比仅有 0.32%,"今天和未来都要幸福"占比为 50.41%,我们是可以理解家长的这种"贪心"的,谁不期待孩子的未来是幸福的呢? 但是这背后反映出来我们的教育观是教育为未来做准备,这种教育观指引下的家庭教育,父母基本上会以为将来做准备的名义,做出"要求孩子做超出他们能力的事情""为了将来,现在需要……""为了将来,现在只能……""为了将来,现在必须……"等不符合儿童身心发展规律的教育行为。当然,我不能绝对地判断家长这种价值取向是否正确,或者好与不好,因为家庭教育这件事情,真的没有绝对的好或不好,正确或不正确。我只是非常清楚,忽略孩子现在基本需求的教育往往很难让孩子成为一个阳光的人。一般情况下,不能够读懂孩子需求的家庭教育也很难说是成功的。我也十分清楚,在复杂的教育过程中,能够真正理解儿童现实需求非常具有挑战。因此,我把"读懂儿童的情感需求"作为家长情感素养的"第一项修炼"。这里我着重论述家长如何了解 3—6 岁幼儿的情感需求,并做出教育回应与教育指导。

（一）情感教育主体意识：明确幼儿整体上的需要

家长需要学习幼儿不同年龄阶段发展特点的相关知识、幼儿个体差异的知识、原生家庭背景与文化背景的知识，然后迅速做一个评估，看看自己是否能满足幼儿的成长需要。

（二）幼儿的情感需求与情感回应指导

1. 3—4岁幼儿的社会情感需求与回应指导

3—4岁幼儿开始有分享与轮流的概念，能按照成人的要求做事，但仍然难以理解别人的情感，会从破坏性活动中获得快乐；开始有主动性，开始探索自己，慢慢学会合作，做错了事情有时会主动道歉；开始遵守秩序，能够在人数较多的小组中待更长时间。

父母应以身作则，用积极的方式与孩子进行交流，对孩子的行为做适当要求，不要过多地限制他们，多提供机会提升他们的能力，让他们形成良好的自我意识。

2. 4—5岁幼儿的情感需求与情感回应指导

4—5岁幼儿开始有了合作意识，甚至非常"慷慨"；开始有同情心，能设身处地为别人着想，在分享与轮流方面做得更好了，会主动照顾比自己小的孩子，也能够了解情绪感受与表达；开始学着控制自己的情感。

父母需要为幼儿提供选择权，发展其主观能动性，支持他们应对更开阔的世界，教会他们一些交往技巧，鼓励他们发现自己的幽默、提出自己的问题，帮助他们学习不伤害他人的情感表达方式。

3. 5—6岁幼儿的情感需求与情感回应指导

5—6岁幼儿独立意识更强，对自我的认识更深刻，主动合作与解决问题能力更强，需要成人具体、明确的肯定，情感控制能力也有所增强。

父母需要关注大班幼儿的积极情感、消极情感，培养幼儿的积极态度，鼓励幼儿接纳消极情感，让他们认识到自己是好的学习者。

二、"第二项修炼":家长情感沟通素养的修炼

情感沟通与交流是家庭精神生活的主要部分,也是影响家庭幸福的重要因素。为了能与学前儿童进行有效沟通,家长情感素养的"第二项修炼"是情感沟通素养的修炼。一些家长不注意与幼儿的情感互动,甚至忽视情感沟通,这可能会有碍儿童正在发展的自我意识,有碍学前儿童对现实的感知与安全感的建立。为了能与学前儿童进行清晰的情感交流,避免无效沟通,家长要修炼情感沟通素养。

(一)多维情感卷入:带着积极情感"整体倾听"

我认为,倾听是家长进行情感沟通的最重要的技能。因为积极倾听体现出父母对孩子的关爱与接纳。譬如,当儿童生气了、开心了、愤怒了、沮丧了……父母能做的最有用的事情就是倾听。不仅仅用耳朵去倾听,而是全身心地去倾听,不仅认真地倾听口头信息,还要密切注意他发出的视觉信号,如脸部表情和肢体语言,即"整体倾听"[①]。家长的这种全身心投入的倾听,会让孩子感到自己被认可、被关心、被肯定、被爱,情绪情感得到舒缓,孩子也更容易接纳自己的情感,更容易建立起对成人的信任。家长通过多维情感卷入,关注孩子身心健康,帮助建立自尊,形成积极的自我概念。同时,在情感卷入与倾听的过程中,家长会更容易接纳、信任孩子,也会易于与孩子一起寻找问题解决的方式。

具体而言,家长需要怎么做才能做到"整体倾听"呢?我认为家长需要做到以下四点。

1. 有意识地关注幼儿的语言线索和非言语线索

要做到"整体倾听",最基本的就是,家长要有意识地关注幼儿的语言线索,急促的、缓慢的、亲昵的、撒娇的、任性的、开心的,从中捕捉语言情感

---

① [美]珍妮特·冈萨雷斯-米纳.多元化社会中的早期教育[M].徐韵,周红,等译.南京:江苏教育出版社,2008:47.

信息;另一方面就是要有意识地关注幼儿的非言语线索,比如哭喊、身体姿势、肢体动作、攻击行为等等。

2. 有意识地关注当时幼儿的情绪情感状态,并用语言和非言语行为去积极回应

成人需要对幼儿的情绪情感状态具有极高的敏感性。其实,父母对自己孩子的情绪情感有本能的敏感性,但不是所有家长都能够予以积极回应。而积极的回应非常有意义,因为用自己的语言与儿童的语言去回应幼儿的情绪体验与感受,会给予幼儿情感回应的正面影响与榜样示范。此外,家长可以用拥抱、抚摸、微笑等非言语行为对幼儿积极的情感与行为给予肯定、鼓励,对消极情感与行为进行接纳与引导。

3. 有意识地关注幼儿的想法,并用合适的语言帮助幼儿说出他的情绪感受

不是所有的幼儿都能在任何时候用语言表达出自己的情绪情感,即使这是我们一直期待的情感教育结果。正因如此,家长需要有意识地去关注幼儿的想法,寻找合适的语言帮助幼儿说出自己的情绪感受,也可以此为教育契机,教会幼儿各种表达情绪情感的词汇。

4. 有意识地关注幼儿的感受,并用幼儿自己的话重复、证实幼儿的感受

有养育经验的父母亲,一定非常熟悉以下一些场景。譬如,幼儿说:"妈妈,我的脚很热,我不想穿袜子。"妈妈说:"不行,今天温度非常低,一点都不热!"幼儿说:"妈妈,米饭好烫!"妈妈说:"怎么可能,一点都不烫,我尝过了!"……乍一听,妈妈也是在和幼儿进行沟通,也在听幼儿的话语,但是实际上,这是"虚假倾听",妈妈根本没有听进去幼儿的感受。我们是不是也经常说着听起来很温和的话,但却极其坚定地控制着幼儿的感受与情感,强制地给幼儿很多错误的经验与信息。过于强势的父母就是用这种

"虚假倾听"后的回应,让幼儿自己都不相信自己的感觉。

有意识地关注幼儿的感受,用幼儿自己的话重复、证实幼儿的感受,就是要接受幼儿的真实感觉,尊重幼儿的体验,能够有针对性地提出解决问题的办法。譬如,"脚丫子的确有点热乎乎的,那就脱下来晾一会,再穿上!""米饭有点烫,那么我们一起来吹一吹,或者换一个大一些的碗,来看看是不是会凉得快一些。"这种与幼儿一起想办法解决问题的方式,会让幼儿从小就有强烈的自我意识,让幼儿愿意去解决问题,也愿意倾听与尊重别人的想法。

有的父母认为,不管怎么样,还是会有一些幼儿拒绝倾听的,这就要看父母是以接纳幼儿的情绪情感还是以改变幼儿的行为为前提去倾听。如果是后者,基本上很难实现良好的效果。因此,我想提醒父母要积极地"整体倾听",不要过度倾听,不以改变为目的倾听。父母要勇于承认,孩子喜欢的和想到的不一定与你完全一致,当不一致时,你不需要据理力争。

(二) 正面情感回应:积极的"我—信息"情感表达

对于情感沟通过程来说,情感表达至关重要。"我—信息"情感表达方式效果明显,即通过正面的"我—信息"情感回应,实现沟通过程的顺畅、无障碍,以及情感的良性表达。

1. 情感沟通中应用直接的言语表达

托马斯·戈登曾总结出父母回应孩子典型方式的十二种沟通障碍,即"命令、指挥、控制,警告、训诫、威胁,规劝、说教、布道,建议、给出解决方案或意见,说服、教育、进行逻辑辩论,评价、批评、表示不赞同、责备,赞扬、表示赞同,归类、嘲笑、羞辱,解释、分析、诊断,安慰、表示同情、安抚、支持,调查、质问、审问,退出、分散注意力、开玩笑、转移话题十二类"[①]。

[①] [美]托马斯·戈登.父母效能训练手册:让你和孩子更贴心[M].宋苗,译.天津:天津社会科学院出版社,2009:309-315.

接下来,我从情感沟通角度探寻如何修炼有效的语言表达方式,实现如何说孩子才会倾听的目标。一个完整的"我—信息"包括三个方面:"一是孩子的行为,二是父母的感受,三是对父母具体的影响。"①这也十分适用于情感沟通的正面情感回应与表达(如图 6-16 所示)。

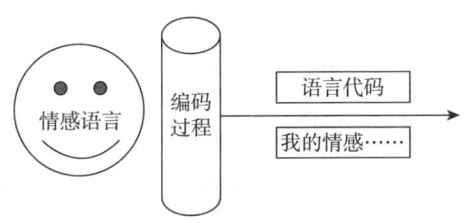

图 6-16 用"我-信息"的正面情感语言回应

表 6-1 中列举了一些"我—信息"的正面情感语言回应示例。

表 6-1 正面情感语言回应与表达的"我—信息"示例

关键事件	"我—信息"
你出差前,6 岁儿童帮助你收拾行李	我真的很开心能够得到你的帮助,不然我可能就赶不上火车了
早晨 5 岁的女儿自己穿好了衣服	看到你自己穿好衣服,我很高兴,这样我可以多一些时间美美地吃早餐了
双胞胎女儿把冰箱里物品整理分类放好	看到你们这么会整理,我太幸福了,这样可以节省时间去户外做游戏了

2. 情感沟通中借助故事载体

家里不是"辩论场",不是"输赢台",除了语言沟通,亲子之间还有很多种沟通方式。特别是在家庭生活中,在我与女儿们一起成长的过程中,我们会经常使用一些其他载体,其中之一就是故事。从出生到现在,孩子们一直都非常喜欢听故事,"孩子天生喜欢听故事,尤其是对幼小的孩子,大

---

① [美]托马斯·戈登.P.E.T.父母效能训练实践篇[M].窦珺,译.北京:中央广播电视大学出版社,2015:126.

人要讲道理,不如讲故事,道理在故事里,孩子自然就接受了"[1]。通过故事欣赏、理解、叙述、表演等方式,幼儿感知故事中的真善美,也慢慢对生活中的情与理有了自己的理解与认识,所以,亲子共读的确是非常重要的情感沟通方式。

当然,故事载体不仅仅是指阅读,还可以是共同欣赏电影、话剧、戏剧,家长可在家里有意识地引导幼儿对故事进行创造性表演。我的两个女儿最擅长的就是经常用自己的"火星语"在她们的世界里,演绎他们的生活故事。这其实也是儿童自己创生的正向情感回应方式,即借助于一定的情感沟通载体,自主体验与表达。

(三)自我情感反思:积极的沉默情感力量

前面从"倾听""表达"两个维度来阐释家长情感沟通素养的修炼。这里我还想特别讨论一下基于儿童自我情感反思立场的沉默。从我做家庭咨询与家长课堂工作时家长们提出来的问题看,家长在与幼儿进行情感沟通的过程中,要么说得太多,父母与儿童之间不能保持一个合适的距离;要么过于关注情感,彼此没有自我空间;要么过于忽视情感,使人没有安全感与归属感,很难找到合适的"教育距离"。所以,积极的沉默也是情感沟通中的重要情感素养。家长是需要沉默的,多听少说,也是"整体倾听"实现的一个必要条件。"和孩子的距离远近在于倾听与否,多听的父母了解孩子,所以亲子关系融洽,多说的父母让孩子沉默,总是不知孩子在想些什么。"[2]家庭教育过程中,孩子沉默是最不理想的状态。反过来,家长觉察到成人的言语带来太多的权威、压制、规训、控制,应适当选择"闭嘴",用积极沉默带来情感的力量,给予儿童自我反思、自我体验、自我要求、自我行

---

[1] 黄登汉.校长爸爸的生活教养学[M].台北:城邦文化出版,2017:94.
[2] 黄登汉.校长爸爸的生活教养学[M].台北:城邦文化出版,2017:86.

动的机会。虽然,目前家长还难以做到,但我相信觉醒情感的家庭对儿童的教育慢慢会更好。

三、"第三项修炼":家长情感管理素养修炼

人的自我管理有助于社会性发展与社会交往能力的提升,为了实现自身的情感控制,父母首先需要意识到情感。调查发现,父母不仅自我情绪情感调控能力、情感沟通能力相对较弱,甚至在一定程度上并未意识到情感问题,所以即使持有美好的教育初衷与愿望,却往往因为情感忽视、情绪调控能力弱而导致事倍功半。正如亚里士多德在《尼各马可伦理学》中写道:"任何人都会愤怒,这很容易。但是,对适当的人、以适当的程度、在适当的时间、为适当的目的并且以适当的方法表现愤怒则绝非易事。"[①]关键是,很多人在家庭中情绪容易得到释放,"如果大人没有对孩子尊重的认识,就容易对孩子发泄情绪,有时是当孩子做出让人难以接受的行为时,大人的情绪更容易失控。而大人一发泄情绪,孩子就会恐惧、不能冷静、理智地思考,这不利于他们情绪的稳定与心理发育。所以,我们要控制管理自己的情绪,更不能以粗暴的手段惩罚孩子"[②]。那么,这就需要家长在情感调适与控制方面进行素养修炼,我称之为家长情感素养的"第三项修炼"。通过情感控制素养修炼,管理好自己的情感,拥有情感能力。较高的情感能力是良好家庭教育的先决条件,它会让父母的教育行为更加具有儿童立场。如何才能具有情感意识,并能够正确解读儿童的情感,习得情感教育能力,成为高情商的父母,培养出高情商的孩子呢?

(一) 在尊重的基础上明确孩子可以与我们合作

家长的情绪情感往往来源于自己的规则和期待与孩子的想象、需求、

---

① [美]威廉·鲍威尔,[印尼]欧辰·库苏玛-鲍威尔.做一名高情商教师[M].张园,译.北京:教育科学出版社,2015:91.
② 王修文.给孩子最好的家庭教育[M].杭州:浙江教育出版社,2011:112.

方法发生严重的冲突时,教育效果不理想。如责备、谩骂、威胁、命令、说教、警告、控诉、比较、讽刺挖苦等话语方式,既不易让孩子接受,又容易让自己的情绪失控。

从情感教育的角度觉察家长自身的情绪管理,需要家长基于合作关系的建立去寻找自我管理的媒介,并进行自我反思与训练。曾有专家提出鼓励孩子与我们合作的五个技巧:"描述你所看见的,或者描述问题;提示;用简单的词语表达;说出你的感受,不评价孩子的个性与人品;写便条。"[1]我尝试体悟过后,发现这是一种自我情绪控制与管理的有效方式。建议家长可以把生活中亲子之间发生的冲突写下来,列举出"五个技巧性"的言语、情感、行为表达,让孩子看到一个"全新的"父母。

(二) 在反思的基础上明确生活态度与教养风格,做好情感教练

父母控制好情感,不是将自己的情感"禁足",而是在行动过程中完成家庭情感教育的"变革"与"治理"。

1. 反思自己的生活态度取向与教养风格

很多时候,我们都觉得自己活得非常明白,实际上我们难以系统了解自己的生活态度取向。日常生活中,我们容易表现出愤怒、担心、恐惧、不甘心等,这往往是因为我们不能识别自己的生活态度取向,盲目地在模仿或比较中进行家庭教育。父母自己没有建立起安全感,找不到教育的确定性,所以焦虑情绪严重,情绪与行为容易失控。美国正面管教专家简·尼尔森提出了"安逸、控制、取悦、力争优秀四种生活态度取向的父母类型"[2],并对这四种生活态度取向的父母最担心的事情、优缺点、他人的反应、造成的结果、对养育风格(养育的优势、缺陷、改进空间等)的影响等进

---

[1] [美]阿黛尔·法伯,等.如何说孩子才会听 怎么听孩子才肯说[M].安燕玲,译.北京:中央编译出版社,2007:57.
[2] [美]简·尼尔森.正面管教:如何不惩罚、不娇纵地有效管教孩子[M].玉冰,译.北京:京华出版社,2008:198.

行罗列和分析,明确了成人情绪情感与行为失控、失当的原因在于归属感与价值感缺失。也就是说,家长在受传统观念与当下激烈的社会竞争的影响下,更多寄托于孩子怎么样,很少反思自身的行为应该如何,将自身置于教育权威与控制者地位,难以悬置教育价值,反思自身的生活态度取向。家长只有明确了自身的生活态度取向,在自己的情感世界里走向客观才能实现良好的情感控制,用我女儿的话说:"请管好自己的眼神、自己的嘴巴、自己的手和脚……"

2. 学做儿童的情感教练

美国华盛顿大学心理学家约翰·戈夫曼通过对120个家庭长达十年的研究发现,父母担任"感情教练",运用感情辅导方法,就能使孩子更好地识别和掌握自己的感情,这样培养出来的孩子也更加有自信心、身心健康、数学与阅读的成绩也很突出、社交技巧和能力很强。感情辅导方法具体包括怀着同情心倾听孩子,了解孩子产生某种感情的原因,理解孩子当时的感受并提供反馈,鼓励孩子自己解决情感。父母在学做儿童的情感教练的过程中,反思自己的情绪情感管理能力至关重要。情感教练,即"教会孩子使用策略应对生活中的起起落落,他们不拒绝孩子表现出的愤怒、悲伤或恐惧,也不忽视这些表现,而是接受生活中存在负面情感这一事实,并且利用情感发生的机会教会孩子与他人建立更亲密的关系"[①]。在这一过程中,父母亲作为教练,第一要做到的是:学会承认每个人都一样,拥有难以控制的负面情绪,如愤怒、嫉妒、鄙视、悲伤、恐惧……父母亲需要与孩子一起讨论、协商"如何坚持情绪情感被允许,但是行为不一定被允许?""家庭中父母作为监护人、照料者,何种程度上决定家庭的事物?"。在成人与儿童的思维与情感世界里,建立起情感观念,人的情感与行为是可以相对分

---

① [美]威廉·鲍威尔,[印尼]欧辰·库苏玛-鲍威尔.做一名高情商教师[M].张园,译.北京:教育科学出版社,2015:194.

开的,不能混淆在一起去讨论。第二,父母双方要经常讨论与思考,如何教导儿童管理好自己的强烈情绪,找到家庭情感表达的独特解决办法。每个家庭是不同的,没有统一的办法与原理,但是我们总是能够找到一些基本的方式方法。譬如,在如何培养孩子安全感、归属感、认同感、责任感、尊严感、价值感等方面,可以通过识别儿童的情感能力,寻找家庭内外多种情境作为情感教育体察机会,通过共情倾听家庭成员每一个人的情感,找到属于自己家庭的情感表达词汇等来实现。我相信,作为情感教练的父母是能在自我情感控制的过程中与儿童之间建立起情感关系,享受家庭情感教育带来的美好。

(三) 觉察基础上明确情感倾向,管理好面部表情

从某种程度上说,我们能够通过认知的、情感的方法来管理自己的情绪情感,觉察自己的情绪情感,明确情感与生理机能的双向关系。通常我们会假设自己的面部表情是情感的反应,研究表明,"面部表情不仅仅是情感的外部表现,面部本身也能够激发人产生相应的情感反应"[1]。因此,控制好自己的面部表情往往能够实现负面情感控制。有意识地用微笑面对孩子,会自然地引起孩子高兴和满意的感觉。而且,积极的面部表情对理解他人情感也具有重要作用,譬如快乐、慈爱、生气、伤心、恐惧等,会使观察者模仿看到的表情。我们可以想象一下,如果我们不能控制自己的表情,什么情绪都"写在脸上",很难给儿童正向的情绪情感引导,也很难让儿童对父母亲产生信任,更谈不上安全的亲子依恋和家庭的安全感与归属感。

(四) 积极关注基础上明确自己情感控制能力

我们经常在讨论儿童教育的时候会提到"延迟满足""学会等待"等方

---

[1] [美]威廉·鲍威尔,[印尼]欧辰·库苏玛-鲍威尔.做一名高情商教师[M].张园,译.北京:教育科学出版社,2015:97.

法,这些都是基于积极关注儿童发展的前提下所进行的教育反思。我们换个角度来看,教师对自己的情感控制,也要学会延迟、等待、暂停等。

适度停顿。"停顿往往能够减慢谈话的速度,传达出一个信息就是我正在思考你说的话,也给对方一个感受就是,我们之间是允许、鼓励思考的。"①日常生活中,有的父母说话诚如"炒豆子"一样,让儿童喘不过气来,自己也无法控制自己的情绪。学会适度停顿、等待,是家长需掌握的情绪控制技巧之一。

积极假设。我们还可以回顾曾经发生过的亲子冲突场景,对将要发生的事情在头脑里思考一下,多思考以下问题:"他在担心什么？他的行为动机是什么？""我的情感会引起他的什么反应？""高情商的解决问题方式会是怎样的？""我采用何种方式解决能够平和而又有效？"自然会规避一些主观的情绪爆发与无意义的情绪发泄。

角色扮演。我们可以在家庭里分角色体验各自的感受,在扮演过程中认同与体会自己的情绪情感与节奏。曾经我们家开过一次"家庭会议",会议的主要内容是每个人讲述自己的一天是怎样度过的。每个人讲述完之后,另一个人进行点评,主持人做记录。时间飞快,两个小时过去了,孩子们了解了家庭中每个人是如何度过一天的。每个人在讲述自己的一天和点评他人的过程中,表达了对自己、对他人的看法、感受。我最深刻的体会是,家庭会议增强了每个人的"心理弹性",扩充了各自的"心理空间",了解了每个人都有自己的节奏,不必随意批评与指责。每个人在自我讲述的过程中,不但消解了各自的不满情绪,反而增强了同理心,家人之间更加理解了。

综上,通过对父母情感素养的"三项修炼"阐释,我就是想说明情感能

---

① [美]威廉·鲍威尔,[印尼]欧辰·库苏玛-鲍威尔.做一名高情商教师[M].张园,译.北京:教育科学出版社,2015:101.

力是可以进行培养的。按照戈夫曼对情商的界定,它"包含自我认识、自我管理、内驱力、社会意识、关系管理五个方面的内容"。① 父母作为儿童最重要的照料者,作为每日皆可学习与反思的教育者,可以从感知自我并且解读他人的情感入手,关注儿童的情感,对儿童进行情感教育,并提升自身的情感教育素养。于儿童来说,具有了面向自己、他人与未来的能力;于父母来说,具有了面向儿童、为了儿童修炼自我情感的能力;于整个家庭来说,具有了温馨、和谐、认同、信任以及充满爱的氛围与教育力量;于教育目的来说,着眼于儿童今天的幸福,持续追求未来的幸福。

本章小结

本章对学前儿童家庭情感教育行动与家长情感教育效能训练进行了阐释。

明确了学前儿童家庭情感教育理念,即每个儿童都是独特的、不一样的;每个儿童都是父母最珍贵的宝贝;每个儿童都需要在温馨充满爱的家庭中成长;每个儿童都需要情感教育;每个父母都需要与儿童一起进行情感学习,在学习中不断建立与强化情感教育意识。

明确了家庭情感教育存在的十种现象:父母了解儿童情绪情感状态的占比相对较低;家庭中父母营造温馨、认同的家庭情感氛围的意识较弱;父母在日常教养中情感意识相对薄弱;家庭教育中,父母忽视儿童情绪情感的状态客观存在;家庭教育中,父母处理情感教育问题以言语说教为主;家庭教育中,父母尚未做到直接与孩子沟通情感问题;家庭教育中,父母往往

---

① [美]威廉·鲍威尔,[印尼]欧辰·库苏玛-鲍威尔.做一名高情商教师[M].张园,译.北京:教育科学出版社,2015:8.

忽视孩子的消极情感;家庭教育中,父母自我情绪情感调控能力、情感沟通能力相对较弱;家长对专门情感教育需求较强。因此家长亟须亲子情感沟通指导。

明确了学前儿童家庭情感教育的三大行动。一是学前儿童家庭情感教育意识与情感关系建立行动,包括基于学前儿童安全感与归属感的亲密依恋关系建立,基于学前儿童认同感与自尊感的亲切责任关系建立,基于学前儿童尊严感与价值感的亲和权利关系建立。二是学前儿童发展与成长的家庭情感环境的营造行动,包括游戏的环境、阅读的环境、劳动的环境、艺术的环境、对话的环境、运用的环境、幽默的环境等。三是学前儿童情感品格涵养的家庭情感教育仪式的传承与创新行动,包括基于家庭的归属感的情感约定仪式、基于家庭幸福感的情感庆祝仪式、基于家庭时代感的情感表达仪式。

明确了学前儿童家长情感教育素养的"三项修炼":家长读懂幼儿情感需求素养的修炼、家长情感沟通素养的修炼、家长情感调适与控制素养的修炼。

结语：重申情感觉醒，建构学前儿童情感教育学

> 那么，怎样找到完美？我们的希望何在？在教育中，而不是在别处。①
>
> ——康　德

教育不仅是一种"打破模式"的工作，更应是"解放儿童心灵""释放儿童天性"的工作，即"教育不仅应当使儿童发展，而且应当使儿童欢乐"②。学前儿童应该生活在游戏、童话、音乐、幻想、创作的宽阔情感世界中，因为他们需要游戏、幻想、观察、思考、表达……教育应该承认儿童拥有一种积极的精神生活，支持儿童过好这种积极的精神生活。然而很遗憾，学前教育的现实却走在相反的方向上。因此，我通过《觉醒情感：学前儿童情感教育实践叩问》一书来反思与追问当下幼儿园、家庭等各个场域中，教育对于儿童的适宜性、合理性、科学性。如若未来学前教育仍只是大声呼喊"儿童本位""儿童中心"，实则忽视儿童的情感教育，固执于成人的教育理性经验，执迷于功利的教育目的，不去系统关注、支持儿童"感兴趣、在参与、遇到困难或不确定情境能加持、与他人沟通、承担责任等有助于学习的心智倾向"③，不去着力培养儿童面向未来的情感能力与情感品质，那么，教育真的只能原地踏步，停滞不前了。

---

① [英]乔伊·帕尔默.教育究竟是什么？100位思想家论教育[M].任钟印,诸惠芳,译.北京:北京大学出版社,2008:79.
② 刘晓东.儿童教育新论[M].南京:江苏教育出版社,2000:100.
③ [新西兰]玛格丽特·卡尔.另一种评价:学习故事[M].周欣,等译.北京:教育科学出版社,2016:25.

因此，一年前我在书稿开篇从新时代人本主义教育观的角度提出，人本主义教育视域下的学前教育必然指向学前儿童的情感世界，必须明确而又具体地关注情感教育，理解与读懂学前儿童的情感世界。即使学前儿童的情感生活与世界是一个肉眼看不见的世界，充满着复杂与神秘，但它仍旧在教育的视域范围内。教育必须直接触及学前儿童的心灵，在学前儿童的内心与精神世界中埋下情感的种子，给儿童留下更多的"情感闪光灯记忆"，让他们相信世界上存在着真善美。正是因为情感，真善美才会持久存在。

所以，我们必须持续思考有效进行学前教育的条件是什么；必须清楚我们是在什么背景、什么条件下进行学前教育的；必须明确新时期应怎样进行学前儿童情感教育。否则我们仍将陷入一些模糊的而没有意义的虚假认识之中。因此，指向学前儿童生命与情感世界的新时代学前情感教育不是为了一般意义上的人，而是为了这个时代的儿童，为了这个时代正在成长着的祖国的未来。

这里，我仍然要重申新时代学前教育需要觉醒情感，因为"教育学就是在与孩子的交往过程中对什么是适合的与什么是不适合的予以积极区分"①。情感教育于学前儿童来说，非常适合，这是十分肯定的。因为"未来儿童的情感能力将成为一种面向未来的能力，儿童需要情感投入的能力，既保持敏感，又富有韧性，这样他们才能顽强承受未来不可避免的情感风暴，同时又能敏锐地透过表象看到实质，通过已知的判断未知的"②。我们需要进行专门的情感教育，培养孩子具有情感上的"回应力"。在学前儿童健康成长的过程中，教育者根据儿童发展着的情感力量促进其成长，就意味着儿童的童年更快乐、幸福。

---

① [加]马克斯·范梅南,李树英.教育的情调[M].李树英,译.北京:教育科学出版社,2019:56.
② [美]杰克·帕特拉什.稻草人的头 铁皮人的心 狮子的勇气:一种帮助孩子全面发展的教育[M].卢泰之,译.深圳:深圳报业集团出版社,2011:15.

参考文献

[1] Bermudez J L. The Paradox of Self Consciousness[M]. Cambridge：MIT Preess,1998.

[2] [美]阿曼达·布莱克·索尔.培养孩子创意从家庭开始[M].管晏,译.北京：中国城市出版社,2012.

[3] [苏]W. A. 阿莫纳什维利.孩子们,你们好![M].朱佩荣,译.北京：教育科学出版社,2005.

[4] [苏]W. A. 阿莫纳什维利.孩子们,你们生活得怎么样?[M].朱佩荣,高文,译.北京：教育科学出版社,2005.

[5] [苏]W. A. 阿莫纳什维利.孩子们,祝你们一路平安![M].朱佩荣,译.北京：教育科学出版社,2005.

[6] [美]埃利奥特·W. 艾斯纳.教育想象——学校课程设计与评价[M].李雁冰,等译.北京：教育科学出版社,2008.

[7] [法]爱弥尔·涂尔干.道德教育[M].陈光金,等译.上海：上海人民出版社,2006.

[8] [美]卡洛琳·爱德华兹,莱拉·甘第尼,乔治·福尔曼.儿童的一百种语言[M].罗雅芬,连英式,金乃琪,译.南京：南京师范大学出版社,2008.

[9] [美]艾伦·C. 奥恩斯坦.当代美国课堂教学[M].严文蕃,等译.南京：江苏教育出版社,2009.

[10] [美]艾伦·C. 奥恩斯坦,莱文·丹尼尔.教育基础(第8版)[M].杨树兵,等译.南京：江苏教育出版社,2012.

[11][美]安·S.爱泼斯坦.有准备的教师——为幼儿学习选择最佳策略[M].李敏谊,译.北京:教育科学出版社,2012.

[12][美]芭芭拉·安·尼尔森.一周又一周:儿童发展记录[M].叶平枝,等译.北京:人民教育出版社,2011.

[13][俄]巴普洛夫.星期三生理学谈话记录及速记稿(第1卷)[M].莫斯科列宁格勒:苏联科学院出版社,1949.

[14][美]保罗·哈里斯.儿童与情绪:心理认知的发展[M].郭茜,等译.北京:教育科学出版社,2012.

[15][苏]A.B.彼得罗夫斯基,等.普通心理学[M].龚浩然,等译.北京:人民教育出版社,1991.

[16][英]R.S.彼得斯.道德发展与道德教育[M].邬冬星,译.杭州:浙江教育出版社,2000.

[17][德]O.F.博尔诺夫.教育人类学[M].李其龙,等译.上海:华东师范大学出版社,1999.

[18][美]约翰·D.布兰斯福特,等.人是如何学习的:大脑、心理经验及学校(扩展版)[M].程可拉,等译.上海:华东师范大学出版社,2013.

[19]蔡汀,王义高,祖晶.苏霍姆林斯基选集(五卷本)·第4卷[M].北京:教育科学出版社,2001.

[20]蔡汀,王义高,祖晶.苏霍姆林斯基选集(五卷本)·第5卷[M].北京:教育科学出版社,2001.

[21]陈帼眉.学前心理学[M].北京:人民教育出版社,2000.

[22]陈鹤琴.家庭教育与父母教育(第2版)[M].上海:上海人民出版社,2016.

[23]陈琦,刘儒德.当代教育心理学(第2版)[M].北京:北京师范大学出版社,2007.

[24]陈晓娟.当童心和文化相遇:逸乐童心课程文化之旅[M].南京:南京师范大学出版社,2017.

[25] 陈旭远,孟丽波.生命化教学的理论构建与实践样态[J].教育研究,2004(4).

[26] 戴本博.外国教育史(中)[M].北京:人民教育出版社,1990.

[27] [英]戴维·伯姆,尼科.论对话[M].王松涛,译.北京:教育科学出版社,2004.

[28] [美]戴维·迈尔斯.社会心理学(第11版)[M].侯玉波,等译.北京:人民邮电出版社,2016.

[29] [美]戴维·米德伍德,尼尔·伯顿.课程管理[M].吕良环,译.杭州:浙江教育出版社,2008.

[30] [美]德布·柯蒂斯,玛吉·卡特.和儿童一起学习:促进反思性教学的课程框架[M].周欣,等译.北京:教育科学出版社,2011.

[31] 丁锦宏.关于情感性道德教育范式的思考[J].现代教育论丛,1999(2).

[32] 丁峻.情感演化论[M].北京:科学出版社,2010.

[33] 傅小兰.情绪心理学[M].上海:华东师范大学出版社,2016.

[34] 郝文武.从本体存在到本质生成的教育建构论[J].教育研究,2004(2).

[35] [英]哈维-扎赫拉.华德福的快乐家庭教育[M].刘申静,译.北京:台海出版社,2015.

[36] [德]赫尔穆特·埃勒.与孩子共处的八年:一位华德福资深教师的探索[M].田达生,译.天津:天津教育出版社,2011.

[37] 黄登汉.校长爸爸的生活教养学[M].台北:城邦文化出版,2017.

[38] 黄希庭.心理学导论[M].北京:人民教育出版社,2015.

[39] [美]霍尔,戴维斯.道德教育的理论与实践[M].陆有铨,魏贤超,译.杭州:浙江教育出版社,2003.

[40] [美]简·尼尔森.正面管教:如何不惩罚、不娇纵地有效管教孩子[M].玉冰,译.北京:京华出版社,2008.

[41] [美]杰克·帕特拉什.稻草人的头铁皮人的心狮子的勇气:一种帮助孩子全面发展的教育[M].卢泰之,译.深圳:深圳报业集团出版社,2011.

[42] [美]杰拉尔德·S.汉纳,佩姬·A.德特默.课程的情境适应性评价[M].王

艳玲,译.杭州:浙江教育出版社,2008.

[43]卡尔·R.罗杰斯.个人形成论:我的心理治疗观[M].杨广学,等译.北京:中国人民大学出版社,2004.

[44][德]卡尔·雅斯贝尔斯.什么是教育[M].邹进,译.北京:生活·读书·新知三联书店,1991.

[45][美]坎贝尔,等.多元智能教与学的策略(第3版)[M].霍力岩,等译.北京:中国轻工业出版社,2015.

[46][俄]康·德·乌申斯基.人是教育的对象——教育人类学初探(下卷)[M].张佩珍,等译.北京:人民教育出版社,2004.

[47][捷克]夸美纽斯.大教学论[M].傅任敢,译.北京:教育科学出版社,1999.

[48][美]J.莱夫,E.温格.情景学习:合法的边缘性参与[M].王文静,译.上海:华东师范大学出版社,2004.

[49]李红岩.幼儿园师幼互动中教师情绪管理的个案研究[D].长春:东北师范大学,2017.

[50]李铭.幼儿园情趣课程[M].南京:南京师范大学出版社,2017.

[51]李莎.教育效能:教师教育的必修课[J].教育研究与实验,2018(6).

[52]联合国教科文组织国际教育发展委员会.学会生存——教育世界的今天和明天[M].华东师范大学比较教育研究所,译.北京:教育科学出版社,1996.

[53]联合国教科文组织.反思教育:向"全球共同利益"的理念转变?[M].联合国教科文组织总部中文科,译.北京:教育科学出版社,2017.

[54]联合国教科文组织.教育——财富蕴藏其中:国际21世纪教育委员会报告[M].联合国教科文组织总部中文科,译.北京:教育科学出版社,1996.

[55]林媛媛,孟迎芳,等.幼儿园教师一日工作情感体验分析:基于日重现法的研究[J].学前教育研究,2017(8).

[56]刘捷.专业化:挑战21世纪的教师[M].北京:教育科学出版社,2002.

[57]刘晶波.师幼互动行为研究:我在幼儿园里看到了什么[M].南京:南京师范

大学出版社,1999.

[58]刘晓东.儿童精神哲学[M].南京:南京师范大学出版社,1999.

[59]刘鑫鑫.幼儿园教师教学效能感与主观幸福感的关系研究[D].沈阳:沈阳师范大学,2019.

[60]卢家楣.情感教学心理学[M].上海:上海教育出版社,2000.

[61]鲁洁.试论德育之个体享用性功能[J].教育研究,1994(6).

[62][美]罗纳德·理查森.超越原生家庭[M].牛振宇,译.北京:机械工业出版社,2018.

[63][加]马克斯·范梅南.教学机智——教育智慧的意蕴[M].李树英,译.北京:教育科学出版社,2001.

[64][加]马克斯·范梅南,李树英.教育的情调[M].李树英,译.北京:教育科学出版社,2019.

[65][加]马克斯·范梅南,[荷]巴斯莱维林.儿童的秘密:秘密、隐私和自我的重新认识[M].陈慧黠,曹赛先,译.北京:教育科学出版社,2004.

[66][意]玛利亚·蒙台梭利.童年的秘密[M].马荣根,译.北京:人民教育出版社,2004.

[67]梅仲孙.教育中的情和爱:儿童、青少年情感发展与教育研究40年[M].上海:上海教育出版社,2018.

[68][美]内尔·诺丁斯.幸福与教育(第二版)[M].龙宝新,译.北京:教育科学出版社,2014.

[69][英]帕克·帕尔默.教学勇气:漫步教师心灵[M].吴国珍,等译.上海:华东师范大学出版社,2005.

[70][美]帕梅拉·博洛廷·约瑟夫,等.课程文化[M].余强,译.杭州:浙江教育出版社,2008.

[71][瑞士]皮亚杰.儿童的心理发展[M].傅统先,译.济南:山东教育出版社,1982.

[72][瑞士]J.皮亚杰,B.英海尔德.儿童心理学[M].吴福元,译.北京:商务印书

馆,1980.

[73] [日]齐藤勇. 人际关系心理学[M]. 弓海旺,盛欣,白素芸,等,译. 北京:中国和平出版社,1987.

[74] 申仁洪,黄甫全. 合作活动学习论[J]. 教育研究,2004(10).

[75] Gazzaniga M. S. Cognitive Neuroscience[M]. Massachusetts:MIT Press,1995.

[76] [美]斯蒂芬·沃切尔,等. 社会心理学[M]. 金盛华,等译. 南京:江苏教育出版社,2008.

[77] [苏]苏霍姆林斯基. 育人三部曲[M]. 毕淑芝,等译. 北京:人民教育出版社,1998.

[78] 孙孔懿. 和谐的追求:苏霍姆林斯基教育思想述要[M]. 南京:江苏凤凰科学技术出版社,2017.

[79] 孙新宇. 积极人格教育视域下提升初中生学习效能的策略研究[D]. 哈尔滨:哈尔滨师范大学,2019.

[80] [俄]索洛维约夫. 道德的原始材料. 董友,译. //王岳川,刘小枫,韩德力. 东西方文化评论(第四辑)[M],北京:北京大学出版社,1992.

[81] 谭维智. 精神关怀:教育本质的回归[J]. 当代教育科学,2003(13).

[82] [美]特里萨·M. 麦克德维特,等. 儿童发展与教育(下册)[M]. 李琪,等,译. 北京:教育科学出版社,2007.

[83] [美]托马斯. 情绪心理学[M]. 张燕云,译. 沈阳:辽宁人民出版社,1987.

[84] [美]托马斯·戈登. P. E. T. 父母效能训练实践篇[M]. 窦珺,译. 北京:中央广播电视大学出版社,2015.

[85] [美]托马斯·戈登. 父母效能训练手册:让你和孩子更贴心[M]. 宋苗,译. 天津:天津社会科学院出版社,2009.

[86] [美]托马斯·戈登. T. E. T. 教师效能训练:一个已被证明能让所有年龄学生做到最好的一个培训项目[M]. 李明霞,译. 北京:中国青年出版社,2015.

[87] 王民川,娄红.教师创造力拓展训练[M].南京:江苏美术出版社,2011.

[88] [美]威廉·鲍威尔,[印尼]欧辰·库苏玛-鲍威尔.做一名高情商教师[M].张园,译.北京:教育科学出版社,2015.

[89] [美]威廉·M.雷诺兹,等.课程理论新突破:课程研究航线的解构与重构[M].张文军,译.杭州:浙江教育出版社,2008.

[90] [美]威廉·F.派纳.课程:走向新的身份[M].陈时见,等译.北京:教育科学出版社,2008.

[91] 吴康宁.教会选择:21世纪的我国学校道德教育的必由之路——基于社会学的反思[J].华东师范大学学报(教育科学版).1999(3).

[92] 吴珂.情感教育[M].北京:中国社会科学出版社,2012.

[93] [美]乌特·佛瑞维特,等.情感学习[M].黄怀庆,等译.台北:貓头鹰出版社,2018.

[94] [美]夏莉法·奥本海默.地球上的天堂:全球发展最快的华德福教养方式,给孩子最优质的童年[M].徐明佑,译.新北:旺旺出版社,2015.

[95] [英]夏洛特·梅森.父母与孩子:父母在孩子教育中的角色[M].赵昌荣,等译.北京:中国发展出版社 2013.

[96] [英]夏洛·特梅森.家庭教育:0～9岁儿童训练与培养方案[M].程红艳,李春玲,译.北京:中国发展出版社,2013.

[97] 肖芙,王林发.情感教育的体验与引导[M].北京:教育科学出版社,2013.

[98] [美]小威廉姆·E.多尔.后现代课程观[M].王红宇,译.北京:教育科学出版社,2000.

[99] [美]小威廉姆·E.多尔,[澳]诺尔·高夫.课程愿景[M].张文军,张华,余洁,等译.北京:教育科学出版社,2012.

[100] [英]休谟.人性论[M].关文运,译.北京:商务印书馆,1981.

[101] [英]休谟.道德原则研究[M].曾晓平,译.北京:商务印书馆,2001.

[102] 徐琳.蒙台梭利儿童社会性发展与教育理论的研究[D].南京:南京师范大

学,2006.

[103] 许皓宜.教出情绪不暴走的孩子[M].台北:城邦文化出版,2013.

[104] [英]亚当·斯密.道德情操论[M].蒋自强,等译.北京:商务印书馆,2006.

[105] 本刊记者.为"生命·实践教育学派"创建而努力——叶澜教授访谈录[J].教育研究,2004(2).

[106] 叶奕乾,等.图解心理学[M].南昌:江西人民出版社,1982.

[107] [美]伊森伯格,等.创造性思维和基于艺术的学习:学前阶段到小学四年级(第5版)[M].叶平枝,杨宁,译.北京:高等教育出版社,2012.

[108] 虞永平.学前课程与幸福童年[M].北京:教育科学出版社,2012.

[109] [美]约翰·杜威.教师教育中的理论和实践的关系[G].全美教育科学研究会年鉴,1902(3).

[110] [美]约翰·杜威.我们怎样思维[M].姜文闵,译.北京:人民教育出版社,2004.

[111] [美]约翰·杜威.学校与社会·明日之学校[M].赵祥麟,译.北京:人民教育出版社,1994.

[112] [美]约翰·杜威.艺术即经验[M].高建平,译.北京:商务印书馆,2005.

[113] [美]约翰·杜威.人的问题[M].傅统先,邱椿,译.南京:江苏教育出版社,2006.

[114] [美]约翰逊,等.游戏与儿童早期发展[M].华爱华,郭力萍,译.上海:华东师范大学出版社,2006.

[115] [苏]赞可夫.和教师的谈话[M].杜殿坤,译.北京:教育科学出版社,1980.

[116] 张春兴.现代心理学[M].上海:上海人民出版社,1994.

[117] 张光林,张静.大师谈儿童情感教育[M].重庆:西南师范大学出版社,2009.

[118] [美]珍妮·特冈萨雷斯-米纳.多元化社会中的早期教育[M].徐韵,周红,等译.南京:江苏教育出版社,2008.

[119] 郑弋晖.苏霍姆林斯基道德教育情感化理论与实践研究[D].南昌:江西师

范大学,2006.

[120] 中华人民共和国教育部.幼儿园教师专业标准[S].2012.

[121] 中华人民共和国教育部.幼儿园教育指导纲要[S].2001.

[122] 中华人民共和国教育部.3—6岁儿童学习与发展指南[M].北京:首都师范大学出版社,2012.

[123] [美]钟妮斯·韦伯(Jonicen Webb).童年情感忽视:为何我们总是渴望亲密,却又难以承受?[M].张佳棻,译.台北:橡实文化出版社,2018.

[124] [美]钟妮斯·韦伯(Jonicen Webb).童年情感忽视·实践篇:长大后的我,如何和伴侣、孩子、父母,建立情感联结?[M].张佳棻,译.台北:橡实文化出版社,2018.

[125] [美]乔妮斯·韦伯(Jonicen Webb),克里斯蒂娜·穆塞洛(Christine Musello).被忽视的孩子如何克服童年的情感忽视[M].王诗溢,李沁芸,译.北京:机械工业出版社,2018.

[126] [美]朱莉·布拉德.0~8岁儿童学习环境创设[M].陈妃燕,彭楚芸,译.南京:南京师范大学出版社,2014.

[127] 朱家雄.纪录,让儿童的学习看得见[M].福州:福建人民出版社,2008.

[128] 朱小蔓,王平.情感教育视阈下的"情感—交往"型课堂:一种着眼于全局的新人文主义探索[J].全球教育展望,2017(1).

[129] 朱小蔓.创建情感师范教育[J].江苏高教.1994(3).

[130] 朱小蔓.论德育过程是人的情感交往过程[J].上海教育科研.1994(8).

[131] 朱小蔓.走向心灵的德育[J].上海教育科研.2007(4).

[132] 朱小蔓,等.今天,我们如何认识苏霍姆林斯基教育思想——朱小蔓与乌克兰教科院院士苏霍姆林斯卡娅对话[N].中国教育报,2005-03-10.

[133] 朱小蔓,梅仲荪.儿童情感发展与教育[M].南京:江苏教育出版社,1998.

[134] 朱小蔓.情感教育论纲[M].北京:人民出版社,2007.

[135] 朱小蔓.关注心灵成长的教育——道德与情感教育的哲思[M].北京:北京师范大学社,2012.

[136] 朱小蔓.情感德育论[M].北京:人民教育出版社,2005.

[137] 朱小蔓.与世界著名教育学者对话(第一辑)[M].北京:教育科学出版社,2014.

[138] 邹燕.小学教师情绪管理的个案研究[D].天津:天津师范大学,2010.

[139] [日]佐藤学.学习的快乐——走向对话[M].钟启泉,译.北京:教育科学出版社,2004.

[140] [日]佐藤学.教师的挑战:宁静的课堂革命[M].钟启泉,陈静静,译.上海:华东师范大学出版社,2012.

[141] [英]Dylan Evans.解读情感[M].石林,译.北京:外语教学与研究出版社,2007.

[142] [澳]David Tripp.教学中的关键事件[M].邓妍妍,郑汉文,译.石家庄:河北人民出版社,2007.

[143] [美]Janice J. Beaty.幼儿发展的观察与评价(第7版)[M].郑福明,费广洪,译.北京:高等教育出版社,2011.

[144] Hyson, M. C. The emotional development of young children:Buliding an emotion-centered curriculum[M]. New York:Teachers College Press. 2004:144.

[145] H. Nohl. Die Pädagogische Bewegung in Deutschland und ihre Theorie[M]. Frankfurt am Main:Schulte-Bulmke,1988:132.

[146] Julie Bullard. Creating Environments for Learning:Birth to Age Eight[J]. Pearson Education,2009(2).

[147] Singer, J. L. Epilogue:Learning to play and learning through play. In D. Singer, R. Golinkoff, &K. Hirsch-Pasek(Eds.), Play = learning:How Play Motivates and Enhances Children's Cognitive and Social-Emotional Growth[M]. New York:Oxford University Press,2006:251-262.

[148] Callagher, K. C. Brain recearch and early childhood development:A primer for developmentally appropriate[J]. young children,60(4). 2005:17.

附录：关于家庭情感教育的调查问卷

尊敬的各位家长，你们好！

　　为进一步了解新时代家庭教育存在的困惑与挑战，共同反思家庭教育经验，交流家庭教育智慧，觉醒情感在家庭教育中的独特价值，寻找适宜的家庭情感教育路径与方法，共同学习、思考、研究家庭情感教育，我们设计了如下问卷，本问卷不关涉个人隐私，不做任何不合法、不道德的宣传，烦请您如实填写，谢谢大家！

　　1. 您的年龄（　　）

　　A. 21—30 岁　　　　B. 31—40 岁　　　　C. 41—50 岁

　　D. 51—60 岁　　　　E. 61—70 岁　　　　F. 其他

　　2. 您的性别（　　）

　　A. 男　　　　　　　B. 女

　　3. 您的单位与职业（　　）

　　A. 机关、党群组织、公务员　　　　B. 企业事业单位

　　C. 专业技术人员　　　　　　　　　D. 教师

　　E. 自由职业　　　　　　　　　　　F. 服务性工作

　　G. 生产、运输等体力工作者　　　　H. 其他

　　4. 您孩子的年龄（　　）

　　A. 3—6 岁　　　　　B. 7—10 岁　　　　C. 11—14 岁

　　D. 15—18 岁　　　　E. 19—22 岁　　　　F. 23—26 岁

　　5. 您觉得教育孩子是为了（　　）

　　A. 为了孩子未来的幸福　　　　　　B. 为了孩子今天的幸福

C. 未来与今天都要幸福　　　　　D. 为了实现自己曾未实现的理想

E. 无所谓,孩子健康发展就好

6. 您非常了解孩子的哪些方面?（可多选）

A. 学习成绩　　　　B. 性格　　　　C. 饮食与身体发育

D. 兴趣、爱好　　　E. 交往与友谊　　F. 情感发展

7. 平日里家庭事务您征求孩子的建议吗?

A. 经常征求　　　B. 征求　　　C. 不征求　　　D. 说不好

8. 平日里您有意识地营造温馨的家庭情感氛围吗?

A. 经常　　　B. 较多　　　C. 一般　　　D. 偶尔

E. 说不清

9. 平日里您会有意识地改掉命令语气,减少对孩子进行恐吓与威胁吗?

A. 经常　　　B. 较多　　　C. 一般　　　D. 偶尔

E. 说不清

10. 您会在夫妻、亲子之间吵架后,有意识地寻找解决问题的具体办法吗?

A. 经常　　　B. 较多　　　C. 一般　　　D. 偶尔

E. 说不清

11. 平日里孩子用哭要挟过您吗?

A. 经常　　　B. 较多　　　C. 一般　　　D. 偶尔

E. 说不清

12. 平日里孩子用哭要挟时,您会果断拒绝吗?

A. 经常会　　　B. 偶尔会　　　C. 不会　　　D. 说不清

13. 您了解孩子累了会哭、会发脾气吗?

A. 非常了解　　　B. 比较了解　　　C. 了解一些　　　D. 不了解

E. 说不清

14. 孩子伤心时您会选择哪种照料方式?（可多选）

A. 劝说　　　B. 拥抱　　　C. 讲道理　　　D. 默默关注

E. 不理睬

15. 您在家里喜欢用拥抱这种温和的相处方式吗?

A. 非常喜欢　　B. 比较喜欢　　C. 喜欢　　D. 不喜欢

E. 说不清

16. 在家里您可以做到对自己的孩子非常有礼貌吗?

A. 经常会　　B. 偶尔会　　C. 不会　　D. 说不清

17. 您会直接与孩子沟通情感问题吗?

A. 经常会　　B. 偶尔会　　C. 不会　　D. 说不清

18. 您在家里会主动关心了解孩子行为的原因?

A. 经常会　　B. 偶尔会　　C. 不会　　D. 说不清

19. 您对孩子犯错会采用责罚与痛打吗?

A. 经常会　　B. 偶尔会　　C. 不会　　D. 说不清

20. 您心情不好时会迁怒孩子吗?

A. 经常会　　B. 偶尔会　　C. 不会　　D. 说不清

21. 您会对孩子高期待吗?

A. 经常会　　B. 偶尔会　　C. 不会　　D. 说不清

22. 您对孩子的高期待,允许实现不了吗?

A. 允许　　B. 有时允许　　C. 不允许　　D. 说不清

23. 您的孩子学习成绩不好时,您会怎么做?(可多选)

A. 先鼓励然后寻找帮助

B. 先帮助然后进行鼓励

C. 为孩子未来担心

D. 气馁,觉得自己的付出没有回报

E. 相信孩子,努力学习一定会提高成绩

24. 您赞同孩子所在的学校(幼儿园)进行专门的情感教育课程吗?

A. 非常赞同　　B. 比较赞同　　C. 不赞同　　D. 说不清

25. 您觉得家长有必要进行情感教育方面的指导吗?

   A. 非常有必要　　B. 比较有必要　　C. 有必要　　D. 没必要

   E. 说不清

26. 目前您进行了哪些家庭情感教育学习?（可多选）

   A. 家庭情感教育理念　　　　　B. 家庭情感心理学

   C. 家庭情感沟通方法　　　　　D. 以上都学过

27. 您对目前接受的各类家庭教育课程满意吗?

   A. 非常满意　　B. 比较满意　　C. 不满意　　D. 说不清

28. 作为家长,您特别需要哪些情感教育的指导性课程?（可多选）

   A. 家庭情感教育理念　　　　　B. 家庭情感心理学

   C. 家庭情感沟通方法　　　　　D. 以上都需要

29. 在家里,夫妻之间发生情感冲突时,您会?（可多选）

   A. 主动沟通　　　　　　　　　B. 冷战、愤怒

   C. 等待对方道歉　　　　　　　D. 自己主动道歉

30. 亲子之间发生情感冲突时,您会?（可多选）

   A. 主动沟通　　　　　　　　　B. 生气、愤怒

   C. 等待对方道歉　　　　　　　D. 寻找另一半帮助

31. 您认为自己属于哪种情感类型父母?（可多选）

   A. 情绪型　　B. 驱动型　　C. 消极型　　D. 拒绝型

   E. 理智型　　F. 民主型　　G. 积极型　　J. 说不清楚

2019 年 12 月